大学人文小品读本

RENWEN LANDIAN

人文蓝典

（第二版）

高原 著

图书在版编目（CIP）数据

人文蓝典 / 高原著. —2版. —北京：北京大学出版社，2014.3
（大学人文小品读本）
ISBN 978-7-301-23976-6

Ⅰ.①人… Ⅱ.①高… Ⅲ.①人文科学—高等学校—教材 Ⅳ.①C43

中国版本图书馆CIP数据核字（2014）第035895号

书　　　　名：	人文蓝典（第二版）
著作责任者：	高　原　著
责 任 编 辑：	张弘泓
标 准 书 号：	ISBN 978-7-301-23976-6 / G・3796
出 版 发 行：	北京大学出版社
地　　　　址：	北京市海淀区成府路205号　100871
网　　　　址：	http://www.pup.cn　新浪官方微博：@北京大学出版社
电 子 信 箱：	zpup@pup.pku.edu.cn
电　　　　话：	邮购部 62752015　发行部 62750672　编辑部 62753374　出版部 62754962
印 刷 者：	北京大学印刷厂
经 销 者：	新华书店
	720毫米×1020毫米　16开本　20印张　347千字
	2008年9月第1版
	2014年3月第2版　2014年9月第2次印刷
定　　　　价：	39.00元

未经许可，不得以任何方式复制或抄袭本书之部分或全部内容。
版权所有，侵权必究
举报电话：010−62752024　电子信箱：fd@pup.pku.edu.cn

总 序

励雅、励趣、励慧的"大学人文小品读本"

《读者》编委会主任

彭长城

"依然是那些看上去保守的东西,在拯救、平衡着我们的内心!"

我与美国《读者文摘》主编对话时曾讲过这样一句。这实质上是多年来我们《读者》杂志能在"物欲迷雾"里始终坚持"人文守望"的理由!

今天各种人文素质教育读本接连面世,其精神品质不可谓不高,但正因其太高、甚至晦涩以及较大的部头等原因,难以在更多的国人中产生实际的影响。有鉴于此,高原教授和她带领的大学人文教育团队结合高等院校"通识教育"以及构建和谐社会的需要而竭诚奉献的这套"大学人文小品读本"系列,以极富创意与个性化的方式整合了人文精神的基本构成元素——"那些看上去保守的东西",即具有普世性的价值元素,崇尚智慧、勇气、平和、从容、优雅、理解、宽容、和德及超越的爱,此皆是人生在世谁都绕不过去的为人的根本德行。

我十分欣赏这套书出版的初衷,它不是那种本质为励欲甚至励俗的所谓"励志书",因为它的目标是扩展胸怀、开明精神、提升格调这种人文修养的获得,是为了励雅、励趣、励慧以及建立优雅纯正的人性,以超越平面化、单向度的成功,让生命立体,让生命鲜活,让生命彰显本该有的雅致、趣味及慧采。

本套书的旨趣是超越于一般以财富地位为追求的所谓"成功"的。即便谈成功,也是在谈多元化的富有精神与文化含量的成功。因为在世俗的成功之外总是存在着其他的"成功"模式;因为灿烂的生命模式可以是多元化、多样态的。总之,"大学人文小品读本"旨在倡导一种优雅纯正的生命趣味。

坊间关于优雅礼仪的书籍可谓汗牛充栋,而读本之一的《优雅蓝典》的特色与亮点在于,它不仅仅讲一般礼仪,也不是出于唯美,那种从内心、从灵魂开始的深度优雅才是它倾心追求的终极目标。它强调的是一种精神的大雅,是一种人文精神，并且以优雅教育为介入点探索人文教育的新思路，同时也是理念的理想性与现实的可操作性兼顾的良好做法。优雅教育对矫正应试教育带来的青年学生精神质地的粗糙苍白自有它不可替代的价值。

正如本系列书最早出版的《人文蓝典·前言》所述："《人文蓝典》的趣味是蓝色的，因为蓝色代表着优雅、清明、理性、智慧及艺术化浪漫且富有创意的人生。"这套书更是提出"中庸是最自然的生活方式"，因此它虽提倡一种带有人文精神与美感的脱俗的生活方式，也指出一种与物质和世俗适当拉开距离的智慧，但它并不在极端的意义上排斥人们合理的欲望，没有要求现代人去过"苦行僧"的生活，只是意欲使人们的欲望有序化、理性化，使欲望的追求不破坏生命的美感及安宁，不对更高级的生命方式的实现构成妨害。

这套"大学人文小品读本"融汇整合了大量古今中外鲜活的实例，其中许多还是著者自己现实生活体验的升华，以此来生动地说明上述各人文元素以及基本的人文精神。同时本套书的编排方式与内容设计也很有创意，行文陈言务去，文短意长，每篇小品文都仿佛一级人文台阶，每认同其中一篇的精神意趣，便等于踏上了一级人文台阶。当你拾级而上，你就会抵达一个"生命智慧得到开启，人生境界得以提升"的人文高地，这是"大学人文小品读本"的最大特色。

人应该首先追求活得更高贵一些，而不是把富贵当作唯一的生活目标。因此，"优雅的生命姿态"才是我们生活真正"幸福的姿态"。做事粗糙、生活粗糙本质上是心灵粗糙、精神粗糙的结果，"再造精神的质地"应该成为每个人的生命必修课，这也是这套人文小品读本的旨趣所在，即力图通过外修之术与内修之道结合的方式，引导学子们重塑一个优雅温润并富有智慧与力量的生命形象。

更具启发意义的是本套书《人文蓝典·秋篇·创意》部分倡导一种"广义的创新"。其所言"创新"不单指一项发明、一个设计或一个具体的创意，而是主要关注"道"的层面的生命创新，是将"创新意识"当作人生观、世界观来讨论的。创新首先应是一种生活态度、一种生活方式，创新的要义是刷新生命、刷新生活。

《人文蓝典·春篇·和德》部分首倡"和德"理念，这将对我国构建和谐社会产生独特的贡献。因此，本系列除可做高校大学生通识教育核心课程"大学人文""优雅礼仪""西方文明精神"等课的更具亲和性的教材，同时也可作为一般公民提升人文素质修养、开拓生命境界的上佳人文读本。

在这套人文小品读本中，虽然不乏可商榷、需要进一步完善的地方，但是我们可以感到编著者既具有强烈的社会责任感，同时又能将一种人文激情变成现实而有效的行动。他们没有在那里垂衣拱手"坐而论道"、没有牢骚满腹地"处士横议"，而是带着建设性的姿态"起而行"！

十分难得的是，这套读本将极高的精神品质与生动通俗的叙述方式有机结合起来，可以使学子们踩着这些颇具现实可操作性的精神台阶，"再造"自己的"精神质地"，一步步抵达一个以智慧、开明、优雅以及和德为底蕴的较高的"精神成人"的平台，那里有最辉煌的人文风光！

这是一套有气质的人文教育读本！

2013年12月

自序

古希腊哲学家朗吉努斯《论崇高》中说:"天之生人,不是要我们做卑鄙下流的动物;它带我们到生活中来,到森罗万象的宇宙中来,仿佛引我们去参加盛会,要我们做造化万物的观光者,做追求荣誉的竞赛者,所以它一开始便在我们的心灵中植下不可抵抗的热情——对一切伟大的、比我们更神圣的事物的渴望……你试环视你四周的生活,看见万物的丰富、雄伟、美丽是多么惊人,你便立刻明白人生的目的究竟何在。"

似乎是从上世纪90年代以来,我们有了一个持续的"躲避崇高"的阶段。然而,种种因为没有信仰从而导致做事没有底线的恶行劣止表明,这个"躲避"早已不可持续,需要倡导一些高贵的气度、高雅的追求以及高尚的品行来遏止社会上低俗颓败的风气。

时下最俗的一个词莫过于"成功"了,它俗就俗在"成功"的目标无非是物欲的满足或权势的达成。"成功"的平面化、单一性及单向度已严重扰乱了国人生命清明阳光的方向,许多励志书本质上是在励欲、励俗,甚至公然鼓励厚黑上位,以厚黑上位为美、为能。这一切都让生命扁平、苍白直至颓败、朽烂。

有网名@晶者指出:"把成功定义为财富。这样的励志已经失去本意,变成了一种毒药。"(据《文摘报·微言大义》)本书不是那种本质为励欲甚至励俗的"励志书",因为我们的目标是扩展胸怀、开明精神、提升格调这种人文修养的获得,是为了励雅、励趣、励慧以及建立优雅纯正的人性,以超越平面化、单向度的成功,让生命立体鲜活,让生命彰显本该有的雅致、趣味及慧采。

即便非要谈成功,本书也是在谈多元化的有精神与文化含量的成功,因为在世俗的成功之外总是存在着其他的"成功"模式,绚丽的生命模式可以是多元化、多样态的。我们旨在倡导一种优雅纯正的生命趣味。

《人文蓝典》初版于2008年,此次再版经大幅修订。特别是将原来《春篇·优雅》移出并扩展为本系列读本之一《优雅蓝典》,以便更深入、丰满地阐明广义的"因雅而优秀"的"优雅"精神,既提倡精神与灵魂之大雅,又提示着装与动作方面的日常雅行。同时我们还有旨在触摸西方文明精神的理性与高贵的

《西方文明蓝典》，作为本套人文系列读本的第三本。

总之，面对人文读本太厚、精神门槛太高、智能手机太好玩、身边诱惑太多等社会现实，本套人文小品系列读本选择更人性化的心志、情趣与格调兼修的方式，用深刻与生动融然为一、理性与感性并举不二的"人文小品文"阐释人文精神。每篇小文都是一个台阶，如果你认同一篇之理并践行一篇之道，即可结实地踏上一个人文的台阶；当一级级拾级而上，你会抵达一个人文大平台，那里不仅有绝美的人文风光，更有一个绝美的你。

天蓝、海蓝……

人文生命的底色是平和沉静、清明理性的，是智慧优雅、高贵浪漫的，它是蓝色的生命之花。

目 录

○ 春篇（上）· 人文

引言 打开生命的人文界面   3
最好版本的自己   5
每个人都有来到世上的特殊使命   6
静静地做自己   7
不够幸福是因为只对幸福感兴趣   8
你在世上唯一能控制的事   9
为什么走着走着就凌乱了   10
活得放松是个什么概念？   11
一招让你彻底"见过世面"   12
与自己的不自信和解   13
与一切和解就是超越一切   14
活在黄金分割点上   15
人文是一种实用的精神力   16
务虚让大学高等   17
不出大师的原因   18
人文之道在明明德   19
没有蛀牙，做精神贵族   20
回到教育的原点   21
中国亟须提升优雅 GDP   22
中国应该"梦"什么？   23
你有光明，中国便不黑暗   24
世界是精神的   26

始于用者最后没用   27
最好的物质品只是一团精神的气   28
发财树、富贵花所象征的贫穷   29
生活像飞去来器   30
世界是个对等性存在   31
人文精神让容貌进步   32
菜心里都藏着一个打盹的春天   32
遇事先看光明一面   33
年轻如进天堂   35
需要深度沉潜的青春   35
应试教育的最大失败   36
重建人性的小庙   37
恶俗的存在   38
"等中国强大了"   38
把悲观打包   39
义命分立   40
伸出你的橄榄枝   42
善意令陌生环境不再与我们对立   43
不要让雨打湿了雨的衣裳   43
勿让橄榄枝划伤他人的脸面   44
接听电话一定面带微笑   45
庄子说：与物为春   46
你的眼睛可以点燃我的烟斗   46
善良着立于不败之地   47

他们是在替我卖红薯	48
勿以平民化为荣	**49**
品位决定社会地位	49
用诗歌反腐败	50
国人亟须高情雅趣教育	52
让人性中光明的东西始终控股	53
"附庸风雅"的必要	54
贵族所以为"贵"	55
真贵族拒绝声色犬马	56
生活方式决定你的穷富	57
绝版的"魏晋风度"	**58**
气质明净如一树春柳	58
"清"是气质的关键词	59
气质如何能清	60
让表情里有唐诗宋词	61
向静默进化	62

◎ 春篇（下）·和德

和德积中　英华发外	**65**
伸手与一切相握	66
与生活和解才能顺其自然	66
安静下来就能看见春天	67
把心放平	68
本质的东西眼睛无法看到	68
诚是与天合一	69
圣狂之分在苟不苟	70
我仁故我在	**71**
小丑镇不住美物	72
三尺之上有神明	73

个性慎张扬	73
悠闲是生产力	**75**
过分勤劳是贪欲的表现	76
优雅是中庸的	76
刚健的德好似软弱懒散	77
测试一下你的悠闲度	78
司马去牧云	79
悠然才能见南山	**80**
感物愿及时	80
未曾在星光下露宿过的失败	81
旧同仁赏新菊花	81
让蒲公英有个完整的生命	82
太方便的生活"毁"人不倦	83
勿让心灵的皱纹泛到脸上来	85
靠童心与爱心美容	86
纯正生命趣味	**87**
中华尚缺"亮剑"精神吗？	87
小燕子韦小宝走红的原因	88
济世经邦要段云水趣味	89
与物质和世俗保持一定车距	90
超俗与顺俗的平衡	90
清能有容　直不过矫	91
开启生命的淡泊模式	92
"礼"是蓝色的生命之花	**93**
"礼"是对生活郑重其事	94
"礼"是对生命的修饰与提升	94
"礼"助人行事善始善终	95
理性而人文的"占卜"之礼	96
随所遇而能安	**98**

无可无不可	98
每一种缺陷都有补偿	99
精神守恒	100
生气是与人"四七二十七"	101
除了自取其辱没人能侮辱你	102
尊严来自不怨天尤人	102
学会等待三天	103
敬重自己病痛的史铁生	104
风雨是必要的	104

紫罗兰的宽恕	**105**
勿把他人当圣人要求	106
宽恕"极限行动"	106
三十三支蜡烛	107
仇恨使我们更加软弱	108
超越仇恨也超越正义	109

○ 夏篇·艺术

艺术让人成为人	**113**
审美就是照亮	114
我审美,我存在	114
在审美中人类相互认识	115
艺术防止生活变得无趣	116
无所为而为的趣味	117
为艺术而艺术	118
美学之用在脱俗	119
诗在中国曾起到类似宗教的作用	119
痛苦化为美丽	120
诺贝尔文学奖的价值导向	120

没有诗就没有实在	**122**

没有诗,我们都活不下去	122
诗人是谈最主要问题的人	123
作家是榆树,却可以结出梨来	123
诗人,照我算计,该列第一	124
诗是一种惊奇	124
每片花瓣都可见生命最深神秘	125
把握世界最好的方式是诗	126

灵魂中升起的风景	**127**
用三十页篇幅写无眠的名著	128
好小说都是好神话	129
绘画"教导人们学会看"	130
玫瑰花给你的感觉是什么	131
艺术与物外之趣	132
颓废美的技术含量	132
沿着蓝色弧线追寻蓝色的灵魂	133
《赵氏孤儿》的人文与美学短板	134
怎样把"希特勒"表现得有人文美感	135

不忘露珠的寂静之味	**137**
作为"子书"的《红楼梦》	137
宝黛爱情的意义	139
选择宝钗为偶的庸俗	140
庸俗艺术的特征	141
"性"描写的艺术与色情之别	142
《金瓶梅》的陈腐的趣味	143
人物取名与作品的格调	144
语言的质地	145
骈体文的华丽意趣	145
不求甚解的高妙	146
孤独的质量古今有别	147
证券行到不了桃源行琵琶行	148

中庸的"后现代主义" 149

自然是生命永恒的维度 151
无我的永恒 152
像孩子那样与世界邂逅 153
神秘感的消失是新的野蛮 154
闪电的字母 155
大地总是隐藏秘境 155
科学是有止境的 156
止步在离神山顶峰 10 米处 157

青蛙跃入古池中 158
所谓禅 微雨行到六分钟的时候 159
禅趣与诗趣相通 160
自然的美是无限的 161
一声桨响引起何等甜蜜的回音 161
人不应以"万物灵长"自居 162
器范自然 师友造化 163

十分的秋，你感觉到了几分 164
中国作家最擅长写秋 164
"秋天里的春天" 165
正宗的秋色在北方 166
秋与春、与夏、与冬 168
以秋天为蓝图的"天国" 168
秋水文章不染尘 169

◎ **秋篇（上）·开明**

美美与共 173
尊重文明之间的差异 173
和谐社会是多元社会 174
小的是美好的 175

相视而笑，莫逆于心 175
是非总是分明也不对 176
庄子"齐物"的妙趣 177
把流行歌曲当佛经读的喇嘛 178
和谐是与"疙瘩"的和解 179
为了双赢的适度妥协 179

同情地理解 181
理解和爱永远先于批判与恨 182
超越个人趣味看问题 184
读书不可有找碴之心 185
被过度批判了的科举制 186
影响了英国文官制的中国科举 187
懒有懒的好 188
得病之妙 189
文搞八代之乱 190
陶渊明家的"五个差生" 191
《围城》差点成为一流作品 192

感恩所遇到的一切 194
贫者，士之常也 195
心净土净 195
足乎己无待于外 196
把孤独变成情人 197
人文性孤独 198
有酒学仙无酒学佛 199
不幸的不幸是把不幸当成了不幸 200
"沉舟侧畔千帆过"的潇洒 200
理性看待社会公平与公正 201
告诉自己该忍耐的还得忍耐 202

复归于婴儿 203
许三多的"神性" 203

不算计的美丽	204
不争故天下莫能与之争	204
有能力活在现在	205
清风朗月不用一钱买	206
盘点幸福存量	206
相忘于江湖	207
精神极致风景	**208**
莱菔白菜的全滋味	208
以救难超越受难	209
法显与玄奘	210
何必获奖	211
民主的制度比王位更重要	212

◎ 秋篇（下）·创意

广义的创新	**215**
警惕唯"新"主义	215
个性自由意味着积极创造	217
新的诗行生成于新的思想	218
摄影家的竞争最后是思想的竞争	218
汪曾祺诗意而空灵的《复仇》	219
第五代导演的先天不足	220
创新与回到精神的原点	221
机器制作的面包不准叫"面包"	222
创新是新组合	**224**
塑料血	224
创新与高度的敏感	225
破执才能创新	226
创新所需要的情商	226
重获第二次天真	227

养成良好创意的诸多习惯	228
想象力比知识更重要	229
突破人死不能还魂的"窠臼"	229
精心做事也是创新	**231**
不要闲置自己的"神性"	232
越成熟越远离大众时尚	232
超越人人皆商的趣味	233
品种齐全的白领奴隶	234
听从内心召唤的英雄	235
精彩人生是具有虚构魅力的人生	236
现在就踏上你梦想的第一个台阶	237
原来不需要做到 100 分	237
Try 一 Try（试一试）	238
让灵魂复位	**240**
想办法活得讲究一些	240
形式美提升生活	241
必要的形式主义是必要的	241
世人所难得者唯趣	242
颓废的点心	243
让生命情调化	245
越瓯荷叶空	245
收藏春天	246
没钱也能"富贵"	248
什么也挡不住日子"山明水秀"	249
何必富贵	250
火里栽莲花	**251**
让生命另起一行	251
冲破生命的茧	252
八佰伴老板的"光明日记"	253
当理想丰满现实骨感时	253

优雅的电梯工 254
低就也能刷新生命 254

大离开是美 256
用斧头擦去鼻尖上的白灰 257
移易陋风鄙俗 257
死神，你必将死亡 258
对死亡的"诗意"态度 259
将我们的死"客观化" 259

○ 冬篇·智慧

轴心时代 263
轴心时代与人生基本问题 264
"上帝"给每个人的问卷 265
信仰把个体和伟大的整体联系起来 266
金字塔不是奴隶建造的 267
人皆自修则天下治矣 267
幸福是融入某种纯粹和伟大之中 268
乌托邦的意义不在于能否实现 269
中庸的乌托邦 271
超世而不绝俗 271
中庸是最自然的 273

以大养生 276
虚室生白 277
走近生命的"慧" 277
哲学就是乡愁 279
我思想，故我是蝴蝶 279
两只风筝放着两个孩子 280

哲学与思想力、开明度 282
能够思想着是美丽的 282
能够思想着是自由的 283
纯理论的魅力 284
把生命看作一个整体 285

君子不器 286
以世界公民的眼光看待世界 286
我们都属于那个不可分割的整体 287
全球变暖与你有关 288
全于天者不求合于人 288
当今之世，舍我其谁 289
梁漱溟与熊十力的气象 290
梁启超对清华学子的期许 291
大学生应是"公共知识分子" 291

超验纽带 293
经典是当下生活的一个维度 294
大勇不忮 294
解构主义与传承传统 295
不可失去文化国籍 296
你有资格当陈寅恪的粉丝吗？ 297
《易》与天地准 298

向死而生 299
做个悟"空"智者 299
越慈悲越智慧 300
看破红尘才能热爱生活 301
佛说：如如不动 302
"人生是没有任何意义的"的意义 303
直面惨淡的人生 304
行入蔚蓝 305

大学人文小品读本
DAXUE RENWEN XIAOPIN DUBEN

春篇（上）·人文

引言

打开生命的人文界面

打开生命的人文界面,是从获得人文知识到拥有人文素养。而人文素养无非体现在一个人有良好的人性与完全的人格上。

人文者,"文"人也。文者,修饰之谓。人文的意义就在于它是对人性的修饰与提升,借儒家的说法就是"正心诚意":"欲修其身者,先正其心。欲正其心者,先诚其意。"(《大学》)

"心不正"则为人没心没肺,"意不诚"则行事心不在焉。当今社会的通病,通俗地说正是因为做人没心没肺、行事心不在焉,需要通过正心诚意的修养重新建立人性、培养人格。

格物、致知、诚意、正心、修身、齐家、治国、平天下是儒家经典《大学》中的八个核心思想。所谓"修身"就是"打开生命的人文界面",而要打开这个界面,则需要前四条"格物、致知、诚意、正心"的功夫。

为建立良好的人性、培养完全的人格,需要正心诚意,而正心诚意的获得则需先格物致知,即通过参透生活以获得深度的人文知识,从而达到对人生的智慧把握。在此基础上,以清明平正的心意做人行事就是正心诚意。而这样的修身也正是齐家、治国、平天下的基础。

当然,本书的人文智慧是既吸纳儒家精神又超越它的,因为融贯儒释道甚至基督教等人类共享的人文智慧,对崇尚"美美与共"多元价值观的现代人来讲是十分自然、也十二分必须的选择。

打开人文界面,是从获得人文知识到拥有人文素养。龙应台指出:有人文知识不一定就是有人文素养。许多纳粹军官会弹钢琴,甚至是哲学博士,但他们不能在现实生命中运用其所拥有的人文知识,他们不能算有人文素养。

有人文素养就是无论遇到什么事,我们的反应都是从人文立场出发的,都是一种"人文化"的君子姿态,而非本能粗糙的小人式反应。都是建设性而非破坏性的,是善意而非恶意的,并且还追求美感乃至幽默地解决问题的姿态。不仅要明智而有效地解决问题、化解问题,不让问题升级,还应讲究我们当时的形象——心态要平和镇定,姿势要好看温雅。

人文素养让我们对人生有一定的担当，对于关乎责任、非做不可的事，即使不爱做，一个人文的人都会二话不说、心平气和地去做。一来说二话也没用，二来此时心不平、气不和只会让自己内心难受、外表难看。因此，踏实地去把它做好乃至做到极致就是明智的教养。

现实永远是无奈的，但有人文素养的强者不把时间浪费在抱怨它的无奈上，而是选择有所作为，从而让现实反过来对他无奈。人生从来不是靠侥幸抓一手好牌而精彩的，而应专注于如何把手中现有的牌打好。

人文修养助人活得到位，活得脱俗。凡病皆可医，唯俗不可医；凡事皆可耐，唯俗不可耐。打开生命的人文界面，是一个全面地脱俗的过程。生活得不够有品质，主因也与"俗"状有关。

请一起来打开生命的人文界面。

最好版本的自己

Be the best version of you（做最好版本的自己）。

人一生可能有许多版本，就看你自己活成哪种了。不是每个人都有本事做最好版本的自己。

拼命用别人的一切来替换掉自己，是许多人一生所为。人都有自己的特长异禀，但为了要保持"正常"，为了符合别人的眼光，或成为自己所艳羡的别人，我们恰恰"克服"了这些特长异禀，从而毁掉了自己的天赋。

明智的是一心一意地做最好版本的自己。是茄子就扮演好茄子，别三心二意地还想做红番茄、绿辣椒。据说演好一个紫茄子，所有带紫色的东西都会来找你。

不论做什么事都有可能做到极致与非凡，而这个极致的抵达就是你尊严的恒久树立。敬业最后敬的不是业，而是己；是把自己当回事，是对自己的尊重，是实诚地献给自己的真爱。

"极客"（geek）是美剧《生活大爆炸》中科学怪人的总称，指对某种事物的认知达到极致并在生活中运用自如的人。上天给每个人足够的禀赋当一个"极客"，只要有把一件事往极致做的信念就成。

是什么妨碍我们做最好版本的自己？还是世界观的问题，误以为只有世界达到天堂的标准，我才可以达成我的梦想，做正版自己。

向来的错觉是，地狱是外在于自己的存在，或他人是地狱。然而地狱乃自造。如果这个弯转不过来，即使驾临天堂，人也会在那里感到不满足。苏格拉底说："我根本就不知道有什么地狱，但是自打我来到这里，我已经将它变成天堂。"世界在很多人眼里更接近地狱而不是天堂，原因是很少有人相信他自己，并对做自己是满足的，由此太多的人为自己制造出地狱。

"有为"是做违反自然本性的事，"无为"就是停止这种愚蠢的"为"，只是顺道而行。你是独一无二的，但是你太不甘于做自己，觉得做自己是乏味没出息的、是失败不成功的，只有成为心目中的他人才会心满意足。这就是我们一直在地狱的原因。

每个人的本性原本都具有"神性"，但却被太多东西打扰了、遮蔽了这种神性。重新找回自己是唯一的自信，放下那个想要变成某个成功的人、有钱的人、漂亮的人等等此类愚笨的念头，只做最好版本的自己，人就是一个神。

把日子搞得天凝地闭、凄风苦雨，无非是偏离大道，不与道大适，不顺道而行，只缘于不老老实实、聚精会神地做最好版本的自己。

Always be a first-rate version of yourself, instead of a second-rate version of somebody else（永远都要做最好的自己，而不是第二好的别人）。

最好版本的自己，也应该是正版、真版的自己。

每个人都有来到世上的特殊使命

"我是谁"呢？这个"是谁的我"从哪儿来的？"我那个谁"现在往哪儿去？一直觉得哲学家提出的这人生最根本的三大问题，是被饭撑出来的废言废语。

常有学生倾诉他们当下的困惑与前行的犹疑。我答疑之后，不知是否解决了他们的问题，自己倒是渐悟那原本虚头巴脑的"三大问"的实用性与可操作性——医治内心及身份的混乱，确定生命前行的方向。

印度教认为，每个人来到世上都有一个特殊的使命。这个观点正可帮我们回答人生三大问，并且三问合为一问：我来到世上的特殊使命是什么？

这"特殊使命"是什么意思？下面一段话正好是答案："如果一个人最终想要在心里获得安宁，那么，如果他是一个音乐家的话，他就必须作曲；如果他是一个画家的话，他就必须画画；如果他是一个诗人的话，他就必须写诗；一个人必须成为他必须成为的人。"（亚伯拉罕·马斯洛）

倘若能搞明白了我是谁，便可镇定我们举止中的张狂，撤去我们言语中的浮沫。心也越来越包容，姿态更是日见柔软，因为知道了自己是谁，来世上干吗来了，便不再需要活得虚飘飘、硬邦邦。他的心因此也就安了，宁了，静了，也定了。

"我不会要那些想跳舞的人，我要的是那些必须跳舞的人。"把俄罗斯芭蕾舞带到西方的乔治·巴兰钦如是说。只有当一个人找到自己那个"宿命"的身份时，他不仅完成了自己，也在世上安顿了自己。

人生如戏，自编自导自演并兼制片与场务。美国戏剧家阿瑟·米勒说："一部戏的结构永远都是讲述小鸟如何回家栖息的故事。"人生三大问也正是用来解决我们如何回家栖息的——让心回"家"。人生亦如鸟生，或栖于梧桐，或息于恶木，全在一念。

本质上，人并非是活在世界上，而是栖息在自己的世界观与自己的"特殊使命"所赋予的身份里。比如对于思想者而言，世界是一场喜剧；对于感受者而言，世界则是一出悲剧。或如亚里士多德所言："悲剧是近距离观赏生活，喜剧是远距离观赏生活。"我们悲喜交加的人生就是这么来的，好玩吧！

那个"谁"，你的"特殊使命"是什么？你必须跳哪一种舞呢？

静静地做自己

油盐难进，刀枪不入，练就一个金刚不坏之身，只需安静地做自己便可办到。

安静地做自己，静静地努力。不论风向，不管风种；只是向风而立，风情也可万种。若能安静地做自己，"淡定"就不是一个在风中飘飘的单词，而是一种真实华美的姿态。这个"安静"已包含不少智慧力量，显示许多勇气与尊严。

许多境遇不能即刻回避，太多处境需要我们与之有一段心平气和的相处时期。那就把心放平了，安静地做自己本分的事，并竭诚做到极致。有一天，处境自然会改变，即使没有改变，那份"安静"不已十分高贵？就也足够受用？

能"安静地做自己"本来就是一种自由的方式，不能安静定是正被某种外物或境遇控制，忙于做各种孙子，生命不由自主。安静地做自己，静静地努力。用《中庸》的话说就是："君子素其位而行，不愿乎其外。"

任何有成就的人，都不是因为处在理想的环境中而成就自己的。反而是对现实的良好顺应让他把任何环境都能当理想环境。所以《中庸》就以"素位"（即明白自己的本分，安然顺应这个本分）来说明君子顺应社会环境的能耐。

有一种淡定叫"素位"。素位，就是在自己的位置上素素地做自己，不追求活得七荤八素，那种夸张地张扬个性的姿态自然也就免了。

若是在富贵的位置，你就做富贵者该做之事，比如践行富贵之仁。若是处于贫贱患难中，就做贫贱患难者该做之事，不怨天尤人，利用患难升华自己、超越自己。如果你是少数民族，那就应努力将自己民族传统生活方式与风俗习惯保持住，不要轻易被其他强势民族同化，失去民族尊严。

怀才不遇者、一事无成者以及没有活出尊严者、生命缺乏乐趣者等等，怕多是因为没有在任何位置上优雅安静地做自己所致。优雅的心让一个人破茧化蝶，只需屏蔽那些不雅的念头，比如"一夜暴富""突发横财"或意欲"占尽天下风光""成为某个有钱有权有势的人"等等。

安静地做自己，静静地努力，正是对自己生命最大的"诚"意，可以安顿灵魂，避免灵魂出窍，以便坦坦地做正版自己。竭诚做自己，需要静静地来。安静地做了自己，路就开了，"安于失败"也行，想"奋斗成功"也没人拦你。

唐太宗李先生说，花开不待春。只能在春天绽放的花定是不够高端大气的花，白白浪费了百分之七十五的生命时光。

当我是雪，我就静静地做雪花。

不够幸福是因为只对幸福感兴趣

有人说："幸福如果作为生活的副产品，是很棒的一个东西，但把幸福作为目标追求，只会导致灾难。"

人生单单以追求幸福为主要奋斗目标或核心内容，会导致灾难有些言重。但无疑的是，人活着若仅仅单向度地求幸福，却可能是轻浮小气、偏执片面的。

幸福至多只是人生的一部分内容，是人生关键词之一而已。人生是无比宽广的存在，它还有一定的高度、相当的深度及足够的宽度。

幸福这东西，太像高速路上的服务站，只适合偶尔幸福一下，老幸福也受不了——你见过有谁长住服务站的吗？人生还有诸多其他事需要上路打理，需要走进风中吹风，冲进雨里淋雨，不可以老躺在幸福树下不动弹。这是终极幸福观，因为是终极达观。

偏执于幸福，幸福会变脸成包袱；坦然放一放，反而自在轻松，活得大气从容。故幸福的悖论是：不够幸福的原因很可能是因为一生只对追求幸福感兴趣。

网友麦兜问我："幸福到底是什么？有时我也很迷茫。我只求家和万事兴，但也很难。有时候我也会偷偷掉眼泪，但从不让别人看见。在别人面前我总是把自己伪装得很坚强，可是谁又真正地理解我内心的苦闷？有时会有这种感觉，找个知己太难了！"

回复：麦君不够幸福的原因是对幸福的定位有错位。请试试以下做法：一、继续附庸坚强，时间长了，定会有正版坚强。二、强者不需要谁真正理解自己的苦闷，自己理解足矣。"知音苟不存，已矣何所悲。"（陶渊明）何况别人还指望你理解他的苦闷呢？你又理解了几多？三、知己不是找来的。先试着做别人的知己，每个人都等着别人来做自己的知己，都不知先做别人的知己，所以终于没有等来。请先自己给自己当好知己。四、找个自己爱做的事，寄情于"她"，专注于"她"，把"她"当知己当幸福。至于世俗幸福，甭理"她"，爱有没有。

网友孳君说：这就好比爱情只是人生的一部分，没必要为了爱情寻死觅活的。人生中除了爱情，还有友情、亲情、事业等重要的东西需要我们去全力以赴。

英国诗人布莱克说："一心迷恋欢乐，会摧毁高尚的生活。在欢乐飞翔时吻它一下的人，永远在旭日方升中生活。"

不能一心迷恋幸福也是因为这个道理。

你在世上唯一能控制的事

学生留言："怎样才能让自己做任何事都自信满满？"答曰："努力让自己对所做之事更内行专业。"

继而一想，这个答案还不够完整，还缺少核心素质：诚。

明吕坤《呻吟语》："诚与才合，毕竟是两个，原无此理。盖才自诚出，才不出于诚算不得个才，诚了自然有才。今人不患无才，只是讨一个诚字不得。"这话本人曾无数次地看到，但直到讲授《中庸》之前我却从未真正"看见"，就是因为此前对"诚"没有感觉，所以视而不见。

"诚了自然有才"一语中的。平庸永远只有一种，就是在诚意方面的缺乏与庸碌。太愚笨不能及"诚"，太聪明会跨过"诚"，两者皆不能"诚"到位。

谁都能看见李安接连获奖，据说仅念一遍那些奖项都需要十分钟，但没几人注意李安拍电影付出的诚意。比如《色戒》中的梧桐树，是一棵一棵栽的；甚至连观众并不容易关注到的物品也要费心费力找来，这都是为了还原电影所表现时代的特有质感。

"至诚若神"（《中庸》），当人对某事"至诚"时，会不自觉地调动他全部的能量去达成此事，那个能量甚至会超出想象，像神一样智慧，像神一样有力量。

一个有中等智商的人，只要有上等的诚意的情商，那他的行止为人定会若神。诚了岂止自然有才，"至诚"是神性的才能。岂止无限的耐心是天才的唯一的凭证，无限的诚意也是天才的能耐。我们与人有一拼的，唯有这个"诚"，当许多人都在争聪明、拼狡猾时，选择去追求"至诚"，则是以不变应万变的制胜阳光武器。

常见的错位是，放弃自己能够控制的，非要控制自己不能控制的，这导致人生七零八落。安安静静地做自己，诚诚恳恳地做自己该做的事。这是我们在世上唯一能控制的事情，明此，生活就会简单得自己可以控制。

为什么走着走着就凌乱了

某天，俩学生来我办公室，从他们进门的表情，我立马断定这俩小子的来意：生命的方向有些模糊了，来找老师调整确认。

人们常常走着走着就凌乱了心、凌乱了步履，而且是周期性反复发作。此何故耶？

在各种情况下都能"保持"凌乱者，皆属不知自己是谁，是没明白自己来世上的特殊使命的典型症状。不知自己是谁，除了导致与他人、与世界的各种关系凌乱外，还会在自己的各种境遇中呈七零八落、东倒西歪状。

不按自己本有的身份活着，没把根扎在天地间只属于自己的那块土上，便常在风中跳N种凌乱之舞。本质上我们都是"劳动人民"，这是我们天定的身份，所以很简单的就是，身为"人民"而不从事自己命定的"劳动"，凌乱就是必须的，而且也有闲工夫时不时地凌乱。

"静静地做自己"朋友们都比较认同，但有小友说，我得先知道自己是谁？才能"静静地做"。如何确认自己是谁呢？最简便办法就是确定自己最喜欢做什么，因为按照天地间神秘的对应原则，你喜欢什么你就是什么。比如，爱耍金箍棒的是猴哥，喜欢倒打一耙的定是八戒，对挑行李情有独钟的是沙僧，而对驾驶悍马不感兴趣偏爱骑白龙马的是唐僧，依此类推。

找到爱做的事，并持久去做，凌乱之症一定不会常常发作，一劳永逸地解决自己是谁的问题就是如此重要。找到自己，能静静地做自己，不仅能够拥有真实的福分，也是以相对简单可控的方式活着。

身为"劳动人民"却不劳动，日子一定过不顺溜，这就是"劳动"与"人民"的关系定律。乖乖认同自己是"劳动人民"，然后自觉地满世界找该干的事，或者说眼里要有活儿，世界就简单了。否则，那些浮躁恐惧、空虚无聊之类七七八八的东西，看你太闲就来找你玩了；它们是很有眼色的，你有事忙时，绝不会来腻歪你的。

忙碌的蜜蜂没有闲暇悲伤。世上不少难受事是因为人太闲了招来的。闲愁闲愁，多半是闲出来的愁。

活得放松是个什么概念？

本文所谈之事完全不关乎道德，只是和自由沾点边，说说活得放松是个什么概念。这是一个壮汉给我的一点弱弱的启示。

早晨，所乘公交车停靠某站，车下一片中小学生。然而，车门一开，首先蹿上来的是一个紧绷着脸的壮汉。我没给壮汉贴个"不绅士"的标签，想着他力排众娃，捷足先登的动作，反倒可怜起他来——这完全是活得太紧张、太不放松的症状啊。事实上，车还是很空的。

作为男士，上公交时，如果把老的、小的、女的、弱的等等统统都让在自己前面，应是一种很帅的感觉。这个动作完全可以不关乎道德，而只是昭告天下你活人的自由度、放松度较高而已。

再陈列几个日常活得不放松时的症状。症状一：表情吝啬，轻易不肯主动露出善意的笑。症状二：姿态僵硬，很难自觉地呈示舒展的样子。症状三：心思"单纯"，日思夜想的只是自己的欲望和妄想，习惯与人争抢一切无谓的东西，包括抢着进门，抢着出门。症状四：语言乏味，不会说人话，且从不舍得赞美、欣赏别人，更不知感恩。症状五：没有自觉地与一切和解的意识与具体行动。

如有上述症状的一半，一个人已经是重度焦虑患者，症结就是活得太紧张、太不放松。活得放松才可能活得姿势好看，活得滋润。对上述病症的较好治疗方式可从一些日常小动作开始：

捡拾几片飘飞在秋阳中的银杏叶，回家夹在书中。每天为自己或他人制作一些小小的情趣瞬间，随时主动绽放脸上的花。

把公共场所的长明灯、长流水关掉，这完全不是为了节约水电，而是表明我们活得放松，有能力表现自己对世界是有情有义的，不那么冷血。日常不与人争长较短，把所有人当娃娃，宽和慈悲对待。

购物时收起毛驴脸，温雅地看着卖主的眼睛，并与他随意而诚挚地交谈几句，那个购物的动作就瞬间提升了档次，是"人"在购买生活用品，而不是机器人买苟活下去的物品。

以上几个举手之劳是助人活得放松的阳光动作，帅气指数很高。它们依然不关乎道德，只是为自己活得放松一点、活得自由一些而操作这些动作。

顺便再提一件我们常遇到的事。比如，走路摔了一跤，同样是在QQ"说说"里通告好友们，却会有两种版本：

版本一："我今天摔了一跤，哎哟！疼死我了！真倒霉！"

版本二："晨起上班路上，在一条拦路绳的配合下，本人展展地来了个前扑动作。到办公室一照镜子，嘿，那恰到好处的脸部受伤程度与部位，竟让本人看上去比平日里更帅气了。这叫越摔越帅！"

版本二对摔跤的反应属于活得放松那种，并有些许人文含量。而版本一的反应太俗了，不具建设性的此类无趣"俗话"还是尽量少到处去说比较大气、上档次。

一招让你彻底"见过世面"

几乎一切烦恼皆来自没见过世面。

然而，并不需要见过世界的每一面才叫见过世面，而是现在就深刻知道并深度接受世界是个百变的存在，可以像见过世界的每一面那样平和淡定。不用再让心态不稳，乍喜乍怒，或让情绪像荡秋千一样忽上忽下。

有此"不一般的见识"，便达到"见过世面"的层次了，便知道自由如风是个什么概念啦。只为世上美善的事惊叹，不为世上可恶怪诞之事诧异，就是见过世面，就是有道行的样子。在理念上"彻底"见过世面，才能在行动上"全面"表现淡定。

几乎一切烦恼皆来自没见过世面，而没见过世面，又缘于事实上不知世界是个奇异的存在，太习惯用"正常"与"理想"的眼睛"要求"世界，从而对世界上的怪诞之事表现惊诧、愤怒。

只要知道世界是个奇异的存在，什么奇情异事都可能发生，那么，对这些奇情异事，你从现在就开始全部"预先理解"了吧。这种"预先理解"仿佛超级情绪稳压器，能彻底解决情绪不稳的问题。

这样做的好处是再也不用因为没见过世面而无谓地惊诧、愤怒了，无论世人或世事多么的可恶怪诞。况且反过来说，我们自己有时为人行事在别人的眼里不也正是如此可恶怪诞的吗？万勿忘记这点。

所以说，智慧不起烦恼。

与自己的不自信和解

有位同学给我留言："我想问问您，我怎样才能让自己自信些。我极不自信，深度自卑。我最大的缺点是这个，生活中百分之九十的烦恼也是因为不自信。"

常有同学向我讨教如何提高自信心的问题，这的确是个困扰人的，并且困扰过所有人的问题。但这个问题又是个简单的问题，只需知道自信心由什么构成，然后让自己去拥有就能解决。

相貌佳、学识高、能力强与有智慧、有梦想并且信念坚定等等主要撑起一个人的自信。当然，除了个别人因天生丽质而自信外，其他所有的人都需要在学识、能力及智慧的提升、梦想的追求上走过很长的路，才能拥有自信。况且仅仅天生丽质也不能一劳永逸地管一个人在各个方面的永远自信。

既然如此，有效地提升自信心就是一个太简单的事情，只需要乖乖地、静静地去做提升自己的学识、能力与智慧的事，特别是做实现梦想的事。

因为开"《老子》导读"课，需要自己先深度理解《老子》。而当我老老实实地把几十本、摞起来一米多高的有关《老子》的书籍中有价值的阐释在电脑里录了一遍后，这个笨笨的做法不仅让我更明白老子智慧是个什么概念，最重要的是扎扎实实地强烈体验到本人的自信心也足足上扬了一米多。

哪怕你比别人多熟悉或记诵了一本经典，甚至你背会了一本新概念英语，都会垫起自己的存在高度，增强自己的自信心。

完全不用整天纠结自信的问题，可以选择与自己的不自信和解，安然地让它与我们相伴一段较长的生命之路，不用现在就生生地从我们的生活中剥离它。如此便可以放平了心，只静静地做自己，有一天，不自信会自己知趣地离开你，连招呼都不打一声。

那时，还有样东西也会不打招呼就来，那就是因自信的提升而来的你的"越老越帅"——无论你原来长啥样。

倒杯酒，与自己的"不自信"和解，并且与许多类似的东西和解吧！负载着它们上路，让它们有一天自然地离开我们。

与一切和解就是超越一切

某天，与从事烦累办公室工作的小友闲聊起庄子的《逍遥游》。他问：你说，我干的这活儿怎么能"逍遥"呢？

事实上，我们的大部分疲累不是因为所干工作本身的繁与重，而来自精神上的厌倦与烦累，是精神上不放松，或者说精神上排斥所干之事，缺乏举重若轻的心态与智慧。

然而，有些百姓对待生活的轻松态度，往往是我们这些活得半生不熟、矫情娇气者难以想象的。以下举例说明。

例一：某年夏天，我们全家应邀去葱宝住院的病友家"旅游"。病友妈妈任生芳女士除了忙农活，还照顾我们一日三餐。我过意不去地说："真让您受累了！""做个饭还累啊？"她竟然如此回答。

例二：夏天，为了挡热浪，我请人加装两层窗帘。看着安装窗帘杆的师傅上上下下地忙，旁观的我都觉得腰酸背痛，于是请他下来歇会儿。"这叫活儿吗？这也叫活儿吗？"师傅竟然连续反问两次。

所以累不累，还是个世界观的问题。面对芜杂、纷乱而又必须做的工作或事情，摆脱烦累、烦郁的"逍遥经"也很简单，只需做两个动作：一是先来个深深地呼吸，吐出烦闷厌倦之气。二是从心中伸出一只"手"来与所要做之事"相握"，即从内心深处与它们达成和解，不再与之对立，不再排斥它们，并尽量把它们视为玩具。

像天才那样耐心、耐烦地一样一样去做，那些事看上去便不再那么可恶又可厌。《圣经》说，凡事耐心。此时，你一定能感觉自己正悠悠、冉冉地从那些事务中超拔出来，这不就是逍遥吗？

既然人是精神性的动物，既然世界是精神的，人解决世界问题的方式也主要应选择精神的方式。我们需要人文智慧的意义正在于：由此学会从精神通达与超越的界面上面对并化解生命中的问题，而和解精神正是这样一种顶级人文智慧。

和解的要义在于放平放松了心，从容宽和地面对一切。

并且，与一切和解就是超越于一切。

活在黄金分割点上

松下听琴，月下听箫。是说听琴、听箫的黄金地点。

酒喝微醺，花赏半开。是说饮酒、赏花的黄金时段。

世事难料，难料在每事皆有一个黄金分割点。

罚酒难喝，敬酒也无滋味。酒之佳味在你情我意的浅斟慢酌之间。"哪儿能得这样的好酒，使我燃烧而清醒不醉？"诗人邵燕祥如此感叹，他请求，"寂寞的，又不甘寂寞的来客，只在我沉醉与清醒之间叩门"。提上度数中庸的酒，拿捏好拜访的黄金时间，免得人不待见。

《关雎》一诗感情表达之所以妙美，也是因为在黄金分割点上表达哀伤与快乐："哀而不伤，乐而不淫。"没有不及，也没有过度（"伤""淫"）。

读书也有黄金分割点，春夏秋冬各有其所宜读之书："读经宜冬，其神专也；读史宜夏，其时久也；读诸子宜秋，其致别也；读诸集宜春，其机畅也。"（张潮《幽梦影》）不以其时读之者，难免感觉混乱，难以读出书中的佳妙。不时不吃，不时亦不读。

节操清高固然可嘉，但莫流于不识时务，勿变成木头呆瓜。因此，"气象要高旷，而不可疏狂；心思要慎细，而不可琐屑；趣味要冲淡，而不可偏枯；操守要严明，而不可激烈"。《菜根谭》提醒注意那个品行的黄金分割点。

俭朴是美德，但若节俭过了头，就成小气鬼、吝啬猫，反伤雅道。谦让是懿行，然而谦得火候超常，就是使奸耍诈的前奏了。所以平时傲慢的家伙冷不丁谦若君子，可得小心他的居心。

大中行正，大行中正，大正行中，中正行大。"中"并非无原则折中，而是一个恰好的"度"，是在面对复杂情况时精确把握物事行止的"分寸"。

中庸就是寻找生命的黄金分割点，那个微妙的平衡的点。美女美在眉眼身材长得符合黄金分割律。当然，一般人虽长得不合黄金分割，但可以活在黄金分割点上。

一切物事行止都有此黄金分割点，需时常反省检点那些"不及"或"过度"之事。活着时，请瞄准黄金分割点。不仅为了活得温雅微妙、姿势得体好看，还可以活得少些舛错谬误、多点安宁安全。

"膻秽则蝇蚋丛嘬，芳馨则蜂蝶交侵。故君子不作垢业，亦不立芳名；只是元气浑然，圭角不露，便是持身涉世一安乐窝也。"《菜根谭》的意思是：勿活得臭兮兮惹来蚊蝇，也不可活得香喷喷招蜂引蝶。

当然，每事求黄金状态，也够累的，也是过行，绝大部分注意就够了。一定的"过"与"不及"也是需要的。黄金分割点并非正中点，中庸也是。

人文是一种实用的精神力

鲁迅说："我之所谓生存，并不是苟活；所谓温饱，并不是奢侈；所谓发展，也不是放纵。"而超越苟活与放纵就需要人文的力量。

人文是精神力，是为了助人开阔胸怀，开明心态，开放自我，开启人性。请借助人文精神的力量，在人文界面活出优雅正版的自己。

多数情况下，我们都是一个平凡乃至失败的角色，但却可以借助人文的力量与智慧，以平和从容、优雅高贵、大气勇敢以及智慧的姿态穿行于平凡与失败的角色中，并随时随地有本事让日子山明水秀。

人文与优雅本质上是一种从内心精神到外在行止，都得体地对待世界与自己的状态，这是较高文化修养的结果："文化其实体现在一个人如何对待自己，如何对待他人，如何对待自己所处的自然环境。在一个文化厚实的社会里，人懂得尊重自己——他不苟且，因为不苟且所以有品位；人懂得尊重别人——他不霸道，因为不霸道所以有道德；人懂得尊重自然——他不掠夺，因为不掠夺所以有永续的生命。"（龙应台《什么叫做文化》）

这些"懂得"正是人文的精神，打开人文界面也是在培养这些"懂得"。"懂得"并践行这些"尊重"，你也就改变了自己，同时也在你的位置上改变了世界。虽然这些懂得不易做到，但它们值得去做的理由是：绕开这些"懂得"，一个人便难以找到生命的安适安顿感，也不会有永续的生命力量。

请注意人文智慧作为一种"精神力"的实用性，最能给我们的生命带来实际帮助的就是人文精神。

务虚让大学高等

《老子》说:"有之以为利,无之以为用。"

此理我们用"务虚大学才高等"或"大学就应玩些虚的"来解说。

中国孩子学英语,有几个不是为了应试?而只是因为喜欢英语的腔调、热爱美国歌星影星、欣赏英国贵族文化?后者是无用、"无为"式学英语。然而,中国孩子特别是家长应该知道:"无为"地学些无用的玩意,人才会活得全面、丰富而自由,以证明自己并非工具甚至奴隶,更说明自己没有浪费生命。

玩些虚的,也是把自己当人。连人都不是,怎么会是人才?而教育的本来目的,是人的全面、自由发展。此即"无之以为用"。

所谓教育是为了培养"跨世纪人才"之说,也是一种听上去"科技含量"很高的"把人不当人"。据美籍中国人"林达"说,美国的教育目的是让学生在未来能够寻找到自己的幸福。这才是最实在,也最理想的教育格局。每个人的"幸福"的获得岂不是国家与民族的福祉?教育就是培养人才吗?这种似是而非的教育目标也许正是偏离教育原点、有悖教育本质的。

之所以有"钱学森之问",之所以不出大师,或许也与我们一直把教育的目标狭隘化为人才的培养有关。其弊在太"有为",太直奔主题。而生活中不是有太多的直奔主题却大幅度偏离主题的事吗?教育的第一目标绝非是培养人才。

复旦校长杨玉良说:"大学的精神、品位必须非常高。所以,我反对任何形式的在学校中莫名其妙地闹哄哄,因为这会降低学校的高雅性。高雅不是培养精神贵族,而是要培养精神境界高的学生和教职员工,心中不仅装着民族,而且装着全人类的问题,如气候问题、环境问题、核武器问题等。"(《中国大学精神虚脱》)这是大学之虚,更是大学的虚中之实。

当太多的学生及家长误以为上大学就是为找好工作时,一个民族便不可能有真正的前途。因为大学的存在从务虚的角度说,就是代表全社会守护理想、追求高雅、关怀终极的。这是大学最主要的社会责任与最根本的存在价值。

有人形容怀揣理想者铁骨冰肌。别以为这些家伙百无一用,要知道在冷极了的情况下,他们可以拿希望、理想劈成柴来取暖。而那些向来瞧不上希望、理想者一旦遭遇现实的寒冬,只好在砭人肌骨的寒风中哆嗦了,因为没备下"柴火"。

活得欠缺品位与出息，大概总离不开精神格局有限、太爱以金钱与物质为坐标区分有用无用。虚实相生，有精神之虚之灵才有生命之厚之实。带着精神信仰生活，会使生活以及所做之事获得真实而较高的存在价值。

不出大师的原因

人文界面的打开关乎我们生命每个层次的问题，小到个人对待生活的态度，大到工作事业的水准与境界。

中国大学里不怎么出"大师"的原因本质上也与此有关：我们的教育根本上缺乏人文"精神力"，而导致年轻人缺乏超越精神："很多年轻教授想着怎么获得杰出青年等奖项，到了四五十岁又想着当院士。他们看到的是物质好处和社会地位，而不是发现科学精要时内心的快乐。"数学家丘成桐对中国年轻学者欠缺科学精神表示担忧。

丘成桐之忧，正好回答钱学森之问。年轻一代缺乏对科学、对真理的纯情之爱，这就是中国教育培养不出大师的根本原因。

科学在很多中国人眼里是物质的、地位的，这导致从事科研者多以粗鄙的功利之心介入科研事业。但科学本身却是精神的，追求科学本质上是追求真理的一种方式。不懂此，中国的科学最后会最不科学，因为缺乏根本的科学精神。

笔者以前看过的许多书中，印象最深刻的是许多主人公一生不干别的，只是在人世间追求真理。现在的情形是，人们无视真理，更遑论追求，而这正是我们的可怜浅薄处。

美国社会虽然也很功利，但美国的大学却能较好地体现大学的存在意义与价值，并保持了大学的尊贵，正在于对真善美、对真理执着追求的姿态："美国大学非常成功，从某种意义上说，可以看做是现代社会的一个奇迹。现代社会是一个高度功利主义、高度市场化运作的社会。在这样的社会里，如何保证大学不如此功利化，不如此商业化，不如此被市场所影响，这是一个问题。如果不解决这个问题，大学就会不像大学，就不会是思想的殿堂；进入大学的人，也不是来读书、来思考的，而是来挣钱的。我觉得美国大学对这个问题的处理比较成功，至少顶尖大学是这样。金钱在那里不被看做是最高价值，最高价值仍然是对真善美的追求。"（甘阳《从富强到文雅》）

在科学的路上，有一定的超脱之心，或者说，内心淡泊优雅才能腾出心来聚精会神地追求真理。有人说："当你对金钱、地位和名誉都不感兴趣的时候，你就到了成功的顶点。"（布莱斯塔）哪天咱们的年轻学者能有这种"不感兴趣"，一定会"成功"成大师的。

总之，不出大师，主要原因是因为我们的年轻人没有被教育得内心优雅宁静、超脱高贵，没有被打开其生命的人文界面，缺乏成为"大师"必有的人文精神力。

人文之道在明明德

大学生应有的格调与品位是什么？应有的责任与担当是什么？

上了大学，拿什么姿态，把自己和普通民众区别开来？如何证明你分明读过大学？上大学是为了脱俗，为了在精神上脱贫，在精神上成人。但如果上了大学，最后却变成一个精致的利己主义者，这就不仅是甲方乙方的局部失败，而是一个涉及整个社会诸多方面的整体的"巨失败"。

"大学之道，在明明德，在亲民，在止于至善。"（《大学》）虽然古之大学与今之大学不是一个概念，但今天上大学同样是为了懂得生命光明的道理、发扬光大这光明的道理，以此服务于社会，并让自己达于真善美的境界——在理智上求真、道德上求善，感情上求美，在精神上长大成人。成为一个既有责任感、担当意识，又不乏情趣、格调高雅的君子。大学之道的根本是打开学子生命的人文界面之道，是明明德。

作家张炜说："大学尤其不应该是个时髦的地方。太时髦了就容易遮掩真正的见解，淹没清晰的思路。"不管学什么专业，"在大学阶段都要涉足比较重要的、深邃的思想体系，这种开阔思路、视野的过程，对一生都非常难得，也算没白上一次大学"。

成都理工大学文法学院院长陈俊明在一次开学典礼上致辞说："会读书，就要努力把'成都理工'读成'麻省理工'；就要努力把一所大学读成两所甚至更多；就要努力把德智体美读得无一偏废；就要努力把男生读成文质彬彬，女生读成知性端庄；就要努力把自己读成无论张口还是抬手，都让人分明看出你读过大学。"

分明读过大学、没白上一次大学，只有打开你生命的人文界面才可做到。因为教育的真谛在于将知识转化为智慧，将文化积淀为人格。而且"文科"在英文中含义是：Liberal Arts，意为"自由的艺术""自由的学问"。上大学意味着追求精神的独立与思想的自由，意味着能更方便地获得一种超越的人生智慧。但依这样的标准，本该是引领社会风气的我们的大学还远未达到。

大学如果是绕开这个高标准去"服务社会"，那个服务岂可有高品质？大学的主要职责是站在真善美的制高点上为社会高举精神的旗帜，而非跟在社会的后面为它拎包。不出大师的原因之一，就是太多的大学以培养"拎包人才"为乐了，把大学办得跑题了。

豆腐好卖就设豆腐专业的大学，正败坏大学的品位，正贻害民族的前途。

没有蛀牙，做精神贵族

"我们的目标？"几乎在每节大学人文课上，我们都会随时这样问学生。

"没有蛀牙，做精神贵族！"这是全班同学齐声的回答。

在精神上有高贵的范儿，就是精神贵族。真正的贵族与奢侈腐败、无耻堕落无涉。贵族（noble）在英文中本意为高尚的人。

"在西方文明的发展中，贵族起到了巨大的推动作用。贵族不仅意味着一种地位，一种头衔，也意味着社会的行为准则和价值标准，意味着一种我们称之为'贵族精神'的东西。"（王鲁湘）不仅在西方文明是如此，在其他文明发展中，贵族也表现了同样的价值与作用。

刘再复曾归纳出贵族精神的四大内核：自尊精神、讲求原则、保持低调、淡漠名利。他还特别指出："在欧洲，贵族的历史传统比较悠久，贵族精神从原来由贵族主体创造，到后来变成整个社会共享的一种精神财富。比如我们现在一说起'骑士精神'，马上就想到'慷慨、正直、尊重妇女、扶持弱者'这些字眼。骑士精神已经成为一种全人类共享的优质精神遗产与高尚的思想境界。"

精神贵族实际上是担负着坚守真善美价值观的一个主要的阶层，追求高贵的精神品质是他们的一个主要"特权"项。现在我们很需要在精神上高贵。

是时候了！中国需要越来越多的人理直气壮地从内心开始期望自己为"贵族"，并以相应的、优雅的内在精神与外在动作配合这种高贵的期望。

没有蛀牙也很重要：让自己健康自信，让别人舒畅愉悦。因此我们的目标只能是：没有蛀牙，做精神贵族。

显然，多些精神贵族，我们的大学出"大师"的概率定会飙升。

回到教育的原点

教育之所以不让人民满意，怕是教育大大偏离了教育的原点所致。

培养高贵的人格，让有高贵人格的人做高贵的"人"应当做的事，就是教育的原点。回到教育的原点，教育才可开始谈质量。

华东师大陆靖教授讲过这样一件事。一位医学教授带学生实习，问学生："对不能自主翻身的病人，当需要给他翻身检查时，该怎么做？"

"我轻轻地帮他翻身。"所有的学生都这样说。

"错！应该俯身轻轻问他：'先生，需要给您体检，我可以帮您翻一下身吗？'哪怕病人只是眨眨眼表示同意，都不能省略这一问，因为这是尊重。"

这尊重病人的一课，对一个未来的医生怎能缺少？不经询问，再轻的直接为病人翻身的动作都是冒犯与不尊重。这位医学教授有颗人文的心，并且懂得把这份人文的精神传递给学生。

某医科大学生在修习专业之余，还把中文系的课程也学了一遍。相信中文课程的人文性一定会给他带来善待生命的深远影响。

联合国教科文组织向青年们提出"学会学习、学会生存、学会做事、学会合作"。但这四个"学会"之后应当再加上"学会人文"，那个学习、生存、做事、合作才是有质量的。

而且这不仅仅是对"文科"大学的要求，即使对某些实用性很强的学科，甚至医科大学，也不应该放任其专业教学乃至职业培训压倒一切。教育的终极产物，当是人格的生成，是让大学生真诚体悟且认真尝试"精神成人"。

把上大学只当作找个"好工作"之类一般谋生的手段，认定上大学只是为了将来的饭碗，那除了已经误会了上大学的本意，其后果是未来也不会真有出息。因为心胸狭隘、缺乏人生超越的高远追求能力的人最终也不会"成器"。即使勉强成器，"若火力不到，陶铸不纯，他日涉世立朝，终难成个令器"（《菜根谭》）。令器者，美器也。

西班牙教育家感慨："那些只精通或专于一件事情而对其他任何事情都全然

不知的人是多么的残酷、多么的愚蠢，然而他们却又是多么的冒失狂妄和肆无忌惮。"（奥尔特加·加塞特《大学的使命》）

大学生最需要修习的是：超越职业追求的人文理念和实践，是养成深厚开明的现代教养，拥有相当的开明度与思想力，在精神上达到自由高贵的人文境界。大学需要努力回到这个教育的原点上来。

曼德拉认为，解放是从一个人的思想开始的，"诚实，真挚，简单，谦卑，纯粹的慷慨，不虚荣，热心助人——培养这些品质对每个人都不难——这是一个人精神生活的基础"。本书希望能坚持这样一个基础性的精神品质，希望倡导一种纯粹而雅正的为人趣味。

中国亟须提升优雅GDP

土豪被打倒半个多世纪了，然而，2013年"土豪"又卷土重来。

据英国广播电台解释，"土豪"是指出身寒酸，突然变得有钱，却还没有形成与之相称的教养和礼貌的人。这也代表着世界对部分出境国人的印象。

国富了不一定民强，民强了也未必代表民众的生活同步有质量。有质量的生活是文雅、优雅的，是全面的人文化的。甘阳先生接受凤凰卫视采访时坦言："虽然我们现在富裕的程度已经相当可观，但我们现在是一个比较相当地粗鄙、粗野、粗鲁，一个不大有教养的社会。"

的确，国人如今是富而不贵，我们还没有普遍活出"人"应该有的高贵样子。我们的富裕是粗糙的，缺少精神文化内涵，缺少高贵优雅的风韵。多的是"土豪"式的新贵暴发户，还没有形成讲究精神高贵、行为优雅的"上流社会"。

90年代以后，几乎多数人都只关心经济，只谈如何挣钱，对其他一切问题，尤其是精神与文化均失去了应有的兴趣。甘阳先生指出这样的社会"是一个比较低级的一个社会，这样一个社会，即使你经济发展非常好，它并不能被人所敬重，因为我想一个文明社会最重要的产品是什么东西？是人。是你这个社会，你这个文明所培养出来的人，是一个非常有素质、有气质、有教养的公民和人"。

格罗塞《格调》指出："越来越多的人感到，无止境地追求金钱并不能带来真正的幸福，也未必可以顺利地改变自己的社会地位。追逐金钱耗费了太多的时间、精力和创造性，而珍贵的不能重复的生命却在悄悄地流逝。"

提升优雅GDP，让民众活得优雅、有尊严，才能从本质上提升中国的真正国力，并让世人尊敬中国！中国只有在优雅方面的"GDP"上去了，我们的崛起才能被人尊敬。

当然，提升优雅GDP，这尤其是中国大学的责任，可是北大商法学院加起来，已经占到北大一半左右了。甘阳先生痛心地说："我觉得像北大这样的，从头到尾追求真善美，追求真理，从来不可以变的这一点，如果中国连一所大学都做不到这一点，那我们觉得这个民族非常非常可悲了。"

美国大学的商学院、法学院都是"后本科制"，也就是只有读完一般本科后，才有资格报考商、法学院。这不仅是为了提高商、法学生的素质，也是对社会功利倾向的一种制约。而国内大学没有一所商、法学院是"后本科制"的。

应把追求文雅当作中国人的一种生活目标与生活方式来提倡。提升优雅GDP，是改塑并提升中国人精神与形象所需要的，是改善生命质量所不可缺少的，更是今天重新建立人性所必需的。

中国应该"梦"什么？

2013年街上有不少"中国梦"宣传画，虽然制作得比较人性化了，但它们称"中国德"也许更合适。

"梦"应该动人心魄、温暖人心。"梦"既要反映古今各民族认同的永恒的价值，更要能深深地打动人、激励人、引领人。有一幅主题为"少年强则国强"的宣传画，画了两个斗鸡式头顶足球的少年，作者不知如何来表现男子汉的"强"。然而，文明的"强"应该有坚韧、智慧甚至友好、良善的内蕴。"梦"还应有具体的内容，如每个人的基本生活与尊严都得到保障尊重，遇到问题有合理的解决机制，各方面都有规矩，文化传统与自然环境得到保护，以及民众精神格调与风貌的文雅文明等等。

最早做中国梦的是孔子与老子，他们的中国梦今天看来并未完全过时。孔子的大同理想就不用说了，特别是老子让百姓"甘其食、美其服、安其居、乐其俗"的理想更具有普世性，是今天"中国梦"绕不过去的价值构成。

如果老子的"无为"就是"自然"，就是与道大适、顺道而行的话，那么"甘其食、美其服、安其居、乐其俗"这十二个字自然也是一种民族生存的"无为"原则了，它们实际上维系的是一个民族生活的某种微妙的有机平衡。如果经济发展的结果是民众"不以其食为甘、不以其服为美、不以其居为安、不以其俗为乐"，那么这个民族的有机生存的平衡就被打破了，当然其自主的心跳也会随之减弱甚至消失。因此，无论多么现代化都不能忽视这个根本性生活平衡的维护。

老子中国梦所追求的恰是古今中外贤明政治家孜孜以求的最大政绩：让百姓"甘食美服、安居乐俗"——这是时无论古今，地无论东西的最高政治目标。老子强调的正是百姓对自己生活最主要方面的衣食住及风俗的自足及安适感。经济发展应该以此为标准，与人民的精神安顿与安适同步，否则"发展"了的经济一定会是异化的，是不能让人民生活得有尊严、有安适感的。

姚国华《全球化的人文审思与文化战略》中指出："百年中国梦想着富国强兵、超英赶美、四化小康，却并不反思，现代文明是怎么回事，我们内心缺点什么？""现代文明立足于人们内心的基本认同：普遍、统一、公开、明确的理性原则，是一切自由创造的无形前提"；"如果没有普遍的理性思维，实用主义与神秘主义、科学崇拜与迷信邪教、经验主义与教条主义就是一回事"；"文化、教育、科学只有外延、数量、骨架、功用上的存在，而在内涵、质量、灵魂、本质上几乎完全空缺"。

这个"现代文明"换个表述就是美国社会学家韦伯所总结的现代化进程，即合理化在文化、社会、经济、政治领域的不断增进和扩展的过程。在韦伯那里，现代化起源于文化领域，经过社会和政治领域，然后达成经济领域的现代化。这与中国旨在产业进步的"四个现代化"迥然不同的四个现代化分别意味着：文化上的理性主义、科学主义的世界观以及普遍主义的态度；社会关系的理性化以及组织与个人关系中的个人主义特色；政治上的民主主义；经济上的理性资本主义。

"中国梦"应该是在吸纳具有普世意义的现代文明价值的同时，传承自己民族文化传统之梦，唯此，那个"梦"才能叫中国梦。中国梦的核心在物质层面应该是百姓的"甘食美服、安居乐俗"，在精神层面应该是梦想建立强大而优雅文明的民族魂魄。

你有光明，中国便不黑暗

笔者日志里发了篇关于品位的小文，"法号"叫"向左走、向右走"的网友评说:"在这个现实的社会中。人们早已忘却了生命本该有的意义。欲望、虚荣充斥着双眼,谁又能不随波逐流?何来品位?"

我们还常常听到类似的质问:"这个社会有几个人能做到淡泊名利?""周围又有几个人能够真正优雅高贵?"但是别人有没有品位、能不能淡泊名利,可不可以做到优雅高贵真的不是很重要,重要的是自己先有、先做到。

仿佛我们都站在道德的底线附近,只等全社会的人全高尚了,我们才愿意去有品位、去淡泊名利或优雅高贵自己。然而,完全不用等别人都有了真善美品质,我们才有,因为生命太短,等不及那一天。

作家庄雅婷说:"我最不喜欢听人说'社会就是这么现实''人心好浮躁''这是个急功近利的时代',其实根本就是他本人现实、浮躁、急功近利而已。但这么说,好像就有了借口,先是冒充了一下高风亮节看不下去世风日下,然后就可以理直气壮地一起混日子了。"

不少人的心理似乎是,自己比别人高尚得早了是很吃亏的,非得别人先做到什么,自己才会行动。太多的人都在等别人变好、在等社会真正文明进步,但这正是我们文明进步得比蜗牛还慢的原因。

学者崔卫平说:"你所站立的那个地方,正是你的中国。你怎么样,中国便怎么样。你是什么,中国便是什么。你有光明,中国便不黑暗。"

2013年陕西师大的录取通知书是用毛笔手写的,学校几位老先生共书写了4500余份。这件有人性温度、有文化美感的"光明"事,让陕西师大顿时彰显大学气派。

学者刘瑜说得好:"社会进步不是靠一些勇敢者去触碰勇气的上限,而是靠千百万普通人一点一滴地抬高勇气的下限。"我们能做的只能是:加入到一点一滴抬高勇气下限的行列中,一点一点地建立人性、用人性温度去做人做事,而不是一件一件地去抱怨社会与他人没有让自己满意。

在哪儿站着,就请在那里为中国也为自己增添光明。

世界是精神的

世界只有一个，但对世界的看法或说法却可以有N个，世界观因而五花八门。

在眼花缭乱的对世界的说法中，对百姓来讲，最不实惠、最晃眼的一个就是："世界是物质的"。"世界是物质的"，是不错的判断，但也只是对世界的本质至多一半的判断，也只有对哲学家或学生答政治题时有用。然而这个判断对普通百姓追求幸福良好的生活来讲，是很不"实惠"的对世界的定位。

对百姓最"实惠"的世界观是"世界是精神的"。因为人本质上是精神性动物，人活在世上主要活的是一种感觉。人对物质的需要有个度，过了这个度，物质便自动成为一种符号或象征，搁那儿、摆那儿只是纯粹为了吸纳汇聚别人艳羡的目光，以满足自己精神的虚荣。

比如说，人一次只能睡在一间卧室里的一张床上，若有两间以上卧室，两张以上床，那睡不了的卧室与床就是摆给别人看的，只是存心用来让别人晚上睡不着的。"世界是物质的"闹心处在于让你满足了基本需要后，还不能活得消停潇洒，还要蠢笨地为多余的东西当牛作马，然后构成大家互相骚扰的态势，谁都甭想睡个安稳踏实觉。

还是哲学家看得更本质："肉体需要有它的极限，超于此上的都是精神需要。奢侈，挥霍，排场，虚荣，这些都不是直接的肉体享受，而是一种精神上的满足，当然是比较低级的满足。一个人在肉体需要得到了满足的基础上，他的剩余精力必然要投向对精神需要的追求，而精神需要有高低之分，由此分出了人的灵魂和生命质量的优劣。"（周国平《灵魂与肉体》）

所以平常百姓没事别轻信"世界是物质的"，因为它会强力干扰你对幸福快乐的感觉与认知，以为幸福快乐与物质是正比关系。幸福快乐、失败挫败等等本质上都不是一种结果，而是一种态度。家有万贯，不会幸福感也自动升至万贯。

在世俗的层面，整天念叨或认同"世界是物质的"，生活的目标与视界就会聚焦在物质领域，就会被物质的迷雾遮住生命本真的意义，就不易把有信仰、有尊严当作生活中不可缺少的价值追求。同时在纯物质性生活中必然形成的焦虑与痛苦，也因为缺失更高的生命价值与意义的参照而无法得到摆脱与超越。

定位"世界是物质的"，会直接拉升幸福快乐的成本，让人的笑点很高，只会为钱笑（当然也只为钱哭），不能随遇而安、随处安闲；更恐怖的是让物质欲望滞留在容貌气质上，也直接起到毁容作用。

而且即使打算赚钱，也得先从认同世界是精神的开始。万通董事长冯仑说他研究过很多赚了钱的人："后来发现赚钱最多的人实际上是追求理想、顺便赚钱的人。但他们顺便赚的钱比那些追求金钱、顺便谈谈理想的人赚得要多。"

相信"世界是精神的"，"穷"不仅能独善其身，更独有其乐。降低了幸福快乐的成本，"穷"照样有开心的机会与空间；特别是降低了笑点，便任何天气都有大笑的力量。这样的世界观，实惠！

"如果我们要求不高，一小洼水边，一块土下，一个浅浅的牛蹄窝里，都能安排好一生的日子。针尖小的一丝阳光暖热身子，头发细的一丝清风，让我们凉爽半个下午。"（刘亮程《一片叶子下生活》）

幸福从来不是一个物质性结果，而是持一定的让自己有幸福感的精神态度；失败也不单是一个结果，也是因为如此。

精神的可贵就在于：物质终究不是东西，很靠不住的。

帘前春色应须惜，世上浮华总是空；因为世界是精神的。

始于用者最后没用

一个人活得无趣的根本原因在于，凡事不能容忍它的"无用"，见不得某物"没用"。而世上有用的大都无趣，趣多多的往往无用。

太纠缠于某事某物之"有用"性的实质是：它不像是"人"的想法，是出自猴头猴脑的野蛮念头。高晓松微博曰："有人问我让孩子学琴吗？我说不一定学琴，但一定要多学多干些没用的事。人和动物最重要的区别就是动物做的每件事都有用（为生存和繁殖），人要做许多没用的事比如琴棋书画，比如爱与等待。如果一个孩子被教育只能学对升学有用的课，上大学只能干对就业有用的事，工作了一切都为了买房，生而为人岂不浪费。"

徐小平回应："伟大的艺术都是在'没有用'的情况下诞生的。比如芭蕾、油画、音乐、小说。一个在教育上讲究'实用'的民族，是一个没有未来的民族。"

若总是纠缠于"有用"的东西，一个人自然也难有出息，并且纠缠有用无用，一般也只能感觉物质以内那些可见、可触摸的好处。此类好处可统称为"利"。而生命中的物外之趣、微妙的精神之乐则难以体察甚至享受；此类之趣之乐能给人带来精神上的深度满足感，故属于"大用"。

庄子说："知无用而始可与言用矣。"——只有刻骨铭心地懂得并认可了"无用"的价值魅力，才配在世上谈什么是"有用"的、什么是"无用"的。

"多学些、干些没用的事，在当下的教育环境里，是一种稀奇的鼓励。因为我们太在乎有用性了，比如加分和保送，'琴棋书画'也有了实用价值。但如果一个人为了某个目标学了一身本领，却享受不到任何乐趣，目标达成的那一刻，也许会发现，这件事其实也挺没用的。"（据"中青在线"枝枝文）

有用与没用就是这样的辩证：始于用者，最后没用；而且纠缠于有用，非但终究没用，还浪费了自己生而为人的身份。无用的东西，往往能够用之大、用之实。生命中多一些"无用"的追求可以让人大大地享受一下结结实实做一回人的丰满乐趣。

多年前《参考消息》上一段小文说的正是这种趣与乐："好友家的前院植有一棵硕大的柳橙树，树上果实累累，甜香诱人。但好友却不让人来食，'因为那是给松鼠吃的！'我们虽吃不到柳橙，但闲坐在家中便可以欣赏松鼠蓬松的尾巴、在枝丫间跳跃的身影，以及吃果实时的可爱模样，无用的柳橙带给我们比观看无尾熊更多的快乐！许多大人或孩子，总是在自我或他人'有用'的要求下累积了许多的怨怼、挫折与压力。"

始于用者，最后没用。

最好的物质品只是一团精神的气

最好的物质品只是一团精神的气，令人完全忘却它的物质构成。这是我在《文物天地》杂志上见到犀牛角工艺品时的感悟。

明末至康乾二百年间是中国犀角雕刻的鼎盛期，大量杰出的作品出于此时。那莹润剔透的质感、创意精致的造型，巧妙地隐去了犀角本身的物质性，而升华为纯粹精神性及美感的存在。

世上没有与精神完全隔绝的、百分之百的纯物质，决定物品价值高低的是其中的精神文化含量的多少。最好的物质或物品一定里外透着最多的美善精神与真淳意蕴，甚至会看不出它哪部分是物质、哪部分是精神；感觉它整个氤氲着一团精神的气。

对物质的享受，本质上应是享受其中的精神文化含量，而不是享受它昂贵的价钱。再好的物质品，如果感觉不到它散发出的精神文化之气，不能欣赏玩味其中所深藏的人性之美之善，那它对你就没什么意义，甚至可以说你的钱白花了。

LV包的广告词："使用亚麻线和蜂蜡的女工匠：针、亚麻线、蜂蜡加以非比寻常的耐心，令滚边工艺起到防水而耐用的效果。有人说路易威登手袋是精湛细节的集萃，不过当你知道在每个环节上倾注的无数的时间与精力后，还会仅仅把它们称为细节吗？"背正版LV包的你知道吗？若不知，背它就辜负了它的"美意"。

据说法国人不大背LV，倒是暴发的亚洲人十分青睐此包。但估计咱亚洲同胞一般会辜负LV制作者"耐心"于"细节"的精神，以暴发者粗陋之心还不能容受有深度的真正的"奢侈"：即奢侈品中的精神文化含量、它的人性美等等。

艺术品也是最好的物质品。暇时可以常浏览一下《文物天地》《中华遗产》等大量刊载古代艺术品图片的杂志，或参观各地的博物馆，那些图片或展品会给你养眼养心的影响。相信你会认同"最好的物质品只是一团精神的气"。

在这精神的气中，一种来自历史深处的微妙的沉沉静气能够镇浮去躁，让人安和宁静。

发财树、富贵花所象征的贫穷

这几年买花木，发现大量花木都统一叫"发财树"或"富贵花"了。

好好一株花草，一被"发财""富贵"名之，多少还追求点雅趣的你就会陷入买与不买的纠结，虽然本人不是个容易纠结的人，也不喜欢"纠结"一词。

德国某孔子学院院长说："你想发财吗？你就要个中国女人做妻子吧，她会督促你挣钱的。"中国女人啥时"变种"成这样子的？

大街上到处是高分贝的广告声，热情过火的商家几乎是嘶吼地吆喝叫卖。这不也是在破坏市容，怎么城管就不管呢？

首位女宇航员诞生后，莫言获诺奖后，其家乡人民均表现出极度的亢奋。这亢奋的旨归不外乎是借机打造发财树，以盛开富贵花而已。

山西吉县人祖山据说挖出了神话人物女娲的遗骨，此消息背后有着重量级新闻媒体、大学及诸位专家的"倩影"。吉县没啥煤，官员与部分百姓便有了缺钱焦虑综合症,"挖出女娲"就是这想钱想疯了的阶段性成果。还有那山东与安徽争夺西门庆故里的丑剧等等,都说明许多人能耐大到能把神话与文学人物变成肉身真祖宗的地步。何况争夺一个大恶棍"西门庆"也不是什么有脸的事。为了有钱,可以没脸吗?

许多人对没有现实利益的事一概没兴趣。结果钱理群教授激情讲述鲁迅时,就有人请他说明鲁迅研究课对学生就业的意义。

以上互不相关的事都统一说明了我们究竟有多穷,虽然GDP已成世界第二高。是我们比别国的人民特别缺钱吗?歌手刘欢游希腊时发现,那个地方人们的收入也不是很高,但是人家活得太好了,只要能够吃饱喝足就不耽误快乐。我们为什么不能这样呢?我们是被钱拴住了,除了钱,什么都不能让我们兴奋起来。总是误以为自己只缺钱,别的都不缺,生命的中心唯有钱,重心只向钱倾斜,眼泪也只为钱抛洒。

然而我们特别缺优雅的格调与高级的生命追求。一旦缺乏情趣与追求就会直接引发缺钱的焦虑,从而只认为有钱是有趣的、是值得追求的。有钱并不保证一个人一定脱贫;如果除了有钱,别的都没有——没情趣格调、没人性修养,那不还是一只穷蛋?有钱并不必然使你的社会地位提高,因为世上总有人不在乎你的钱财。但有格调和品位却必然受到别人的尊重和欣赏,因而提高了你的社会等级。

真正的富与贵最后还是靠精神标准来判定的。嵇康有言:"岂须荣华然后乃贵哉,岂待积敛然后乃富哉,以意足为贵。"——难道只有荣华才能贵吗?难道一定需要靠积攒财物才是富吗?精神上的高贵与优雅难道就不是东西?

还是那老得没牙的问题:我们缺信仰,我们缺灵魂,穷根在这儿呢。

生活像飞去来器

生活像飞去来器,凡从你这儿出去的,没有不回来的。而且怎么出去的,会原样甚至放大了回来。

口沫横飞地讲了个没品位的段子,别人会把你划拉到最低人品段位上。凡当众朗诵段子,请自己先审查一下是否太低俗,请先嘀咕一下:"这会不会让人看轻我?"

你骂别人是阿猫阿狗,只不过是在高分贝地宣告自己就是阿狗阿猫,这便是

"骂人的高回报原则"。与人对骂是与人一般见识,是自贬身份的快捷方式。评价别人过低,等于告诉大家自己不太是君子。你以为评价的是别人,其实让人看到的是你的内心是否良善与理性。

"我们发到香港的产品和出口的产品是一样的,保证比内地的产品质量更好,更安全。"这是某大牌乳业对香港媒体的信誓旦旦。一些国际甚至国内的大牌产品,用两套质量标准,卖给中国以外其他国家的是一种,卖给中国大陆的又是一种。这"又一种质量"你也没法生气,因为人家完全是看人下菜。这回赠的耻辱,有相当一部分是我们做事马虎捣鬼、敷衍粗糙的国际形象招来的。

生活像飞去来器,凡从你这儿出去的,没有不回来的,不精心挑选自己出产的言语与行止看来不行。凡出言举止,只要想想其中是否体现爱与良心,是否建设性,就不会某天收获饱含恨与黑心的回赠品。

印度谚语说:"你发出的微笑会返回给你。"你向生活微笑,生活也会向你微笑。你若龇牙,它准咧嘴。生活很势利,你爱它,它才爱你。你若不爱它,它就给你一个结实的后背,绝不理你。

有人说:"凡向我泼冷水者,我必烧开了泼回去。"有此心者定是小人之心。小人尤其需要特别小心别人和他"一般见识",以免享受洗开水澡的待遇。

世界是个对等性存在

《源氏物语》中源氏公子情花四处开放,而他因此痛尝了与此欢悦相等的情之殇。当然源氏公子有别于一般登徒子之处在于,他的情花开得仿真性较高。

"我荒废了时间,时间便把我荒废了。"莎士比亚此言与源氏公子的情感经历显示同一个真理:世界是个对等性存在。

许多人说的妙语,也无非就是揭示了这一世界的对等性而已:

如果一个人敷衍生活,那么生活也会敷衍他。(佚名)

如果一个人失去对生活的尊敬,那么他将失去他所尊敬的生活。(佚名)

对过去视而不见的,对未来将是盲目的。(魏茨克)

先相信你自己,然后别人才会相信你。(屠格涅夫)

一个人的后半辈子均由习惯组成,而其习惯却是在前半辈子养成的。(佚名)

什么都不是爱的对手,除了爱。(王小波)

爱人者人恒爱之，敬人者人恒敬之。（孟子）

菩萨看谁都是菩萨，小人看谁都是小人。（佚名）

世界就像一面镜子，你微笑，它也微笑。你无缘无故地爱它，它也会无缘无故地爱你。不可不知世界是个对等性存在。忽视这个事实，就会像忽视"世界是平衡的""生活就像飞去来器"一样，会给自己的行止带来诸多不便。

时间还敢荒废吗？生活还敢敷衍吗？

人文精神让容貌进步

"人文课能够美容，能让容貌进步！"这是我们上"大学人文"课老师的课堂习语之一。

人文课以讲真善美价值观为核心内容，而真善美充实提升一个人的精神生命同时，会顺便修饰提升他的容貌与气质。

生命中虽然有太多的坎坷，但经过无数次洗礼后，如果能更懂得什么是生活之真、之善、之美，从而变得更平和智慧、更坚强从容，也更温婉帅气，就能达到越老越帅，即使你原来长相不佳。

人文课的美容功能是通过帮助同学们找容貌之外的自信，找物质之外的快乐而获得的。天生漂亮是没有用的，有用的是借助人文智慧锻炼出强大而平静的内心，是因此而越老越有上好佳的优雅气质。自然了，教人文课的老师，时间长了，也会"人课合一"，率先获得真实的帅气与温婉气质。

我形我塑。人文让容貌进步！

菜心里都藏着一个打盹的春天

每个菜心都藏着一个打盹的春天。

《晋书》说某人不忍吃菜心，"以其勃勃有生气也"。如此不忍之人就是人性充分之人。把白菜心或萝卜根置于水中，它会继续生长，因为勃勃的生命一直藏在那菜根里。寒冬腊月将胡萝卜根部切下，放到小碟子里用水养上一两星期，会长出风致如竹子的芊芊春意来。

"葡萄酒被喻为有生命力的液体，是由于葡萄酒当中含有单宁酸的成分，单宁酸跟空气接触之后所产生的变化是非常丰富的。而要分辨一瓶酒的变化，最好的方式是开瓶后第一次倒两杯，先饮用一杯，另一杯则放置至最后才饮用，就能很清楚地感觉出来。"

某干红广告上介绍如何品鉴葡萄酒时如此说。葡萄酒是有生命力的液体，带着这种认识，再喝葡萄酒就不会没心没肺地牛饮而尽，而能有情有义缓缓地转动手中的酒杯，欣赏它玫瑰般的色泽，那是葡萄酒生命的颜色吧。

"心中没有生气的人所看到的宇宙是枯萎的宇宙。"（罗曼·罗兰《约翰·克利思朵夫》）没有"生气"（即生命感）让人把世界看成无生命的枯败存在，从而导致活得更加无趣。所有人的心中也都藏着一个打盹的春天，这个春天可能会一生都在打盹，没有机会醒来。

用清明爱恋的眼光看世界，所见者皆是生命。"对着稿纸，我于朦胧中觉得自己书写的并非文字，一格一格只是生命。"（刘再复）

把世界看成一个个生命体，还是把一切当作物体、物质来对待，是两种完全不同的生活。所见者皆是生命是人性充分的体现，而俗人之"俗"主要是缺乏充分的人性，故往往把世界看成枯败的、死寂的，不能发现世界勃勃有生气的一面。

孩子见任何东西都有本事与之对话，他们不自觉地把世上一切当成有生命的存在，所以他们随时能趣、随处可趣。"You see what you believe（一个人相信什么，就会看见什么）"，孩子富有生命力的心比成人更容易相信这个世界，因此对孩子来说处处都是趣味，一块尿泥都可以玩得尽兴。正可谓"心地上无风涛，随在皆青山绿水；性天中有化育，触处见鱼跃鸢飞"（《菜根谭》）。

成人世界的无趣也缘于对美好事物没有信心。所以老子说大人们应该"复归于婴儿"，需要来一个精神生命的"第二次天真"。

安静下来，所见者即皆生命。芭蕉和尚说："顺乎造化，与四时为友，所见者，不会没有花；所想者，不会不是月。"

遇事先看光明一面

话是这么说，可要是你的手指头扎了一根刺，遇此事怎么能看到光明一面？

契诃夫说："那你应当高兴：'挺好，多亏这根刺不是扎在眼睛里！'"要是火柴在你的衣袋里燃起来了，那你应当高兴，而且感谢上苍：多亏你的衣袋不是

火药库。依此类推。"(《生活美好但需要你学会发现》)

每个人都可能充分地享受生活,也可能根本就无法懂得生活的乐趣,这取决于我们从生活中提炼出来的是快乐还是痛苦,究竟是常看到生活的光明面还是总纠缠它的黑暗面。

任何人间的生活都是两面的,乐观、豁达的性格有助于我们看到生活光明的一面。无论在什么时候,都应相信光明、快乐的生活就在身边。即使乌云满天,太阳也一定就在乌云的上面,没有远离我们。

苏轼的诗句"云散月明谁点缀,天容海色本澄清"就是这种信念的结晶。有此信念,就是已经懂得生活是怎么回事,就有智慧去面对生活中的一切逆境与挫败,就一定有力量平和、愉快、潇洒地屹立在生活的任何境况中。抱怨不能解决问题,愤恨只能使心情更糟。用善意的、开放的心灵面对世界,带着和解与宽容的建设性态度生活,或许我们会体验、收获到更多的快乐。

笔者教汉代大赋时,经常会将大赋中带"山"字偏旁的词语写满一黑板。如:嶙峋、岩巗、崛岉、峄崒、岑崟、崛岲、崭巚、嵚巇、巆崒、嶄岫、峥嵘、崔巍、巃嵷、嶷嵬等等。

这些词语除了有两三个学生较熟悉外,其余几乎可以说完全陌生。问学生的观感,多数回答是:"不认识!""麻烦!"只有极个别的同学说这些词语会给人一种"男性的""伟岸的"感觉,或者积极评价它们"很有意思""很开眼界"。这实际上是一个情商测试。

"一阴一阳之谓道"是"太极思维",世事皆是"阴中有阳""阳中有阴"的。当我们在遇到事情的时候,为什么经常会纠缠于它的负面,并让这些负面的因素和存在控制、左右我们的情绪意念与精神状态?发现生活美好的一面,就是遇事养成先看到光明一面的习惯。遇人也一样道理,先找他们可爱的一面,而不是只顾嫌他不是圣人君子,嫌她长得不像圣母淑女。然而,遇人遇事能先看他光明的一面,先挖掘他的价值,你自己肯定是君子淑女,甚至是圣人圣母。

可以单纯地欣赏把玩汉赋中那些已不再存活的词语形式上的美感、特殊的构成节奏,即便不知道它们的读音与词义。应了解:"在作赋时,人类已多少意识到文字本身的美妙,于是拿它来把玩游戏。如果艺术是精力富裕的流露,赋可以说是文字富裕的流露。律诗和骈体文也是如此。"(朱光潜)

遇事常看到光明的一面,心态开明开放大大有助于更多体味生活之美好,这是精神富裕的表现。

年轻如进天堂

"青年的心襟时时像春天的天空，明朗愉快，没有一点尘滓，俯瞰着波涛万状的大海，而自守着明爽的天真。"（宗白华）

但青春不全是明爽天真的，青春是需要救赎的。青春往往有一个"瓶颈"——有许多迷茫的心灵挣扎，更有许多粗糙俗野的言行发泄；而故作成熟的油滑世故更令青春期大大缩短、令青春的颜色驳杂。

青春年少者需要反省、节制自己的情绪，需要因人文之雅来优质自己的行止。优雅让青春更具阳光品质，更有真实的亮丽与飞扬。

青春应是一生的事，优雅也是；我们可以这样优雅到老、可以这样青春着进天堂……

优雅的青春终究可以冲出瓶颈，面对太阳站成一个希望的姿态！

"年轻如进天堂！"（华兹华斯）

需要深度沉潜的青春

"少年之人，不患其不奋迅，常患以奋迅而成卤莽，故当抑其躁心。"（《菜根谭》）

心积和平气，手成天地功。灿烂的青春之花需要一个精神深度沉潜涵泳的过程才能结出辉煌的果。

南极水陆交接处，全是滑溜溜的冰层，笨重的企鹅，如何上岸？影片《深蓝》记录了这一过程：在将要上岸时，企鹅猛地低头，从海面扎入海中，拼力沉潜到适当的深度，再迅猛向上，犹如离弦之箭蹿出水面，落于岸上。

姜胜《企鹅的沉潜》一文感慨："如果我们在困境中也能沉下气来，不被'冰凌'吓倒；在喧嚣中也能沉下心来，不被浮华迷惑，专心致志积聚力量，并抓住恰当的机会反弹向上，就能成功登陆。甘于沉下去，才可浮上来，企鹅的沉潜原则，也适用于人的生存。"

企鹅的深度沉潜是为了蓄势，为了积聚破水而出的力量。潜得越深，海水所产生的压力和浮力越大，因而跃起的高度也越高。对年轻的生命来讲，深度沉潜就是自觉地培养较高的"精神力",让自己的生命经过一个"经虚涉旷"的人文精神的虚静涵养,拥有和德、具备大智,从而良好地登陆人生。

常言说"生命在于运动",那指的是物质性生命、肉体性生命。而精神性生命的获得来自虚静的涵养,因为"静能复命"(《老子》),人是从平和、虚静中恢复生命的。秋清泉气香,山静松声远。

心以和平得坦途。

应试教育的最大失败

应试教育用题海遮蔽了生活的本质与乐趣。会做题的孩子绝不意味着同时也会生活,会有尊严、有担当、有美感地生活。

龙应台说:"我们拼命地学习如何成功冲刺一百米,但是没有人教给我们你跌倒时,怎么跌得有尊严;你的膝盖破得血肉模糊时,怎么清洗伤口、怎么包扎;你痛得无法忍受时,用什么样的表情去面对别人;你一头栽下时,怎么治疗内心淌血的伤口;怎么获得心灵深层的平静;心像玻璃一样碎了一地时,你怎么收拾?"这正是应试教育最大的短板。

"孩子害怕黑暗,情有可原,人生真正的悲剧,是成人害怕光明。"(柏拉图)许多孩子对光明不大认识、也没有兴趣,因为光明不曾在题海中闪耀过辉光。当孩子们成人后,不仅会继续害怕黑暗,还会害怕光明、躲避崇高。

无论别人如何捣鬼、如何忽悠地活着,都不能成为我们也捣鬼、也忽悠的理由。需要坚持一些基本价值观、坚持不突破人生的底线太多,这也是教育不能回避的价值底线。

孩子们听得最多的教诲是人生要有远大理想,宏伟的抱负,但我们最缺的是底线教育。人生的底线不是一座高峰,它却是一个坚实的平台。立身其上,便知道人生的路怎样才能走得更好。缺乏底线意识,是不是正是那些"远大理想,宏伟抱负"落空的原因呢?

重建人性的小庙

长沙少年刘一凡骑车撞上一辆私家车,留下划痕。

妈妈说,男子汉要诚实有担当。一凡留下道歉字条,上有自己的电话,表达赔偿的诚意。

美国前总统老布什有张光头照片,腿上坐着一个化疗致头发脱落的白血病患儿,那是他保镖的孩子。老布什保镖团队为了鼓励孩子,都剃了光头,布什得知后也把头剃光了。用光头陪伴孩子,你想过吗?

刘一凡、老布什的动作都是有人性的典型表现,人文修养本质上正是为了建立良好的人性。打开人文界面,是为了打开人性的良好界面,以展示最高、最充分的人性。

曾一直以为真善美、信仰之类的东西都是别人的事,特别是专属圣人的事,和自己没关系。直到光阴荏苒、岁月蹉跎之后,才发现我们所有的问题都和我们假装不需要这些根本的价值观有关,绕开真善美及信仰而前行是行不通的。此时才真信了罗曼·罗兰所说:"仅有1%的灵感和99%的汗水是不够的,做成一件事,还需要200%的道德品质做保证。"

"人文"地做人行事便是合乎"义"地做人行事。"义"者,适宜、合乎道德与规范。有人文精神的人对世界有敬畏尊重,对自己的行为则常有节制、常作反省。

为了整洁美观,学校规定不准在宿舍衣柜上放置东西,感到不方便的同学向老师抱怨。也许这种规定不是绝对有理,但作为大学生,遇事不应简单地仅从自己的角度考虑,有时需要对他人的工作予以尊重、配合,即使这种尊重与配合会令自己感到不方便,甚至会带来一些损失,也应该这样去做。这种做法会提升你的生命质量,因为能心平气和地尊重、配合他人的工作,既可以把我们从怨恨中解脱出来,还能显示我们做人的宽和厚道、洒脱大气等高贵姿态。而这种高贵的姿态远比只站在自己的立场要求"方便"的行为更值得我们追求。

"人文"在哪里?如梁晓声所说,在高层面,它关乎这个国家的公平、正义;在朴素的层面,它就在我们的日常生活里,就在人和人的关系中,就在人性的内涵中,就在我们的心灵深处。又如龙应台所言,它是一个人的举手投足、一颦一笑和他的整体气质。

沈从文先生当年梦想着"重建人性的小庙",这个未竟的事业,我们继续吧。

恶俗的存在

"很少触及与自己无关的事物,无休止地念叨着的无非是自己的欲望和妄想。"

保罗·福塞尔《格调》一书如此定位"恶俗的存在"。要么没有理想,要么就把妄想当理想,这是许多人的精神状态。任由自己"快乐地"窒息在物尘中,不能自拔,甚至也不想自拔。

一位曾在尼泊尔修行的法国人提醒我们:"如果我们整个一生都在追逐世俗的目标,我们所拥有的达到一种真正幸福的机会就像一个朝干涸的河中抛网的渔夫一样少。"(让-弗朗索瓦·勒维尔、马蒂厄·里卡尔《和尚与哲学家》)逐物不还的人们,获取幸福的可能性如同"缘木求鱼"。

人一生的许多"追求"实际上就是让很多琐碎无聊的东西成为生活的必需品,让它们像蜗牛的壳一样成为我们再也卸不下来的、非得依靠的"必需品"。显然这是在降低做人的价值标准。而且有求于外物,必然会被外物所控制——从肉体到精神全面受控。

但人的心灵空间又是有一定的限度的,如果物欲太强烈,它将会挤占过多的空间,从而使精神的触角无法自由伸展。最少的物质需要会带来最大的精神自由。老子所言"甚爱必大费"或许也指的就是这种情况,当我们对某种存在投入过分的爱时,就必须有相应的过大的付出。

下面一段话是人类灵魂正确的朝向:

> 两种事物使我心头充满惊奇和敬畏,而且越是经常地、执着地加以思考越有新而又新、日益增长的惊奇和敬畏,这就是:我之上的星空,我之中的道德律则。(康德《实践理性批判》结束语)

"等中国强大了"

"等中国强大了,全叫老外考中文四六级!一人一把刀,一个龟壳,刻甲骨文。论文题目就叫《论三个代表》,听力全用周杰伦的歌,阅读理解用《周易》,口试唱京剧,实验考包饺子。"

这是某励志杂志上的一条。虽说是玩笑,但不是有档次的玩笑。近年来,类似的把无聊当有趣的段子励的不是君子之雅志，而是小人之恶趣。此类想法不像是有文化教养者体面的愿景。

奴隶做久了，一朝翻身，首先要操作的不是打碎奴隶制，而是赶紧自己稳稳地做奴隶主，然后令行天下，把一切自己不待见的人全变成奴隶。这就叫惯性。

有此惯性，谁还尊重我们，把我们当回事呢？更何况也不是老外让中国人考四六级的。有此惯性，中国何时才有强大？有此惯性，即使真的变成了经济强国，但依旧还是精神上的弱国小国。

有此惯性，中国即使强大了，还不成世界一害，折腾得全世界人民不得安生？难怪一些老外爱嘀咕"中国威胁论"，原来论据有不少是由咱们自己人特供的。包括那些一旦中日交战，应先轰炸东京之类的恐怖言论，都让中国没脸见人。必先有大国国民的心态气度、行止做派，才会有泱泱大国之崛起。

克林顿1998年访华时，中美两国联合公报中说，中美两国要建立"建设性战略伙伴关系"。这"建设性"一词是种相当理性的态度。

有人说：谈论别人的缺点，你是小人；谈论人类的缺点，你变成哲人。这两种谈论的区别就是一为破坏性，一为建设性。

试着戒除那些破坏性习惯："幸灾乐祸""鼓捣是非""彰人之短""炫己之长"。也请试着坚持"理性思维、建设性姿态、积极友善的行为方式"这种建设性做人的理念。

把悲观打包

"你一直都在坚持精神！"多年来，不少身边的友朋都曾如此"鼓励"过笔者。但是在教人文课的这些年里，实话说，本人有过N次放弃的念头闪过。

悲观失望、坚持不住最后还基本坚持下来的原因根本不是自己神经有多坚强、觉悟有多高，而仅仅是：我别无选择！只是掂量来掂量去，终于发现，如果放弃坚持精神，你不但前面的力气白费，往后还什么都不是了，于是就硬撑着让自己貌似在"坚持精神"。

好在硬撑的阶段如今也过去了，因为春天的时候，我真正的"世界观"终于苏醒：发现自己原来是"来世上玩的"；既然是玩，无所不是玩。只要保持适度的严肃与担当，无须把生活看得太严重。

当然让自己有解放感的还有,就是知道了人生是可以把悲观归拢一处打包并搁置起来的。学者王晓明说:"最近这几年,我却似乎有一点从这样的幻灭和沮丧中摆脱出来了。当然不是说内心不再有悲观,恰恰相反,这悲观已经牢不可破。但我现在对待它的态度不同了,打个比方吧,我现在是努力用一块'布',将种种悲观和沮丧打成一个包袱,置入内心深处的一角,不让它再牵制我的手脚。这'布'不是别的,就是我对今天人类的精神价值方面的某种宿命般的普遍状况的认识。"(《思想与文学之间》)

王晓明并不认为今天的人心及社会状况就一定是最糟的,过去也曾经很糟糕过,孔子不也很绝望过吗?可他还能振作起来知其不可为而为之,他还坚信这世界上有某种精神的价值,他愿意为此而奋斗。

礼乐崩沦、道德废弛也不是只有现代社会才有的"专利景观"。没有理由一味悲观沮丧乃至颓废堕落下去,而是记住作为精神"原道者"的宿命:无论发生什么,都只能举着精神的旗帜往前走;因为别无选择!

把自己降在世俗的层面怨天尤人,把自己混同于一般世人而自怨自艾,不但是堕落,人生也就不好玩了不是?

用你的微笑改变世界,不要让世界改变你的微笑。

义命分立

人的追求总是受到来自客观命运的限制,那么还需要不懈追求吗?谁都知道"生活重在过程",应享受这过程,但为何又都偏执于结果呢?

儒释道思想皆在教化人们超越患得患失,但方法有别。佛教是将世界定位为以"无常""无我"为底色的"空",从而一切不必贪恋,亦不值得贪恋。道家认为人类过分的"有为"是有万害而无一利的,倡导顺化自然的"无为"智慧。

儒家则采取了"义命分立"的态度,即每个人应做自己在道义上应该做的事,而不要被"命"所代表的客观条件、客观局限、客观结果等等"客观性"的因素影响我们追求道义的热诚。

"义命分立"之"义"是事之"宜",即"应该"。它也是康德所说的"绝对的命令"。每个人都有一定的应该做的事、必须为做而做,因为做这些事在道德上是对的。做这些事的价值在于做的本身之内,而不是在于其外在的结果。因此，需要"为而无所求""无所为而为"。

尽管孔子被某个隐者嘲讽为"知其不可而为之者"（《论语》），但孔子前行的步伐却是义无反顾的。孔子弟子说："君子之仕也，行其义也。道之不行，已知之矣。"（《论语》）君子出仕做事，是为了行道之义。虽然道义之事，在某些情况下难以完成，君子对此心中有数，但他对此无所谓，他只在乎自己是否走在"义"这条"道"路上。即使他明知道自己不会成功，仍然以近乎神的姿态继续努力。

不再操心结果，事情往往才可能做好，做到极致的水准。做事为了获奖、为了换钱、为了得到别人的承认等等正是做不好事情的障碍。"义命分立"的结果，人将不再患得患失，因而永不失败，因此永远快乐。所以"知者不惑，仁者不忧，勇者不惧"（《论语》），"君子坦荡荡，小人长戚戚"（《论语》）。

所谓生活重在过程、享受过程，也只有在"义命分立"的前提下才可能真正实现。不用在乎结果了，我们还急煎煎、慌兮兮地做什么呢？"结果"原来是一个大包袱，可以放下它。

伸出你的橄榄枝

一次乘车见一位老人，掏出九角钱，给售票员解释，说自己忘带车卡和钱包了，请允许她坐几站车。看着售票员无措地捏着那九角钱未置可否，以及老人不停解释的尴尬，笔者拿出车卡替她刷了。

我们都往灾区一次捐过几百元的，但帮人刷次卡，解除他们当时的尴尬也是有意义的。适时伸出自己的橄榄枝，向周围的人表示友好。"从不使他人受苦之人"几乎成为"绅士"的定义。

约翰·亨利·纽曼撰文认为绅士具有以下品质："绅士总是致力于消除身边阻碍自由与坦诚的因素。他与周围的一切保持和谐而不是凸显自己。真正的绅士言行谨慎，避免任何引起争执或带来恐慌的行为。诸如挑唆、压制、猜忌、恐吓等，即便是对和自己不相干的人。绅士最大的愿望是使每个人身心愉悦。他关心身边所有的人：温柔地对待羞怯者，亲切地对待陌生者，宽容地对待无知者。他会记起每一位谈过话的人。他反对任何激怒他人或不合时宜的举动。在与人交谈中，他从不锋芒毕露却孜孜不倦。"维护生活环境的良性状态是绅士的追求。

纽曼认为低调而谨慎，因而常常能控制生活局面或直面人生也是绅士的一般姿态："施人以恩，绅士从不放在心上；受人之惠，他却念念不忘。除非迫不得已，他从不谈及自己。绅士从不为小小的误解而辩白，也不听信任何谣言和诽谤。他谨慎地与反对者交往，尽力阐明一切。在争论中他从不心存私虑，以势压人；也从不言辞刻薄或是含沙射影、诋毁他人。从长远着眼，他谨记古代先贤的箴言：我们应把眼前的敌人当作未来的朋友。绅士遇事考虑周全，从不当众出丑。他古道热肠，不计个人得失。对于他人的恶意中伤，他更是置之不理。他洞悉事理，因而富有耐心和克制力；懂得适时放弃。由于不可避免，他承受苦难；由于无法准备，他直面失去；由于无力逆转，他正视死亡。如果他一旦陷入争端，他坚强的理智会使他免于误入歧途。"

纽曼的话，无非在说所谓绅士不过就是正版男人而已。这样的正版男人把做人做到了极致，散发着神的魅力。然而，这又不仅仅适用于男人，它也是一个有良好教养的现代女性应努力的生命方向。

做"绅士"是做人的"绝对命令"。无论你是男人还是女人，请逐条尽力去做吧。

善意令陌生环境不再与我们对立

美国凯特·维珍《太阳溪农场的丽贝卡》（邓晨等译）书中讲述女孩丽贝卡独自前往姨妈家去生活的故事。

面对充满困难的陌生的环境，面对一向不喜欢孩子且性格古怪的姨妈，她没有抱怨愤恨、退缩沮丧，而是用乐观和友善赢得了所有人以及姨妈的喜爱。

书中说："要孤单地在陌生的环境里生存，这是大多数人在年轻时都会遇到的情况——感到无所适从，不敢和陌生人接触，得不到周围人的喜欢……励志大师拿破仑·希尔曾经说过：'如何面对一个陌生的环境？这不取决于这个环境本身如何，也不取决于这里的人对你如何，而仅仅取决于你的生活态度——是丽贝卡让我明白了这一点。'"

在一个陌生环境里，我们往往抱怨、愤恨于人们的不够热情友善。但若换位一想，这种抱怨、愤慨之情就会烟消云散。比如，在你所熟悉的环境里，来了个陌生人，你是否每次都表现出了足够的热情友善？怕是未必如此。那么我们就没有理由要求：一个陌生环境里的人们应时时处于那种理想的待人接物状态——热情、礼貌、友善。别把普通人当圣人要求。

"不是烦恼太多，而是我们的胸怀还不够开阔；不是幸福太少，而是我们还不懂得生活。"（汪国真）多一些对社会存在实际状态的理解，不以想当然的理想化的状态苛求环境、苛求他人，并且不吝于表现自己的乐观、开朗、友善，才是心胸开阔并懂得生活的表现。

不论光临哪种陌生环境，不论它多么冷如荒漠，都要主动示好，让大家尽快看到你橄榄枝上的绿光，你一定要做到是真正的"光临"！

不要让雨打湿了雨的衣裳

"你就把我的小雨衣借给雨吧，不要让雨打湿了雨的衣裳。"刘半农《雨》诗中的小孩如此央求妈妈。人文修养不是粗线条的，而是某种举止的精致、心思的细腻。

饮食专家说："看来有必要在各地餐馆推广询问'您有什么忌口'的服务方式。顾客中有素食主义者，有穆斯林，有各种食物过敏患者，有需要控盐的肾病病人和高血压患者，有不要加糖的糖尿病人，有吃不了辣椒花椒大蒜的。问忌口是一种人文关怀，满足顾客特殊需求也是一种行业责任。"（范志红）

俄国思想家赫尔岑回忆录中提到一个风俗，西伯利亚的一些地方，出于对流放者的关怀，形成了这样的习俗：夜间在窗台上放些面包、牛奶或清凉饮料格瓦斯。如果有流放者夜间逃走路过这里，饥寒交迫，又不敢敲门进屋，就可以取食。这种细心的习俗正是人文，细腻的心显示的是良好的人性。

2012年9月15日，为抗议日本，西安有人砸毁近百辆日系车。而青年李昭却在路边勇敢地举着牌子，上写"前方砸车，日系调头"。虽然起初李昭也兴奋地参加游行，但后来他把爱国热情延伸为担心同胞的财产和人身安全——爱国，先爱同胞。

李昭和其他许多中国人所表现出的理智和良善，构成中国社会文明的基石，构成足以对抗狂热和丑陋的没质量的爱国行为的拐点。

勿让橄榄枝划伤他人的脸面

有人肆意践踏别人的尊严；而有人处处维护别人的自尊。

南美杰出人士何塞·马蒂在宴会上，见一农民代表喝了面前的洗手水，他立即也端起面前的洗手水平静地喝了下去，他护惜了他人的尊严。

美国有些孩子家庭贫困，学校就让这些孩子中午在校免费就餐。但为了保护他们的自尊心，学校要求所有学生无论贫富都在校用餐。

同事陈燕老师听说一位学生家境困窘，萌生了资助的想法。但为了呵护学生的自尊心，陈老师给她找了个一周只工作一小时的"工作"，几百元的"工资"则由自己来发。

善意的表达都应首先出于尊重他人的人格，并应顾及他人的感受，不能居高临下地心存施舍、指望回报来行善。当我们向别人伸出橄榄枝时，一定请注意不要让橄榄枝划伤他们的心，损及他们的脸面。

接听电话一定面带微笑

文化与人文不一定是深奥的理论，它更主要表现在日常一点一滴的生命实践中。

龙应台认为它是："随一个人迎面走来的——他的举手投足，他的一颦一笑，他的整体气质。他走过一棵树，树枝低垂，他是随手把枝折断丢弃，还是弯身而过？一只长了癣的流浪狗走近他，他是怜悯地避开，还是一脚踢过去？电梯门打开，他是谦虚地让人，还是霸道地推人？一个盲人和他并肩路口，绿灯亮了，他会搀那盲者一把吗？他如何低头系上自己松了的鞋带？他怎么从卖菜小贩的手上接过找来的零钱？他，独处时如何与自己相处？"（《什么叫做文化》）

我们还真的应注意这类细节，让它们更有人文性，比如：

——接听电话一定面带微笑

曾有位的哥遇到一位"最客气的中年男士"。这男士拉开车门，人还没有完全坐进来，先飘进一句"您好！"然后是"麻烦您，请载我到桃园街，谢谢"。的哥提醒我们注意：这句话中，礼貌语的字数，远多过关键词。

接听电话时一定要面带微笑，因为你是否微笑对方是可以听出来的。

无论遇到什么样的事，君子都不把自己的私人情绪带到公众面前，出现在公众面前的他一定永远是平和镇静、优雅从容并微笑着的。他能主动传达善意、愉快的情绪，至少不会将自己的坏情绪去传染他人，他狼狈时也不愿让任何人看见。

——留心小节

有人要雇一名勤杂工，他挑中了一个男孩。朋友问："你为何喜欢那个男孩，他既没带一封介绍信，也没有任何人的推荐。"

"你错了。他带来了许多介绍信。他在门口蹭掉脚上的土，进门后随手关上了门，说明他做事小心仔细。当看到那位残疾老人时，他立即起身让座，表明他心地善良，体贴别人。进了办公室他先脱去帽子，回答我提出的问题干脆果断，证明他既懂礼貌又有教养。

"其他所有人都从我故意放在地板上的那本书上迈过，而这个男孩却俯身拣起那本书，并放在桌上。当我和他交谈时，我发现他衣着整洁，头发梳得整整齐齐，指甲修得干干净净。难道你不认为这些小节是极好的介绍信吗？"

欲要认识一个人，请您注意他的"小节"；欲要把自己介绍给别人，小节便是最好的介绍信。（何明光《小节的象征》）

越来越多的工作应试会设计一些小细节，以考察应试者的素质，比如大白天，大开着公司各处的灯，看你经过时关不关；卫生间细水长流，你是否视而不见等等。如果你没心没肺，你就过不了关，被招聘者"视而不见"。

——关闭手机

在日本地铁车厢里有给老弱病残的优先座位，座位上方写着：如果你处在优先座位附近，请关闭移动电话。这是因为优先座位曾有老人安装心脏起搏器，受到手机信号干扰后有不舒服感。后来就有了这个提示。

庄子说：与物为春

鲜花送人，余香留己。

"虽然我们很穷，但我们一定要慷慨地赞美别人。"这是卓别林小时从妈妈那里所受的教育。慷慨而自然地、真诚并经常性地对家人、朋友、同学或同事表达欣赏与赞美之情，就是在营造春天般的氛围，就是在"与物为春"。

人文界面不会是寒风凛冽的界面，它一定有春风之和、春雨之润，否则就没有必要打开人文的界面了。"在天地则块然生物之心，在人则温然爱人利物之心"（朱熹），"与物为春"（庄子），意为用春天般温和、友善而富有建设性的精神对待世间一切。

自愧为人所容，每思于物有济。人生的失败有多种表现形式，其中一种是，你出现在哪儿，哪儿的人觉得仿佛秋风起了，寒意飕飕。

你的眼睛可以点燃我的烟斗

一位中国人在瑞典朋友家做客。当平时住在老年公寓里的92岁的外婆优雅地走进客厅时，她的女婿、外孙都有这么一句热情的话语："您看上去真棒！您真漂亮！"

作者感慨："那是一种油然而生的赞赏——这个社会的男士身上，我每每发现，他们是如此自然地欣赏着女人的美丽，用他们的目光，用他们的语言，随时在鼓励、赞赏、促成着女人的美丽，而他们自己，也因此无时无刻不在享受着因

女人的美丽而美丽的世界。"(水木《女人美丽》)

而我们的嘴都太紧了,太吝于赞美别人,更不用说赞美女性。有能力欣赏别人,真诚地赞美别人,并且讲究赞美方式,也是需要修炼的一项本事。赞美别人时,尽量避免那些放之四海而皆准的赞语,因为它们既适合于所有人,也就对谁都不适用,赞语只能是"一次性的"。

请注意赞美的真诚度与技术含量:赞美的话说出来不仅让人听着像是真心说的,还要有想象力与艺术性。这是做人的诚意与格调。

一位俄罗斯车夫遇见一位美丽的夫人,对她表示惊艳:"你的眼睛可以点燃我的烟斗!"这是赞美她眼睛非比寻常的亮。

现在就开始,每天赞美至少一人如何?现在就构思一句赞语,向俄罗斯车夫的水准看齐。

善良着立于不败之地

我们与他人有一拼的是:保持做人的基本良善与带着最大的诚意做事。与别人在聪明上比高低,我们这些智商平平的人一般占不了什么便宜,而且这本身就是智商不够的表现。

郑渊洁童话原是给儿子编的教材,儿子基本上是他亲手教出来的。记者问他:"没有受过大学教育,当时就不担心他的谋生和就业吗?他走上社会,面对的可能是巨大的社会惯性和另一种文化教育出的竞争者。"郑渊洁说:"他是善良的、有道德的、勤劳的人,就能立于不败之地。"(张恩超《父子背靠背》)

此处所言善良,不简单是天然善良,而是基于更高智慧与人文修养的人性品质,它更是一种自信而有力量的精神状态。拥有善良往往比拥有真理更重要。

上天往往是用那只看不见的手平衡着这个世界,让那些机关算尽者反误了卿卿性命,而又会为善良的人们带来意外的回报。星竹《不计成本》一文讲述英国商人爱特·威廉因超常的善良而获成功的故事。

爱特年轻时打鱼为生,遇到一位过河人不慎将戒指掉到河里,求助于爱特。他一连扎到水里二十多次都没摸着,他又找来全村的男人,大家又花了半天时间去找。爱特一点都没有提报酬的事,只一心一意想帮助那个过河人。后来那人送爱特一个打气补胎的活儿养家。

有一天，一辆小车停在爱特的小店前，车主要找一个特别的螺丝钉。可爱特店里也没有，但他竟然去六七里路外的另家修车店寻找。当他找到赶回时，对方拿出十英镑酬谢，可爱特居然"傻"到一分钱不要，说那是丢在箱底的螺丝钉，不值钱的。这让车主万分感动，不久，他给爱特一个五金店让他代理经营。这次该爱特惊讶了，问对方为什么这样做？回答是：你是这个世上，我遇到的最诚恳、最值得信任、最无私、也是最可爱的人。

如今，爱特已经是英国最大的机械制造商。他总是说，自己一生好运多半都是别人赠送的。但爱特的成功显然是善良至极的回报。如果总以为不付出真心与真情而靠耍小聪明就可以成功，爱特的故事证明了成功人生的另一个更永恒的方向。

请相信：善良着，就能立于不败之地！

他们是在替我卖红薯

某个冬日的早晨，寒风凛冽。上班路上，看见几个小伙子费力地推着大汽油桶改装的烤红薯车。

我忽然觉得他们是在替我做这些事，也正是由于他们在替我做这些事，我才得以在课堂上从容自在地讲那些"纯粹精神性"的东西。想到这里，我感到对他们多一些尊重应该是自己今后的一种觉悟。也是此刻，我明白了"民胞物与"的含义。

所谓"民胞物与"，就是"民吾同胞，物吾与也"。"物与"的"与"意思是"同盟"。我们与他人的关系是同胞，与万物的关系是同盟。语出张载《正蒙》，意为：人与万物都是天地所生，人不仅对于人，而且对于物，都应以一种"人与人"的关系来对待。

"民胞物与"的思想也是当今世界有识者的共识。美国学者卡逊《寂静的春天》从环保的角度说："地球上的一切生物都是互相关联的；每一物种都与其他物种联系着，而所有的物种又与地球相关。"因此"我们必须与其他生物共同分享我们的地球"。"民胞物与"正是一种深刻的宋朝版绿色思维。

在楼道里再碰见清洁工，请自然地、真诚地对他们说声"辛苦"！也请对周围的花草树木尽量"客气"一些；他们可都是咱同胞。

勿以平民化为荣

欧洲一些民主国家在形式上虽然还保留着王室的存在，但许多王室成员或由于俸禄的削减、或由于追求独立生活，已经在许多行业中像平民那样工作了。

于是会经常看到关于他们"平民化"作风的报导。但如果因此而认为"平民化"是一种绝对的价值方向的话，那对我们这些天然就很平民化的人们却是无益的误导。平民的言行举止正需要向优雅高贵进化。

史铁生指出："多数中国人的吃穿住行问题尚未解决，也许这是中国人更关心这类问题而较少关心精神生活的原因？但一向重视这类问题的中国人，却为什么一直倒没能解决了这类问题？举个例说，人口太多是其原因之一，但若追根溯源，人口太多很可能是一直较少关心精神生活的后果。"（《对话练习》）

史铁生认为我们需要防止的是："不要把'贵族化'作为一个罪名来限制人们对精神生活的关怀，也不要把'平民化'作为较少关怀精神生活的誉美之词。"自觉提高精神层次，做精神贵族是"人"的宿命，不是哪个阶层的专利。抛开精神关怀与优雅高贵，崇尚什么"平民化"就并非是什么光荣的事。

可借以下事例来说明精神层次的提高是必要的。"问：什么运动让人看着揪心？答：足球！问：什么让人更揪心？答：中国足球！"这是2008年春晚著名小品演员的"杰作"。大家在私人场合议论、甚至严厉批评中国足球如何让人"揪心"是正常行为。而在面向世界的直播节目中如此对白，则缺乏基本的良善，是极不得体的。何况正是那晚，"让人揪心"的中国队还与伊拉克队踢平了呢？

上例应该说清楚了优雅高贵的言行是随时随地的事。只要是人就需要操心自己的言行是否真诚友善、是否优雅有美感，总之是否具有建设性。

当然，不以平民化为荣更要与土匪流氓气、痞子无赖气保持车距。打开人文界面，也意味着生命高贵维度的自觉开启。

品位决定社会地位

学者扬之水形容《读书》杂志编辑谷林先生："高高瘦瘦"，"心无点尘，渣滓日去，散散淡淡瘦出一剪清竹"。句中妙含"魏晋风度"著名典故，风雅至极,有一种特别的清贵之气。

如今许多国家中产以上者,身姿多挺拔而条然如玉树。那些体态如山、如牛者,几乎可以立判为下层人民。前者生活讲究节制,追求品位。后者多放纵自己边食垃圾食品,边窝在沙发上呆看肥皂剧,生活品位是顾不上的。拥有胖瘦适中、健朗挺拔的身材在现代社会更主要是一种精神修养的结果。

福塞尔《格调》一书认为:正是人的生活品位和格调决定了人们所属的社会阶层,而这些品位格调只能从人的日常生活中表现出来。比如一个人的穿着,家里的摆设,房子的样式和格局,开什么车,车里的装饰,平时爱喝什么,用什么杯子喝,喜欢什么休闲和运动方式,看什么电视和书,怎么说话,说什么话,等等。富而不贵,何故耶?富属于物质,靠金钱的积敛;贵关乎精神,全凭攒修养、重品位。

人活到一定岁数,最重要的恐怕是不被别人轻贱,一定程度上的被尊重、被欣赏就显得十分重要。社会地位的提高并不与经济地位的提高总是同步。总有人看重的是你在各种场合亮相时的格调与品位,而非你的财富。提升格调与品位就是实实在在提升你的社会地位。

品位与格调是可以通过文化修养调节、调养出来的。有钱顶多能把一个人扶持为"土豪",但不能同步提升他的社会地位。

"厌倦了格调,也就厌倦了生活。"这是表现英国贵族生活的英剧《唐顿庄园》里的台词。有格调便是有品质地热爱生活。

用诗歌反腐败

用诗歌反腐败,定会被人们笑作"天下第一天真"。但如果知道这曾是中国历史的真实,如果还知道老子"下士闻道,大笑之;不笑不足以为道"的道理,就请先别笑,平心看本文所论。

有人说:"制度让想犯错的人犯不了错,文化让有机会犯错的人不愿意犯错。"此话精准地点到了制度与文化的有效建设是防止人们犯错的根本。那么,中国传统文化中的哪部分发挥了"让有机会犯错的人不愿意犯错"的作用?

中国文化本质是一种诗性文化,古代高雅诗意的君子文化及隋唐以后的以诗赋取士的科举制度无意间对贪腐现象的滋生发挥了良好的制约作用。钱穆先生指出:"唐代考试主要偏重诗赋,此层亦有种种因缘。最先亦如汉代对策般,就现实政治上大纲大节发问。但政治问题有范围,按年考试,应举人可以揣摩准备,说来说去,那几句话,不易辨优劣高下。诗赋出题无尽,工拙易见,虽则风花雪月,不仅可窥其吐属之深浅,亦可测其胸襟之高卑。诗赋在当时不失为一项最好的智力测验与心理测验的标准。"(《国史新论》)

一个人的谈吐著文的水准、一个人的胸怀高下状况,或者说一个人的智商与情商在这种考试中可以说当下立判。这种不考外语、不考计算机的"公务员"考试不仅绝妙,而且还极为科学。如此完全考量高情雅趣修养的考试导向,再加上儒家强调政治领袖应具高尚心灵的"内圣外王"教育,自然使由此而走上仕途的为官者一般不屑于做蝇营狗苟的龌龊事,从而大大降低了为官者们对没文化、没品位、没精神含量之类不上档次之事的兴趣,这竟然有意无意起到了相当的抑制贪腐的作用。

整个中国文学史几乎就是官员的写作史,以一介布衣而有文名、诗名的著名文学家可以说凤毛麟角,绝大部分著名作家皆非专业作家,其第一身份是官员。诗赋创作只是他们的业余爱好,为官之余偶染翰墨而已,中国古典文学就如此被"业余"出辉煌,这在世界历史上应属奇观。

特别是宋代,一二流大诗人中,总理级的就有四五位,如欧阳修、王安石、范仲淹及徐俯等,他们都担任过相当于副总理的"参知政事";至于省部级干部以及市局级领导更是数不胜数。由于官员们自觉不自觉的君子修养,至少我们在那些诗名载入文学史册的大量官员的官宦生涯中很少听说他们有什么贪腐行为。像写出"谁知盘中餐"的唐代宰相李绅后来的腐化生活应属于个案。

大量古代楹联所呈示的情与景正是古代中国君子所好尚的生活实录,如:"沧海日,赤城霞,峨眉雪,巫峡云,洞庭月,彭蠡烟,潇湘雨,广陵涛,庐山瀑布,合宇宙奇观,绘吾斋壁。   少陵诗,摩诘画,左传文,马迁史,薛涛笺,右军帖,南华经,相如赋,屈子离骚,收古今绝艺,置我山窗。"清代邓石如这幅长联几乎把古代中国君子所认为最享乐的物事"一联打尽"了。格调高逸、清趣如此,是中国古代文化人的普遍生活风尚。

他们自觉于"栽培心上地,涵养性中天",讲究"养天地正气,法古今贤人",在如此人文自然的享乐中,获得的是精神的锻造与心灵的提升,是眼界的开阔与胸怀的扩大,是格超梅上,品在竹间。此乐何极!此品何高!

"学问详明德性坚定,事理通达心气和平",一个完美的性格被练就了,一个优雅而又强大的灵魂被铸成了。如此"素襟雅怀"的君子自然是："有德有操可象可效、克文克敏乃惠乃时。"当他们有机会治国平天下时，便在精神气象上做到了最好的"配置"。

高雅超脱的"云水趣味"的文化修养，让大多数官员作家看轻物质的快乐，而超然的精神高致又更使他们有能力享受物质以外的人生至乐，并以此为风尚，从而对低级趣味之事、之为有了相当强的免疫力。

国人亟须高情雅趣教育

遗憾的是，到了现代中国，在真正的民主制度未能有效建立起来之前，我们却已抛弃了中国传统的一切，从制度到文化。

高考作文更是明确地规定不能用诗体，这倒是大大方便了阅卷，可是也十分"方便"地把一种能深刻影响士子们精神趣味、人格状态的文化传统轻率地扔掉了。几乎呈肆虐状态的贪腐行为正是在新与旧的制度与文化皆缺席的真空中蔓延泛滥的。

希望在教育中恢复中国传统的优雅君子文化教育，以高雅超脱的人文文化的云水趣味，来提升中国受教育者的生命品位，以此配合健全的民主制度来反贪腐。显然没有较高的生活品位，定会追逐贪恋奢靡的生活方式。特别是在我们从未形成过整体的宗教信仰的历史与现实境况中，这种对传统的、具有"泛宗教性"的文化教育传统的恢复就更具有价值层面的理想性与现实层面的可操作性。

贪腐的目的几乎都是追求奢华生活与较高的社会地位，而没有真正的生活品位，也只会讲求奢华、追逐地位，因为别的不会——在其成长的过程中，别的更有价值、更有意义、更具高雅品位的生活方式没学过。而且贪腐的结果就会出现荒唐低俗、缺乏想象力的"享受"情景：许多贪官的卫浴里装着镀金的水龙头，或被查出大量的名表、名酒、珠宝等等奢侈品。还有更骇俗的爱好是，一位贪官竟然在办公室的柜子里收藏了不少女人用过的底裤和卫生巾。由于文化素养不高，便会连享受都没有想象力、都不上档次，只能是这种格调不高甚至变态的恶劣不堪了。

我们的教育除了教学生会做题、会说假大空套话废话外，并没有给受教育者进行过任何生活品位与生活情趣教育，从而只认有钱的生活是有趣的，只知有钱的生活是值得追求的。失败的教育让受教育者不知生活与世界的无限广阔，不知还有物质以外、金钱以外的更具尊严的、更有人性的、更富自由美感的生活。

当教育只灌输僵硬的教条，从不开展情趣教育，缺乏真正的人格培养，不进行自我主体意识的启发，没有基本理性与普世价值的培养时，它就已严重背离了教育的原点，不再培养人格健全与灵魂优雅者。缺乏全面系统的良好的人生品位、趣味教育，只有发达的功利化教育，其造成的不良影响将是长期的。

世界是精神的，世界的主体是人，世界的问题永远是作为主体的人的世界观的问题。这个常识我们在进行现代化的时候，似乎没有认真地正视与对待。因此只有针对社会生活的经济战略、政治战略，而没有以塑造人的精神为中心的文化战略、教育战略。当官员们没有树立起个人尊严意识、没有对人性自由理念的认同，没有生命的多元趣味，不知精神的享受是最高的享受，就只能走贪腐之路了。

人文艺术修养虽然无法改变政治，但是它却可以改变人性。许多古代楹联反映的正是这种人文艺术修养如何改变中国古代士人人性的情况。如张之洞名联："虽富贵不易其心虽贫贱不移其行；以通经学古为高以救时行道为贤。"

让人性中光明的东西始终控股

反腐确需从娃娃抓起。曾有广州9岁小女孩被记者问及将来理想时竟说："长大想当贪官……因为可以拥有很多好东西。"

这说明贪腐之欲念已深入到娃娃的心中。教育亟须做到让年轻人"从小就有傲气和情操，不要被蝇营狗苟的事情所干扰，让自己人性里光明的东西始终控股"（毕淑敏）。

恢复诗性文化的理由还在于，参照其他贪腐现象较少的国家的成功做法，我们知道宗教文化精神在其中起了至关重要的作用，但是如果我们也照搬依靠宗教的力量显然也是极不现实的，因为不可能让当今的中国人都马上去信仰某个宗教。但我们可以在自己文化传统中挖掘更理想也更有现实可操作性的、更能奏效的类似的文化力量。

诗歌在中国古代曾经起到了类似宗教的作用，而这种"诗性的救赎"更是特别适合中国人。由此笔者认为，在中小学教育中应大量增加中国传统诗性文化的内容，中国的高考应特别增加相当大分量的人文艺术试题，应该恢复诗歌创作试题，既作为一种对文化传统的回归，也能现实地大大提升青年学子的生命情趣与精神格调，还真可以设想如同在中国古代的情形一样，由此使他们将来即使有机会犯错，而良好的、高雅的君子文化教养却能使他们一般能克制自己免于陷入不仁不义的泥潭。

梁启超指出：洪秀全之所以失败，是因为完全背离中国文化，不得人心。这种教训我们今天也应该汲取。在现代世界各国经济与法律等制度趋同的背景下，文化是最终决定经济成效，特别是国家软实力的主要因素。无用之大用，此文为其一证。用诗歌反贪腐并不是天真的想法。

"附庸风雅"的必要

"附庸风雅"向来蕴含贬义，本文为它平反。

"风雅"原指《诗经》中的《国风》和《大雅》《小雅》，后泛指文学艺术修养。就是说"本来缺乏文艺修养的人，装模作样地扮出斯文儒雅的样子，进行有关文化的活动，以装点门面，自抬身份"（中华书局《中华成语词典》）。

但由于现实的境况中真正"风雅"的东西在崇尚粗鄙化的世风中越来越少了，人们反以恶俗的粗糙、鄙陋等等为时尚、为美时，"附庸风雅"便可以在某种特定的情境下变成一种可贵的品质。

中国美院范景中教授认为一个人在成为文化或艺术内行前，应先经过一个"附庸风雅"的阶段："我是一个外行，我进了美术馆，我想对这幅画作出反应，想知道这幅画到底好不好。在这种情况下，可能的策略是，或者先问一问，或者先不说话，最好先看看周围人的脸色。他们露出笑容，露出惊讶之色，我也跟着学、跟着模仿。他说好，我也尽量看出好来。比如恰恰站在一幅伦勃朗的画前，他说不错，美妙和明暗对照法！……或者他说这个线描画得好，画得文雅，画得流畅，我也仔细打量这个线条，尽管一开始可能看不出来这个线为什么好，好在哪儿，没关系，下幅画再继续看，不懂装懂，假装喜欢，绕了一圈以后可能就真正喜欢了。"

迷信权威不应是我们通常的选择，但有时又十分需要"迷信"一下权威或专家，特别当我们是外行、是非专家时，更应如此，否则便不能借助"附庸风雅"而抵达真正的风雅。

毕竟假扮斯文儒雅"进行有关文化的活动,以装点门面,自抬身份"要比那些理直气壮地把追求风雅当成可笑、当成"老土"在人生姿态上要正常得多,甚至高尚得多。

"附庸风雅"至少可以使我们即使不能全然消除某些恶形恶状的生活方式,但却可以使某种粗俗低级的生活情趣转入地下,而不是在阳光下美滋滋地大行其道,扰乱善恶美丑的视听。

附庸风雅,这是好事,是高尚的事。勇敢地开始附庸风雅吧,先常去博物馆、美术馆溜达吧。

贵族所以为"贵"

在英语中,noble一词作为名词是"贵族"的意思,而作为形容词则有"高尚的"义涵。可见英语中贵族就是"高尚的人"。

当然我们印象中的贵族形象多是那些处于没落时期的一部分贵族,那时的他们往往有着种种恶习或曰"反动腐朽的行径"。但真正的贵族就如同中国古代的君子,他们会在生命的困境中"固守穷节",依然按道义生活,高自标持,决不堕落,不会如小人那样"穷斯滥"(放纵自己胡作非为)。

斯宾格勒认为:"基本上贵族社会确能培养出大传统,各文化传统都是由贵族社会中培养出来的,因此不能轻视贵族社会。"(《西方的没落》)牟宗三先生顺承斯宾格勒的观点说:"现代人的生命完全放肆,完全顺着自然生命而颓堕溃烂,就承担不起任何的责任。人的生命当由自然生命反上来,不能完全放肆。林语堂曾说:'中世纪文明是拘束的文明,近代的文明是解放的文明。'……这里所谓解放,就是放肆。——但一松就顺着松下去了,如此一来,就不能有任何的承担。由此也可以了解贵族社会为什么能创造文化。——其实贵族有其所以为贵的地方。"(《中国哲学十九讲》)贵是属于精神的,富是属于物质的。

试看真正的贵族对生活的非凡反应。托克维尔是法国没落家族的贵族青年,法国大革命中外祖父上了断头台,父母双双被投入监狱。然而,就像马克思所说的那种贵族思想家,往往比资产阶级暴发户有远见,有批判眼光。他们(没落贵族)冷静孤独,具有超越的眼光,他们比那些上升阶段的资产阶级可能更英明。托克维尔是很孤独又很冷静的,贵族教养引导他超越个人境况,越位观察资本主义的变革趋势。

托克维尔在两百多年前就指出，他害怕的民主是平民的、大众式的民主，这种多数人对少数人的专制，危险很大。而少数人往往掌握真理，这就得有一个矫正的机制。托克维尔的观点影响了美国早期政治思想家，所以他们设计了伟大的三权分立、互相制衡的民主体制。

冷静超越、从容优雅以及富有美感的生活追求正是大多古今中外贵族所以为"贵"之所在。

真贵族拒绝声色犬马

《淮南子》原称《淮南鸿烈》，其作者自认为此书包含广大光明的道理，可出于诸子百家之上，为汉代治国法典。

该书作者是汉代皇室贵族淮南王刘安及其宾客，后者的人数据说有"数千"。通俗地说，刘安是主编，那数量庞大的"宾客方术之士"是参编人员。《汉书》说"刘主编""为人好书鼓琴，不喜弋猎狗马驰骋"。就是说他热爱文化，不爱声色犬马。

以自己的资财招纳一些志趣相投的文人雅士，或其他术有专攻者一起玩文化，是中国古代一项贵族生活传统。"贵"而为一"族"却只知声色犬马、灯红酒绿向来为许多高情雅趣的真贵族所不齿。

《昭明文选》是我国现存最早的诗文总集。在清代以前，凡曰《文选》者，决不指任何其他著作的选本，专指《昭明文选》，可见其影响力。"《文选》烂，秀才半"，背诵《文选》是唐代士子的基本功课。而此书主编是南朝梁昭明太子萧统，参编人员则是他的门客。他们也把声色犬马的工夫基本挪来编《文选》了，因为他们是正版贵族。

古今中外确有那么一些贵族出于对文化的雅兴，比较尊重创作自由和个性，这是他们能较为成功地守护文化、促进文化的根本原因。

上述一切可能是真正的贵族派头吧。他们对"享乐"的理解是玩文化、玩深沉。贵族之"贵"永远是一种精神状态，这却是"暴发"不来的某种十分微妙的东西。

生活方式决定你的穷富

《时代》周刊曾批评中国的某些新贵们缺乏鉴赏力。有人能点了最昂贵的玛歌庄园红酒，却往里面兑入一大勺雪碧。他只是在牛饮，根本没有品味那杯酒。

《时代》周刊说："当消费的目的成为挥霍的时候，恐怕就和品位扯不上什么关系了。"误以为享受就是挥霍，要是不往"最昂贵的玛歌庄园红酒"里面兑入雪碧才可怪呢！

优雅、高贵是需要力量的，是需要极高的精神底蕴作为支撑的。

钟洁玲《下午茶与幸福的线头》一文，讲当年上海永安公司老板的千金，后来沦落到挖鱼塘清粪桶。多年过去，什么都改变了，包括她双手的形状。但是，她竟然还喝下午茶，被一次次"革命"扫荡，一贫如洗，可她用仅有的一只铝锅，在煤炉上烘烤出西式蛋糕。悠悠几十年，她雷打不动地喝着下午茶，吃着自制蛋糕，怡然自得，浑然忘记身处逆境。这样的韧性和耐力，还有扛不住的苦难吗？历尽沧桑之后，这位金枝玉叶依然温文娴静，从不大吐苦水。

世上有一种坚强表现在生活习惯里，顺境逆境，泰然地坚守一种生活方式，像这位富家小姐。哪怕幸福只露出了一根线头，她有本事将它拽出来，织成一件暖身的毛衣。这是正版的"富贵"女人。

将优雅、高贵坚持到底，就可以随时享受生命快乐，随处扛住生活苦难。这就是优雅与高贵的力量，优雅与高贵不是闲来无事的娇弱无力，更非矫情做作。

打开生命的人文界面，其最终目标与最高境界是抵达优雅而人性的界面，是因雅而优秀、因雅而使生命的境界得到扩展提升、使心灵得到安适安顿。

绝版的"魏晋风度"

影视剧里不是"戏说"清宫,就是"外传"武林等,却"不知有汉",更"无论魏晋"。

当然,即使有人欲拍"魏晋风度",可谁又能将那已绝版的熠熠风采饰演出来?崇尚简约的魏晋玄学带给魏晋人的就是崇尚删繁就简的生活意趣,这种"减法人生"大大解开了妨害生命自由存在的名缰利锁,让人自由清朗。

《世说新语》常赞美那些一见就能让人精神振奋的风度气质。如庾亮见了堂叔庾子嵩,感觉是"常自神王",神王即"神旺"——精神振奋。谢安幼年曾见过王导,印象很爽:"小时在殿廷会见丞相,便觉清风来拂人。"

还有气质出尘,与神仙有一比的:"王长史为中书郎,往敬和许。尔时积雪,长史从门外下车,步入尚书,著公服,敬和遥望,叹曰:'此不复似世中人!'"

有位叫庾长仁者,神姿的威力竟使一屋百姓望之不安,而自动让出房子。绝妙的是魏晋时,有人在干坏事时也完全没有通常的委琐。戴渊年少时曾指挥一帮少年打劫西晋诗人陆机的行船,虽然干的是"垃圾活儿",而那神情气质却异于寻常贼盗的委琐:"神姿峰颖,虽处鄙事,神气犹异。"

正是这一点打动了被打劫的陆机,提笔为之写了篇华丽的工作推荐信。后来,戴渊成了征西将军。

气质明净如一树春柳

鲁敏小说《风月剪》中有一段细节:

> 我好像第一次注意到他的修长姿态,他的从容不迫。走在暗淡的东坝,他让乡间的蜿蜒小路一点点地亮起来,一直向前面延伸开去。

小说中的"宋师傅"是一位有着特殊精神气质的人,他给少年徒弟的印象竟然有些"精神变物质"的效果,那气质宛如灯光闪亮。

气质光华照人者真是难得一见了,倒是魏晋风度时代相关的故事很不少。比如，其时有人对王恭的赞誉是"濯濯如春月柳"，意谓王恭气质鲜亮明净如一树春柳！

黄庭坚曾称赞理学家周敦颐是"胸中洒落，光风霁月"。而冯友兰先生第一次去北大校长室见蔡元培，一进屋就感觉到蔡先生也有一种"光风霁月"的气象，而且满屋子都是这种气象。

被过度物欲熏染得獐头鼠目、委琐不堪的人们再难有此风采，并冰粲玉、瑶林琼树般的风度气质似已绝版。那是和物质、和世俗拉开距离之后的风度气质。

"清"是气质的关键词

2014年元旦，我在空间的新年献辞是"清和"（心清气和），冠列本人"说说"被"赞"之首，这令我既意外又欣慰。看来大家都挺认同"心清气和"才是人生第一要紧的祝福。

每逢年节，有几个词便陡然间成为中国人随处使用的高频词：大吉大利、万事如意、幸福美满等等。这些词显然经不起每年十几亿人次的反复叨咕，如今已完全失去了本味，说出来时是那么的寡淡无趣以至虚情假意。

《易经》从不劝人"大吉大利"或"万事如意"，只是极为低调地说"无咎"——减少灾难、避免过失。显然"大吉大利"或"万事如意"不仅事实上不可能，在理论上也是荒谬的。因此，人生在世，能尽量减少灾难、避免过失才是正经追求。乍一看，把人生目标定为"无咎"似乎没多少出息，但一个人真能做到了减少灾难、避免过失，他的人生岂不正是"大吉大利"的？"无咎"的低调智慧岂可小视？

稍有些跑题，还是接着说"清"是气质的主要构成元素。请读者此时在脑中来个闪回，回想那些阁下所曾见形象气质上好佳者，应该能得出如下结论："清"是气质的关键词。

我们民族的文化灿烂，祖宗的气质更是辉煌，有时甚至能辉煌到"骇人听闻"的程度。别的不提，话说晋代海西公司马奕当政时，诸臣上朝，一般就是凌晨五点左右吧，朝堂里虽点着灯，但亮度马虎。

可只要会稽王司马昱驾临，其轩昂的气度登时让朝堂里仿佛万道霞光升起，《世说新语》谓之为："轩轩如朝霞举。"一个人的风度气质得具有怎样的轩昂，才能达到"照亮"面积一定不会小（至少也得几百平米以上吧）的朝堂的程度？真正闪亮登场，气场太大了。会稽王就是后来的晋简文帝司马昱。

有人会说，《世说新语》是小说，司马昱闪亮登场的故事纯属虚构瞎编。此言差矣！《世说新语》乃再现"魏晋风度"的纪实小说，既然"魏晋风度"不是我们民族子虚乌有的风度，那么司马昱那"骇人听闻"的气质你还别不信，否则有顶现成的帽子等着你戴呢，"民族虚无主义"你看合适不？

《世说新语·赏誉》："卞令目叔向：'朗朗如百间屋。'""朗朗如百间屋"是个什么概念？就是形容一个人器宇阔朗，"如同百间豁然敞亮的屋子"。这表达的是面对气度恢宏者的感受，也表明像"轩轩如朝霞举"的风采不是孤版存在。

气质如何能清

气质是人的精神长相，而有气质之"清"更是上品长相。

如果让阁下用"清"组词，您能想到什么？清高、清雅、清明、清静、清爽……有个捣蛋的小家伙告诉我还有"满清"。

以上只是汉语中与"清"组词的部分词语，我们民族历史上，曾有个"清"词翩飞的时期，那就是"魏晋风度"翩翩之时。那时除了上述"清"词，还有如下饱含"清"意雅韵的词语：清誉、清鉴、清悟、清恬、清淳、清通、清令、清士、清峙、清立、清识、清疏、清虚、清便、清称、清和、清伦、清选、清蔚、清中、清贵、清整、清畅、清婉、清逸，还有一个含义与今天不同的"清真"。

"清"几乎是整个魏晋文化的美学追求，是"魏晋风度"的审美趣味。它所表现的不只是通常意义上的那种澄澈明净或自然质朴之美，同时还融合了老庄精神和玄学义理，带有一种清虚玄远、超逸脱俗的哲学性精神之美。

当生命中的物质性、世俗性内容少了其必然会表现出"清"逸之美。以"清""神"等等为代表的词语正是"魏晋风度"所体现的清简贵要、风姿俊爽的关键词。

"清"是生命的质地，"神"是生命的风采，皆是优雅生命的关键词。优雅的最高境界或许就是让气质发光，卓落不群。气质如何能发光？盖由其心里没装着垃圾，故能神爽、神畅、神朗。

火静而朗，人也一样。人静而清，人静而朗。一个人的精神冲淡恬静，可令气质光耀其所处之地。安静下来,不仅可以看见春天,还能让自己的生命清爽,气质清亮。

所以气质提升的逻辑就是:要想有气质,就得让自己先"清";而要想"清",必先得让自己在世俗面前"静"下来;而要想在世俗面前"静"下来,又需要与世俗垃圾性的存在保持车距,不可怀揣垃圾。什么叫怀揣垃圾?主要指心里总是兜着那些垃圾性的念头,比如大富大贵、大吉大利,升大官、发大财,娶美女、嫁帅哥等等。

总之,让生命中非物质内容得到升扬,让"滓秽"日去,清虚高贵的清雅气质自可日来;有效提升气质的不二法门唯此。中华民族曾经"清"词联翩,如今那些大量死去的"清"词象征着某种超脱的民族精神与清逸的民族气质的消失。

行文至此,忽然觉得,人生绝大的失败有很多表现形式,其中一种是,只因为我们进了某间屋子,让屋内的人不是觉得房间里瞬间亮起来,而是顿时仿佛天阴下来。

即使我们一生也做不到简文帝那样如朝霞般亮相也无妨,但至少不要发生上述悲剧。活得无理想、少激情而导致獐头鼠目便很容易造成:你走哪儿,让哪儿的人觉得"天阴"。

让表情里有唐诗宋词

年轻人应该活得像诗,而不是散文。需要在自己的表情里有唐诗宋词。

而让表情里有唐诗宋词的方法很简单,就是把唐诗宋词各熟诵二三百首以上。然后唐诗之韵,宋词之调,便永久驻扎在你的表情里,你眉宇眼神、谈吐举止中便会有清明温雅之气,气质由此而变。

优雅的人,可能会让人看到他的表情里有唐诗宋词、有莎士比亚……因为优雅的人一般会特别在文化与艺术上修养自己,让自己举手投足都散发出文化的气息,优雅更多来自文化与艺术精神的薰习。

广义的表情里有唐诗宋词,就需要注意平时避免阅读垃圾。很简单,阅读趣味在垃圾读物上,时间一长,表情就和垃圾长在一起了。

俄罗斯电影大师安德烈·塔可夫斯基说:"在我孩提的时代,母亲第一次建议我阅读《战争与和平》,而且于往后的数年中,她常常援引书中章节片段,向我指出托尔斯泰文章的精巧和细致。《战争与和平》于是成为我的一种艺术学派、品位和艺术深度的标准。从此以后，我再也没办法阅读垃圾，它们给我以强烈的嫌恶感。"

上世纪80年代，中国不少青年十分有格调、浪漫而理想化。有一件事佐证着这种格调，当时李泽厚的《美的历程》成了青年学子的架上之书、枕边之物。1986年，《人民日报》一篇文章标题即为《请听北京街头书摊小贩吆喝声"李泽厚、弗洛伊德、托夫勒……"》。

笔者记忆很清晰的是，那个年代许多很专业的学术书籍，动辄印行上万册。同样的书，现在只有一两千册的印数，而我们有十几亿人呢。

地铁上的国人大都在翻看手机，而其他许多国家地铁上，人们大都在阅读报刊书籍。我们的相貌气质整体较差，也是因此。翻看手机不会让容貌进步。

向静默进化

"白发老人池边静坐，忘记了时间。停步问他钓了多少鱼，却见钓竿上无钓丝。"（澳大利亚 玛格丽特·苏思）

不少国人在公众场合旁若无人地粗声大嗓、喧闹吵嚷，高声喧哗已给中国的形象大大减分。是否真如诗人余光中所说："一般人的心灵承受不了多少静默，总需要一点声音来解救。"

虽然音量都是重量级的，可也很容易看到这样的情景：很多时候，大家都只是各说各的，谁也不听谁的；都只是为了说出自己的话，并不在乎彼此之间能有多少真情的交流与精神的默契。

喊叫着说话的效益也是最差的，真理往往在此时缺席。有理不在声高，声量还与我们的强弱程度成反比关系，声量越高，表明我们越虚弱。真正的强者、伟人总是较为寡言，而一旦言出，即有千钧九鼎之重、驷马难追之势的。

需要体会静默的力量、静默的美丽，需要向静默"进化"。静默是一扇门，开启它，另一个深沉博大、幽秘阔远的世界静候着我们。

以文静示人，向静默进化！投石入池塘，涟漪心中漾。

大学人文小品读本
DAXUE RENWEN XIAOPIN DUBEN

春篇（下）·和德

和德积中　英华发外

"和谐社会"之实现，必首先在社会的精神层面形成一种尚"和"的语境，其一切德皆应以"和"为最高旨趣，应倡导"和德积中，英华发外"，此句典出《礼记·乐记》。原句为"和顺积中，英华发外"。易"顺"为"德"者，乃缘于"德"更具文化涵盖性与价值导向性。

吾国文化向以"和"为大本大宗，以"和"为至高至贵。故尚"和"是基于返本开新以光大中华文明传统，继往圣开来学以辅时代新命的积极顺应。

《易传》曰："天地之大德曰生。"《国语》曰："和实生物。"儒家中庸更讲究"中和"之美。"和"并非消极无为，诚如《老子》所言"万物负阴而抱阳，冲气以为和"，认为"和"是道的作用。《中庸》说"致中和，天地位焉，万物育焉"，因天地和而万物乃生。"和"是宇宙的本质，也是至真、至善、至美的境界，故而《易传》说"保和太和乃利贞"，意谓求得了和谐，万事万物便获得了顺利发展的根本保证。

本书所高标的"和"是对自然经济状态下较为原始与低层次之一味讲"和"的超越。我们并不回避竞争，而是强调不应使竞争与和谐严重地分裂与对峙，而应有机地包蕴对方，以达到新的生生不已之和合境界。与和谐相配合的竞争，是在有序状态与友好氛围中展开的竞争，是双赢乃至多赢的竞争；应催人奋发进取而又不鲁莽激进，使人充满活力而又张弛有度、动静有节，使竞争富有建设性。

当人们在追求个性张扬时，如不以"和德"为基调，那么其所"发于外"的将很可能不是理想的"英华"，而会是一种剑拔弩张、咄咄逼人的姿态。因此，"平和是真正的力量"就是我们为人处世的价值取向。"和神当春，清节为秋"（陆云）是我们的追求。"和德"令我们意气和平、心体澄澈。

倡导"和德"也是对大学之本义的回应与回归。世界的问题最终都是世界观的问题。因此，人类所以需要大学，是企盼它能贡献别处无可提供的精神资源——这便是与人的终极关怀连在一起的以"和德"为最高旨趣的价值情思、对真理的敏感、想象力与人生境界！因为这是人类抵御世风卑琐委顿而高擎的旗帜。

"和德积中，英华发外"可以为生命从内容到形式进行定位与定向，以使我们能够较为清晰地确定自己所能为与所可为的主要价值观方向，运用较高的以"和德"为基础的"思想力"，自由开明地面对生活的挑战。

平衡精神之生态，重整精神之碎片；开拓生命之空间，提升生命之境界，唯有高标"和德"，此德至厚，此德至高！

伸手与一切相握

和德首先是与生活的全面和解。

曾看到一句到位的话："如果觉得生活是一种刁难，一开始你就输了；如果觉得刁难是一种雕刻，你迟早都会赢的。"把刁难当作雕刻，是与生活和解。当然迟早赢的不是所谓成功，而是能可持续绽放的微微一笑。

人生过半，终于发现与生活和解，才是人生最大的修为。批判生活是不难的，能心情顺和地与生活握手却不易。然而用不着再与生活、与他人甚至与自己较劲，好像才意味着长大。

"天下无易境天下无难境，终生有乐处终生有忧处。"（曾国藩）上半句是我们不能左右的生活格局与境况，下半句是你我可以控制的生活格调与境界。

最好玩的是被挫败了无数次，还淡定从容、还激情满满；就这样有格调、有境界地"游戏"人生。本来你我就是来这世界溜达的，当然，这一点也不妨碍咱们溜达得有格调、有境界。

伸出你的手，与一切相握。这个姿势比较雅，也比较有力量。

聚精会神地学着与一切和解，唯此，每一个新的一天才是新的。

与生活和解才能顺其自然

与一同事闲聊，她讲学生对一个问题很困惑：自己为什么难以融入社会？这问题我从未在意过，但直感替我作了解答，这还是一个如何定位自己对待世界的态度问题。

如果觉得世界、社会与他人都是在我们的"对面"，是与我们对立的存在，那肯定难以融入它们。如果能够无缘无故地爱这个世界，能够伸出手来，学着与生活、与自然、与社会、与他人和解，不是总挑毛病总找碴的姿态，而是事事首先从善意的角度发现、发掘它的价值与好处，我们就不是在世界的对面，而是正在其中，如此又何来"融入"问题？

放松一些、宽和一些会使许多负面的存在发生逆转。听其自然就是不执拗、不违逆，就是主动地选择顺应，选择和解。紧张导致偏执，反而会强化某些你欲避之、除之而后快的东西。仿佛是与你的情绪对应结伴似的，你越讨厌躲避的那些东西，偏偏越会牢牢地在你对面扎营，和你叫板、和你过不去。

有时别人难免利用我们做事，完全不被利用似乎也不能够。但是不怕被利用有时正是一种顺其自然。只要不是被利用来干坏事，利用就利用吧，欢迎被利用，甘心被利用，在被利用中得到锻造、学会成长，这不就是你的强悍？那个被利用的过往迟早会变成生命的勋章，成为你的骄傲。

初获一个职位，被利用的机会最多。比你早来的，比你资历高的甚至比你稍稍漂亮的都会指使你干这干那，你只要不卑不亢"耐烦"去做，绝不抱怨，迟早会收获这"耐"了"烦"的成果。"不要怕被利用，有人利用你说明你有利用的价值。"这话似乎是某本写杜月笙的书中看来的，别的都忘了，就记下这句。

你软和一点，圆润一点，对面那个你不待见的物事一定硬不起来，会慢慢地被你化掉，或者说你可能在顺应中改变了它。柔弱胜刚强，老子岂是随便说的。顺其自然，就是与世界的和解。没有和解在前，岂能甘心随顺？又怎会自然？

"有当然，有自然，有偶然。君子尽其当然，听其自然，而不惑于偶然；小人泥于偶然，拂其自然，而弃其当然。"（吕坤《呻吟语》）与生活和解后的顺其自然，才是主动的、有价值的顺应，也才会是自然的。与世界和解了，才可真正顺应自然；从而担当己责，尽其当然；更能因一念清明，而不惑于偶然。不用虎着脸，生活原本不欠我们什么？因为生活可能根本就不认识你是谁，世上多如恒河之沙的人，它哪儿认得过来？

在世上，我们能控制的就是既顺其自然，又不放弃充分的努力。这就是与生活和解。

安静下来就能看见春天

生活中的春天并非只存在一种自然的春天，时时有春天，处处有春天——如果有一双能看见春天的眼睛。

宋代理学家说："静后见万物自然皆有春意。"意思是"安静下来，就能看见春天"!

英国诗人华兹华斯的经验是:"在和谐的力量和深刻的喜悦让眼睛变得从容安静之时,我们才可以洞晓万物所蕴涵的生命力。"

朱熹的体会是:"理会得道理明透自然是静。"彻悟人生、与道大适就可以安静下来。而安静下来,就能看见春天!

把心放平

2003年第二次去西藏,笔者带了儿子葱宝。

在拉萨大昭寺前,入乡随俗地为葱宝买了个转经筒。起初,我们谁也转不顺畅。这时,七岁的葱宝突然说:"把心放平就转好了!"

于是,我们一边感叹葱宝的神悟,一边调整呼吸从而"把心放平"。果然,大家慢慢地都找到了平顺地摇转经筒的感觉,且体验到一种从未有过的平静。当然,要真正转好经筒,心不仅要放平,还要把心放到一边去,不能总想着经筒,越想越转不好。要忘掉正在做的某件事及其未来的结果,才可能把事做好。淡泊于所追求的,是追求的最佳心态。这就是转经筒给笔者的启示。

把心放平,让自己心平气和有着广泛的用途,几乎伴随着大部分我们所要做的事。有时把心放平是行事的开端所需要的,有时又是行事的结果——直到你明白你不能做什么的时候,你才能真正干成重要的事情,你才能心平气和。

"把心放平"需要有时包涵别人的失误,也需要有时别把自己太当回事,不要指望他人能像"众星捧月"一样对待自己。还需要具备那种来到人世间我们只是来做点小事、来玩的淡泊心态。有此淡泊,才能戒除心急火燎的浮躁,成就从容大度、气定神闲的格局,才可能活得秋水文章不染尘。

"真正的平静不是避开车马喧嚣,而是在心中修篱种菊。"(林徽因)在心中修篱种菊也是把心放平的妙法。

本质的东西眼睛无法看到

"我们只有用心去看,才能够看得真切;本质的东西用我们的眼睛是无法看到的。"这是小王子发现的一个非常简单的秘密。

《小王子》是法国名著,表现的却是《老子》"复归于婴儿"的智慧,是一个天真和谐的心灵对世界纯正的反应。虽说是童话,但它的主要读者不是孩子,应是成年人。

> 当你告诉人们你有了新朋友时,他们不会向你打听有关人的性情方面的事,不会问你:"他说话的声调如何?有什么爱好?是否采集蝴蝶?"而总喜欢问:"他多大年龄?几位兄弟?体重多少?父亲的月收入多少?"他们认为凭这些,就能了解一个人。
>
> 要是你跟他们说:"我看到了一幢漂亮的红房子,窗口垂着天竺葵,鸽子在屋前憩息……"他们甚至不能想象那是什么样子。他们希望你这样介绍:"我看到了一幢价值两万法郎的房子。"那时他们才会惊呼:"哇!多么漂亮的房子呀!"(圣埃克苏佩里著、薛菲译《小王子》)

对生命意趣极度漠然的人们那蠢笨的兴趣点多么无趣,多么偏离生命的本质。大人生活的荒谬搞笑处,你意识到了吗?

任何美好的存在,都是为了一双爱她的眼睛而醒来。孩子最爱世界,世界的妙趣也多为孩子展开。

诚是与天合一

儒家经典《中庸》的主旨还不是"中庸",而是"诚"。"《中庸》以诚为人生之最高境界,人道之第一原则。"(张岱年)

天下最诚实的是自然之道。"冬天来了,春天还会远吗?"而当春季到来,绿色一定会悄然但坚定地站在枝头;亘古如此,千秋无变。

"诚者,天之道也;诚之者,人之道也"是《中庸》名句。也是儒家版的"人法地,地法天,天法道,道法自然"(《老子》)。

言行合一,表里如一,真实不欺之谓"诚",而讲求诚信正是对"诚"意的发挥、引申。孟子说:"反身而诚,乐莫大焉。"诚是人生大乐的原因在于,"诚"让人的精神肉体等等处于高度统一状态,生命与生活没有分裂感,当然乐莫大于此者。

撒一个谎需要用一百个谎话去圆，不诚如此，分裂如此，其累无比，其可有乐？至诚如神，诚实无欺者活得像神一样放松兼轻松，此乐何极！

明末张献忠部下李定国率众烧杀劫掠，破山和尚请他"立地成佛"。李答应了，但条件是破山应先破戒吃些肉肉。破山为苍生，不惜如来一戒，痛快地吃了。而李盗亦有道，扔了屠刀。精诚的破山和尚是真正的高僧。

诚是天之道，人若能诚，就是与天合一。与天合一，即能参赞（协助）天地之化育，影响世界。因而这种"诚"意的力量是很强大的："唯天下至诚为能化。"（《中庸》）君子的至诚能促使人与世界发生变化，所以《中庸》说："至诚如神！"

坚持非暴力的甘地正是"至诚如神"的榜样。与天为一，就是从天那里获取力量、与天的神性品质达成一致。诚哉不虚。

圣狂之分在苟不苟

某公司为裁员，出题填空："一丝不__"。员工答完后，老板对人事部主管说：答"一丝不苟"的留下，"一丝不挂"的走人。

国人做事越来越多的情形是敷衍马虎、对付捣鬼，大家似乎虽都深受其害，可也都相互习惯了，见怪不怪了。

一个中国留学生，课余洗盘子以赚取学费。日本餐饮业行规是，盘子必须洗七遍。按件计酬，一天挣不了多少。于是他便少洗一两遍，效率与工钱俱升。后被老板发现，说："你是一个不诚实的人，请你离开。"

此事的连锁效应是，没有一个店再接受他打工，甚至影响到租房、上学。他只好搬到了另一座城市。他痛心疾首地告诫准备留日的学生："在日本洗盘子，一定要洗七遍呀！"讲这个故事的教授则说："这就是WTO的规则！"（王静《一定要洗七遍》）

所谓WTO的规则在这里应该是做事"敷衍马虎、对付捣鬼"的反义词。我们要想在WTO里长期站稳，别无选择，只有做事认真、认真再认真了。

"圣狂之分，只在苟不苟两字。"（吕坤《呻吟语》）苟者，苟且、随便也。小人和君子最本质的区别就是一个行事随便，一个不随便。苟且随便正是小人做人不能成为君子，做事不能到位、难以成功的主因。

深呼吸、放平心，开始一丝不苟吧。

我仁故我在

"仁"字曾是笔者最怕的一个字眼。

原因有二,一是本人更接近孔子所批判的小人,远不是仁人君子;二是古今学者对"仁"之解繁乱如麻,让人理不清它究竟是什么,只知是个很道德的东西,而道德又是小人最怕而远之的。

直到有一天,很偶然地由我这"小人"来讲授"《论语》导读"课,不得不钻研什么是"仁"。好在有几位大师解救了我,他们对"仁"的阐释至为简晰到位。

李零说"仁是拿人当人"(《丧家狗》),包括把自己当人,把别人当人。张岂之说"仁是目中有人"(《中国思想史》),"仁"是眼里有人,把人当人。冯友兰则认为"仁"是全德(perfect virtue),仁者就是全德之人。(《中国哲学简史》)

终于明白了,"仁"就像老子的"无为"一样是一个概念簇,不是单义的。举凡忠勇诚敬、恭宽敏惠、孝悌信义等等皆是此"仁"题中之义。"仁"由此就可看作是真善美价值观的集合。

蒙培元说:"在儒家哲学看来,只有仁才是人之所以为人的存在本质","只有仁才是人的意义和价值之所在。"(《情感与理性》)

李泽厚说:"'仁'是孔学的根本范畴,是人性结构的理想。由'礼'归'仁',是孔子的创造性的理论贡献。……孔子能由仁而开始塑造一个文化心理结构体,如说得耸人听闻一点,也就是在制造中国人的心灵。"(《论语今读》)

流行许多关于"办公室哲学""我不是教你诈"等等之类的书,教人所谓"处世技巧"。然而不修礼养仁,只学这些术,不仅本末倒置,还既害你的工作事业难有格局,又让你做人处世不上档次。

叶嘉莹有个体会:"我长大了以后呢,经历了很多挫折和不幸的事情,遭遇到某件事情的时候,忽然间,《论语》中的句子就会跑出来……"如果你较熟谙《论语》,你生命的某个瞬间会和叶先生有同感。

学《论语》首先旨在自觉"挺立一道德自我"!牟宗三指出:开辟价值之源,挺立道德主体,莫过于儒。

朱熹曾说:"常自提撕,分寸积累将去,久之自然相续,打成一片。"提撕,就是耳提面命,引申为提醒、振作。朱子希望人常以儒家精神提醒、振作自己。一点一点积累起来，那些修养久而久之就会连成一片，挺立起一个道德的自我来，故常自提撕最切要。

借"我思故我在"的说法，"小人"我给自己的"《论语》导读"课起了个总名"我仁故我在"，想来比较贴切《论语》在建立人性方面的主旨。也愿意以此常自提撕，诚望有一天与君子打成一片。

小丑镇不住美物

我曾与吾儿葱宝游山西常家庄园，看着这曾被称为"常半城"（规模几近半个城）的巨型庄园，吾儿发出宏愿：将来有钱了也买一个住住。

"儿呀，古人云：小丑镇不住美物。"就在葱宝发愿的瞬间，本人想起这么一句，本是为了调侃吾儿的，但自己也霎时比往日更明白了此句之意。

众所周知，房屋久不住人，会渐渐朽坏；但众有所不知的则是：房屋长久不住"好人"更会朽坏。那些奢靡无德的主子迟早会使所居大宅因自己的精神糜烂、颓废而朽坏、颓败甚至坍塌。

万物皆有生命，人的生命与所用之物的存在状态有息息相关之联系，或者说人的精神状态对所用之物有强大的影响。那些大宅子、巨型建筑如果长期没朽坏，能堂皇巍立，那它里面一定住着至少一位德高望重且比较老的君子吧。

古人还云：几百年人家无非积德。人不积德连大宅子都住不稳当，有几百年历史的大家族的首席家长，君可见过身份是大坏蛋的吗？所以中国从古至今一直存在的大家庭是孔子世家。

晋商留下不少像常家庄园这样的大宅子，不少有关明清商贾的电视剧在此庄园拍摄。常家庄园里有一院大房子是常家的私立学校石芸轩书院，专门用来教育家族子弟。人家把学校直接办家里了，那孩儿们的素质还用说？

晋商富甲天下、威名远播的原因是以"诚信"为天。积德如此，所以晋商留下不少像常家庄园这样的大宅子。这些宅子现如今都不是正经住人的住宅，全变成供游客熙来攘往的胜地了。本人有理由怀疑这些宅子寿祚可持续的长度。

本人更有理由怀疑：平常不讲"积德"者也能建立起辉丽恒固的生命大厦。世界这东西，时时是精神、处处显灵魂。

三尺之上有神明

大家应该都有过这样的体会，有许多古语常听说，但往往很长时间都对它们没有感觉，总觉得是说给别人听的。

但某个特定的瞬间，我们又会对其中的某句产生顿悟，从此它就对我们产生了影响。"三尺之上有神明"这句古语对我就是这样的。

有天给学生上"《论语》导读"课，讲到"君子去仁，恶乎成名？君子无终食之间违仁。造次必于是，颠沛必于是"时，脑子里忽然冒出"三尺之上有神明"。正好配合孔子对君子无论什么境况都不会忘记行仁履仁这种精神的讲解。

"三尺之上有神明"的说法很智慧，当我们行事打算捣鬼、敷衍、对付、马虎时，当我们对某种价值的信念持守不下去，精神萎靡、怠惰时，如果及时想起这句话，会很有效地克制自己、振拔自己。

三尺之上有神明！常有戒慎恐惧之心是必要的。

随时记着，在大约房间灯泡那个位置，常有一双神的眼睛盯着你的语默作止，可不敢太胡来啊。这和信不信神一毛钱关系都没有。

个性慎张扬

青春时期的人们，总不免会经历一个激情澎湃地、以幅度较大的夸张动作要求张扬个性的阶段。

然而中国文化传统里从来不欣赏那种"剑拔弩张""咄咄逼人"式的个性，而肯定真正有个性的人应是不做过分夸张的"奇形怪状"之事的人。因此《中庸》主张君子不应"素隐行怪"（专门探寻隐僻之理，喜欢行怪诞之事）。

可怪的是，古人不讲个性张扬，可那些伟大的人物却一个是一个，彼此绝无雷同。比如，同是豪放，李白与苏轼是两样；同是旷达，苏轼又与陶渊明相异。

往往由于不明白什么是真正的个性，不明白个性只能是使我们生命更有意义的一种精神激情状态的外在表现，不明白个性本身不是我们的生命最终追求、不是唯一的目标。结果就导致"为个性而个性"，甚至将刻意标新立异、故意与众不同当作了个性。

最后非但有价值的个性没有形成，那种空疏的没有精神力的伪个性就将很容易变成要么因无所适从而无所作为、要么因缺乏价值的原则与底线而导致破坏性的胡作非为。这些"伪个性者"还会是追逐时尚的急先锋,不停地咀嚼着垃圾食品、使用着俗滥的话语方式、以穿着少数几种所谓品牌的服饰为荣。如果不以"积极创造"为目标,"个性自由"最后可能正走向它的反面,就是复制粘贴了他人的生活还以为自己张扬了个性。

"个性张扬"往往陷入对社会的过度批判与怀疑主义的泥潭。而中外历史上的伟人们,却不会口口声声激烈地吁求着"个性张扬"而对传统、对社会无原则地批判、解构。他们对既往的历史与文化传统保持着足够的"温情与敬意";他们也最有能力与环境与周围的人保持最大的协调,最有自觉意识超越你死我活的利害关系,能带着最大的友善令各方获得双赢乃至多赢。

罗大经《鹤林玉露》认为,真正英雄与所谓"任其气禀之偏,安其识见之陋"的"骄恣傲诞""气血粗豪"之辈是一点不沾边的。没有"战战兢兢、临深履薄之工夫",便不可能做到在人生"利害得丧、死生祸福之际"镇定从容、潇洒应对。更不能指望其能树立大气节、安定大变化而"撑住乾坤,昭洗日月"。这是强调真正大英雄顾不上张扬个性,是战战兢兢、临深履薄的谨小慎微精神成就了大英雄。

真正的个性,一定不是剑拔弩张、咄咄逼人的,一流的个性可以是优雅温和、从容礼让的,是沉静低调的。真有个性的人反而不喜人夸他有个性,因为有个性并非人生最高价值坐标。静静地做正版自己已经足够,似乎不需要另外再特别有个性。

英国谚语说:"自尊、自重、自信、自持能把人引向崇高的境界。"应有足够的理性能力首先去过有节制、有反省的生活而不是张扬个性,"节制、反省"是永恒的美德。

悠闲是生产力

世上像我们这么忙的，怕是不多见。我们为啥不能真正"闲"下来？闲了后能干啥？能"闲"得有质量吗？

"人莫乐于闲，非无所事事之谓也。闲则能读书，闲则能游名山，闲则能交益友，闲则能饮酒，闲则能著书。天下之乐，孰大于是？"（张潮《幽梦影》）闲了，事事才可为。

于光远认为"闲"是"一个很大很大的字眼"，因为"闲"是同"社会生产力"这个大字眼密切联系的事物。"闲"是生产力发展的根本目的之一，闲暇时间的长短和人类文明的进步是并行发展的。

"闲"，不只是生产力和文明发展的结果，也是促进生产力和文明发展的因素。于光远举例来证明他的观点："够得上世界文明精华的那些文学作品，难道不大都是'闲人'写的吗？同时世界上的哲学名著又有哪些不是'闲'的产物？……陶渊明是个闲散的人，唐宋的那几位受贬的文人……一直到曹雪芹……西方的但丁、莎士比亚、普希金……哲学家需要苦思冥想，急急忙忙的大哲学家是没有可能的。"（《闲、闲情与忙情》）

自然科学也同样是需要有点闲空，在闲空里产生灵感。比如牛顿发现"变分法""二项式定理"的背景也是闲暇。有一年伦敦流行瘟疫，牛顿从剑桥三一学院回到伦敦自己家里休息时发现了这些原理。没有哪种创造性的伟大作品是奉命赶任务制作出来的。

宋代张戒对陶渊明田园诗的评语是："此景物虽在目前，然非至闲至静中则不能到。"无论自诩多么进步，有一点对忙得七荤八素的现代人来讲却是永远也赶不上古人了，那就是：古人的闲与静，今人永难企及。未来的社会应该是整个社会从"有闲阶级的社会"走向"普遍有闲的社会"。

怎样区别悠闲与无所事事？"休闲并不是无所事事，而是在职业劳动和工作之余，人的一种以文化创造、文化享受为内容的生命状态和行为方式。""休闲的本质和价值在于提升每个人的精神世界和文化世界。"（叶朗《欲罢不能》）

如此悠闲才能成为生产力。而精神没有得到提升的休闲，没有产生文化创造与文化享受的所谓"休闲"，那叫游手好闲。

过分勤劳是贪欲的表现

过分勤劳有时可能是一种恶德,是贪欲的一个品种。《参考消息》曾报道,认为中国在西班牙的鞋城被焚烧事件"并非种族歧视",而是因为中国人太"勤劳"所致。

西班牙一位店主说:"中国人一天到晚地工作,从来不关门午休,也没有节假日或者周末。他们简直让我们没有生意可做。"该报认为这种过度的"勤劳"与西班牙人传统的价值观相违背,西班牙人认为,家庭、朋友和休闲比赚钱更重要。此事证明了"勤劳"过度有时是一种贪欲的表现。

陶渊明的生活态度实在颇为前卫。比如他诗中的"晨出肆微勤,日入负耒还"(早上出门稍微干点活儿,天黑就扛着农具回家),"既耕亦已种,时还读我书"等等,几同于西方社会如今越来越风行的"挣有数的钱,过简单的生活",显示了一种极其高妙的生命觉悟。

陶渊明既不是一个拿不动锄头把的人,也不是一个拿起了又放不下的人。他是该拿起则毅然拿起,当放下则洒然放下。

优雅是中庸的

中庸之道是人生最自然的生活方式,因而也是人生最高的真理,可是寻常百姓不大理会它,只热衷于剑走偏锋。

蒋方舟有文《中国再无玩家》,认为中国自古以来的"乐",都是来源于有了空间,有了憩,有了浓墨重彩间漫长的留白。然而现如今,生活中的这段留白却消失了,人一出生就开始与人斗得轰轰烈烈,和人挤得熙熙攘攘。

优雅的日子一定是从容的,有留白的,而中庸的智慧与生活方式可助人从容于世间的一切。林语堂《谁最会享受人生》精彩地阐述了中庸的快乐:我相信主张无忧无虑和心地坦白的人生哲学,一定要叫我们摆脱过于烦忙的生活和太重大的责任,因而使人们渐渐减少实际行动的欲望。

他认为中国最崇高的理想,就是一个不必逃避人类社会和人生、而本性仍能保持原有快乐的人。如果一个人离开城市,到山中去过着幽寂的生活,那么他也不过是第二流隐士,还是环境的奴隶。"城中隐士实是最伟大的隐士",因为他对自己具有充分的节制力，不受环境的支配。

　　中庸精神实际上是在进取和休闲之间找到的平衡感："所以理想人物，应属一半有名，一半无名；懒惰中带有用功，在用功中偷懒；穷不至于穷到付不出房租，富也不至于富到可以完全不做工或是可以称心意地资助朋友；钢琴也会弹弹，可是不十分高明，只可弹给知己的朋友听听，而最大的用处还是给自己消遣；古玩也收藏一点，可是只够摆满屋里的壁炉架；书也读读，可是不很用功；学识颇广博，可是不成为任何专家。"

　　对一个社会的大多数人来说，如果能生活在这种进取与休闲的平衡中，那么这个社会一定是优雅从容、祥和幸福的，虽然"我们承认世间非有几个超人——改变历史进化的探险家、征服者、大发明家、大总统、英雄——不可，但是最快乐的人还是那中等阶级者"。所赚的钱足以维持独立的生活，曾替人群做过一点点事情，可是不多；在社会上稍具名誉，可是不太显著。只有在这种环境之下，名字半隐半显，经济适度宽裕，生活逍遥自在，而不完全无忧无虑的那个时候，人类的精神才是最为快乐的，才是最成功的"。

　　林语堂相信这种中等阶级生活，是中国人所发现的最健全的理想生活。我们必须在这尘世上活下去，所以我们须把这中庸的哲学由天堂带到地上来。因为中庸是自然的，也是优雅的生活方式。

刚健的德好似软弱懒散

　　"反者道之动"是《老子》一大智慧，讲究的是反中求正。

　　基于此，《老子》说："下士闻道，大笑之；不笑不足以为道。"并指出世上那些真理事实存在的样态是表面和实质是相反的。

　　比如："明道若昧，进道若退，夷道若纇，上德若谷，广德若不足，建德若偷，质德若渝，大白若辱……"即光明的"道"看上去仿佛是暗昧不明，遵循"道"前进好像是后退，行"道"平易好像很崎岖，高上的德好似低下，广盛的德好似不足，刚健的德好似软弱懒散，质朴的德好似不坚定，最洁白的反而不那么白得彻底。

　　世俗眼中的男子汉都是刚健有力、生气勃发的，但老子认为男性之所以是男性或男性状态要想保持长久，必须有一种反向作用力阻止其向"纯爷们"发展。

因为纯爷们的态势会妨碍男人作为男人的可持续存在。

因此在一个男性身上，必须时时有女性因素作为批评、制约、缓冲的力量来纠偏那种过于莽撞、粗鲁、破坏性的力量。表面似乎软弱、懒散了，但实际上无疑更加有力、更能可持续做男人了。

借助这种阴阳相谐的因素，就可以达到生生不息。这是中庸的又一种表现，男人不可不知。

测试一下你的悠闲度

春天时，心与柳树一起一点一点地变绿；

想从枝叶上分清梅花与海棠、桃花与樱花；

看见街上一个理发馆门上写着"春天到了"，想回家把这件细事告诉妈妈；

雨后想散步在潮湿但不泥泞的草径上，并能想着："在哪一个昨天，在哪一个迦太基庭院，也下过这样的雨？"（阿根廷诗人博尔赫斯《雨》）

有质量、有内涵的"悠闲"是生活质量高的硬指标，而如果你有以上"欲望"，则可以证明你生活得不错。

《菜根谭》认为闲静是良好人生的抓手与主宰："忙里要偷闲，须先向闲时讨个把柄；闹中要取静，须先从静处立个主宰。"无此抓手与主宰，就会活得"因境而迁，随事而靡"。因此"此心常放在闲处，荣辱得失，谁能差遣我？此心常安在静中，是非利害，谁能瞒昧我"。

宋诗有句"乐意相关禽对语，生香不断树交花"，此是无彼无此之真机；而"野色更无山隔断，天光常与水相连"，更是彻上彻下之真境。吾辈时时以此景象贯注心胸眼目，何患心思不活泼，气象不宽平？《菜根谭》中很有些关于"悠闲"的警句：

大烈鸿猷（伟大业绩，重大谋划），常出悠闲镇定之士，不必忙忙。

闲中不放过，忙处有受用；静中不落空，动处有受用。

静中念虑澄彻，见心之真体；闲中气象从容，识心之真机；淡中意趣冲夷，得心之真味。观心证道，无如此三者。

古人闲适处，今人却忙过一生；古人实受处，今人又虚度一世。总是耽空逐妄,看个色身不破,认个法身不真耳。

明代洪应明《菜根谭》一书影响我的有二:一是其斐然文采,二是其中庸智慧。

"一场闲富贵,狠狠争来,虽得还是失;百岁好光阴,忙忙过了,纵寿亦为夭。"不追求高质量的"闲静"生活,最浪费生命。

司马去牧云

美国的"陶渊明"梭罗在其《瓦尔登湖》中有段文字可与陶渊明"勤靡余劳,心有常闲"相印证:

> 我爱给我的生命留有更多余地。有时候,在一个夏天的早晨里,照常洗过澡之后,我坐在阳光下的门前,从日出坐到正午,坐在松树,山核桃树和黄栌中间,在没有打扰的寂寞与宁静之中,凝神沉思,那时鸟雀在四周唱歌,或默不作声地疾飞而过我的屋子,直到太阳照上我的西窗,或者远处公路上传来一些旅行者的车辆的辚辚声,提醒我时间的流逝。我也没有像鸣禽一般地歌唱,我只静静地微笑,笑我自己幸福无涯。我的一天并不是一个个星期中的一天,它没有用任何异教的神祇来命名,也没有被切碎为小时的细末子,也没有因滴答的钟声而不安;在我的市民同胞们眼中,这纯粹是懒惰;可是,如果用飞鸟和繁花的标准来审判我的话,我想我是毫无缺点的。自然的日子很宁静,它也不责备他懒惰。

与金钱和物质拉开距离后,梭罗发现,用"飞鸟和繁花的标准",人的生活才可以免除许多缺陷甚至狼狈。"飞鸟和繁花的标准"是什么呢?

"能闲世人所忙者,方能忙世人之所闲。"(张潮《幽梦影》)在这一点上,一个自由的人是不会错位的。我只静静地微笑,笑自己幸福无涯。

南朝佚名者所著《莲社高贤传》中对陶渊明的描绘是:"尝言夏月虚闲,高卧北窗之下,清风飒至,自谓羲皇上人。"其气象完全如虚闲之夏月、飒至之清风,仿佛羲皇以上天民再世。

我某夜梦一段奇事,中有一人名"司马牧云",醒来颇生意兴,借陶潜典故敷衍成《夏日偶题》:"夏月人虚闲,持觞欣自饮。北窗高卧起,司马去牧云。"

悠然才能见南山

"采菊东篱下，悠然见南山"是陶渊明的名句。只有"悠然"才能"见"南山，不"悠然"是看不见南山的。

一人与友走在纽约喧闹的时报广场上。他对朋友说："我听到有蟋蟀在叫。"朋友觉得他疯了。但他径直走向一个花丛，从里面找到一只小蟋蟀。朋友说："你有超人的耳朵。""不！能听到什么全取决于你想听到什么。"他掏出几枚硬币，随意扔在地上。硬币撞击地面的声音引得路人纷纷转过头来。"看到了吧？一切取决于在你心目中什么最重要。"（佚名《蟋蟀》）

听见听不见、看见看不见往往与耳朵、眼睛没有太多必然的关系，这也就是现象学所谓的"意向性"。我们看到的都是我们"想"看到、"愿意"看到的。英国诗人柯勒律治也说："We receive but what we give（我们所得到的无非是我们给予的。"

不悠然看不见南山，"南山"在陶诗中象征生活的意义与生活的方向。有本事听见钱响，没能耐听见蟋蟀声，也是活着很没面子的事。你悠然吗？

感物愿及时

陶渊明诗句"感物愿及时"说的是一种建设性的"及时行乐"，表现出对生活即时即刻的挚爱与欣赏。

人生最应恐惧的不是死亡，而是还从未开始生活。开始感受生命鸢飞鱼跃的微妙与壮阔，开始在积极而富有建设性的创造中彰显个性、享受生命，才意味着一个人真正开始活着了。所以霜天闻鹤唳、雪夜听鸡鸣吧，以得乾坤清纯之气；晴空看鸟飞、活水观鱼戏吧，为识宇宙活泼之机。人的灵魂必需的东西是不需要花钱买的，人应该有能力追求纯洁的精神，享受精神化的华丽生活。

人除了必需的物品，其他一无所有也能在大自然的环境中愉快美好地生活下去。郑逸梅说："不与富交，我不贫；不与贵交，我不贱；自感不贫不贱，就能常处乐境。"从物欲的泥淖中解放出来，保持尊严与健全的人性，获得真自由是可能的。

把心放平，无论什么时候，听着风声都是美丽的。

未曾在星光下露宿过的失败

若你从未在如海洋般广阔的生活中发现快乐和宝藏，从未有激情去偶尔过一种"非日常的生活"，人生也失败得很。

倾听诗人的建议："去写诗，去高山上滑雪，去驾一只船颠簸在波涛上，去北极探险，去热带搜集植物，去带一个帐篷在星光下露宿……"（何其芳《生活是多么广阔》）

去帷天席地，去友月交风！去感受、去体验、去拓展就是去把握生命的真义、抵达生命的真境，去过绝对"一手的生活"！

秋深了，可曾记得韦应物"怀君属秋夜，散步咏凉天。空山松子落，幽人应未眠"的意境？此生能缺少一次在一个秋山寂寂、松林森森的山上感觉"空山松子落"的华丽行动吗？

是否还应顺着王维"人闲桂花落"的指引，在月白风清之夜，闲卧桂树之下，全身全心地聆听微细如米的桂花飘落……

旧同仁赏新菊花

"白衣送酒无遗影，日历空余重九名。南山还与菊花在，只是悠然不见人。"（高原《近重阳感怀》）

韩国人将端午祭成功申请为本国非物质文化遗产，中国人只是愤愤然是没有意义的。检讨一下自己对文化遗产的漠然，然后每逢中华传统佳节时，比韩国人还要认真不苟地过节，才是该有的反应。

笔者从未对重阳节上过心，但丙戌年的重阳节，却过了足足一个礼拜。只是为了可以稍稍无愧地说我有一颗中国心。

先是进行过节的案头准备工作，查阅重阳节资料，将种种相关典故、诗文及菊花图、茱萸图——收集整理，了然于心。

然后排列出"重阳节"的关键词：

一、重阳节的多元名称：重阳节、重九节、菊花节、茱萸节、女儿节、老人节、吹帽节。

二、重阳节的种种习俗：登高、赏菊花、饮菊花酒、佩茱萸囊、吃花糕、射箭、放风筝……

三、重阳节的相关典故：白衣送酒、孟嘉落帽……

四、重阳节经典诗词（以下列四首为最经典）：

王维《九月九日忆山东兄弟》："独在异乡为异客，每逢佳节倍思亲。遥知兄弟登高处，遍插茱萸少一人。"

李清照《醉花荫》："薄雾浓云愁永昼，瑞脑销金兽。佳节又重阳，玉枕纱橱，半夜凉初透。　东篱把酒黄昏后，有暗香盈袖。莫道不销魂，帘卷西风，人比黄花瘦！"

毛泽东《采桑子·重阳》："人生易老天难老，岁岁重阳，今又重阳，战地黄花分外香。　一年一度秋风劲，不似春光，胜似春光，寥廓江天万里霜。"

江总《于长安还扬州九月九日行薇山亭赋韵》："心逐南云逝，形随北雁来。故乡篱下菊，今日几花开？"

当然还要自制一个较为别致的茱萸囊，或挂在家中客厅，或馈赠亲友。最后就是呼朋唤友、携酒登高了……

唯愿年年此日南山上，旧同仁赏新菊花。

可否认真过中国节，做个不打折的中国人？

让蒲公英有个完整的生命

笔者上班路上会经过几个草坪，春天见星星点点蒲公英花开在草间，总是很欣然。

而再经过时，那花就香消玉殒于割草机之下了。只为定期修剪草坪，却完全无视美丽不定期的存在，此举很恐怖。可否让草坪上的蒲公英有个完整的生命？

与此类似的是另一种"勤快"。秋天地上一有落叶，马上扫个片叶不留，似乎只有这样才"清洁卫生"。城里人想感觉踏在落叶上，听那"沙沙"声的权利都给剥夺了。日本人仓冈天心所写的《茶之书》中有则故事：

茶师千利休看着儿子少庵打扫庭园。当儿子打扫完的时候，茶师却说："不够干净。"要求他重做一次。少庵于是又花了一个小时扫园。然后他说："父亲，已经没事可做了。石阶洗了三次，石灯笼也擦拭多遍。树木冲洒过了水，苔藓上也闪耀着翠绿，没有一枝一叶留在地面。"茶师却斥道："傻瓜，这不是打扫庭园的方法。这像是洁癖。"说着，他步入园中，用力摇动一棵树，抖落一地金色、红色的树叶。茶师说，打扫庭园不只是要求清洁，也要求美和自然。（许锋《完美是一种伤害》）

据说北大有两条银杏路，在学生宿舍31楼与28楼前。每到秋风起时，满地金纯之色，美得令人窒息，那是北大唯一在秋天暂不被清扫的路。

是否可以奢望每个城市里都有几条可以有落叶的幽幽长长的路——当然最好是泥土路，最好是长着叶子如同小扇子的银杏树，专供人们、尤其是孩子们在秋天去将落叶踩出"沙沙"声。年少时走过这样的路，成年后或许会少几个冷漠残忍、行事狠戾的人。

生命或生态美育早该列入各级教育的核心内容了。"只有美才能赋予人合群的性格，只有审美趣味才能把和谐带入社会，因为它在个体身上建立起和谐。"（席勒）

"要正当地生活，我们须得模仿大自然的豪华与严肃。"（蔼理斯）

太方便的生活"毁"人不倦

在非典十周年祭时，我想起2003年春天从杭州乘飞机返回兰州。以往两地乘火车需要两天，也从没着急过，可是那年三个小时的飞程，我在飞机上竟然不住地嘀咕：这飞机怎么这么慢？

方便了要更方便，快捷了要更快，舒适了还要更舒适。一味追求舒适、方便、快捷成了现代人一种新的偏执。但生活是平衡的，任何存在都有两面性。某些过度的舒适、方便、快捷会让我们在别处付出高昂的代价，太方便的生活"毁"人不倦！

什么都讲自动化、一切都追求方便快捷，全部用品都是买来的，任何手工活儿都不会了，不但人的体力下降，智商与情商也会跟着往下大幅出溜。

请观赏人类的种种方便快捷的"进步"：从双手捧读纸质小说，到移动鼠标上网看小说；从缓缓马车，到疾驰汽车。芭蕉扇之于空调、壁炉之于暖气、蜡烛之于电灯、繁体字之于简体字、亲手写信之于打电话、去戏院和电影院看戏看电影之于在家呆看电视……

看明白了吧？"进步"前的东西都是不方便、不快捷的，但进步后的东西都是缺乏诗意、缺少情趣的。人类在这种进步或发展中似乎并没有占太多的便宜，代价是全面地丧失了生活的诗意。

林语堂说："我对珊克雷所说的话，极表同情。他说，烟斗从哲学家的口中引出智慧，也封闭愚拙者的口，使他缄默；它能产生一种深思的、富有意思的、仁慈的和无虚饰的谈天风格。"（《生活的艺术》）

我总感到，叼着雪茄、烟斗的作家或艺术家的风度不仅瞬间就能翩翩，而且他们的文字与作品也因此似乎让人更信赖，内含较多较深的智慧，抽纸烟者岂能有如此优雅典正的派头？

许多现代的"方便快捷"，由于抛弃了生活的深度、神圣及诗意这些貌似"虚幻"的东西，而最终导致了生活实实在在的空虚虚无。过于舒适方便、快捷是和健康、伟大甚至诗意相左的，不仅让人们付出丧失适度劳作以保持一定体力的健康代价，而且还会付出丧失"伟大"、丧失"诗意"的代价。"今天文明的最高原则是方便，使天下的一切变得易于把握和理解，这种方便原则与伟大原则处处相背，人类不可能为了伟大而舍弃方便。"（余秋雨《千年一叹》）

但是放弃了伟大与诗意，人类只能朝着精神的矮小化、粗鄙化方向"进化"了。是啊！唐僧当年不是骑着白龙马，而是驾着"悍马"去西天取经，那他的伟大影响怕是要打折95%以上吧。

本人电视停看一年了，也没打算买车，晨起沿着濒临黄河的路散步并顺便上班，路上行人寥寥，那路仿佛我的私家路。

北方干燥，致唇易裂。除非出差或旅行，一般在家，我选择不方便的橄榄油润唇。本人至今在家还是用壶烧水，教"《老子》导读"课的我明白，自然界没有的水不是好水。

太方便快捷的生活"毁"人不倦，既毁健康，又毁精神，最后毁掉的就是整体的生活。还更可能活得匆促狼狈、上气不接下气。请让方便、快捷等等一切的"舒适"适度存在。

甘愿接受并选择一些不那么方便、不十分快捷但更健康、更诗意的生活方式实际上很前卫。你是否也玩几样不那么方便、快捷，然而却健康的生活方式？

勿让心灵的皱纹泛到脸上来

当一个孩子把钻石看得比玻璃球"贵重"时，那么他已可悲地长大了，他开始世故了。而世故能让人未老先衰，面容不再焕发赤子之诚的光辉。

有位艺术家发现自己的容貌越来越恶劣，于是找一位高僧想办法，高僧的条件是让他为自己塑造菩萨。菩萨塑好后，艺术家发现自己的面容也大为改观。这才恍然大悟，以前夜叉像塑得太多，导致自己容貌有些向夜叉看齐。

世故会使心灵与眼睛蒙灰，不能看到世界本有的绚丽。华兹华斯有首诗叫《虹彩》：

> 每当我看见天上的虹彩，／我的心就欢跃激荡；／我生命开始的时候是这样，／现在成人了，我也是这样，／将来我老了，也不会更改，／否则，就让我死亡！／儿童乃是成人的父亲，／在我的有生之年，我希望／永远怀着赤子的虔诚。

怀有赤子之诚者，即使是一曲清歌，也能使他们感怀万端：

> 桓子野每闻清歌，辄唤"奈何"，谢公闻之，曰："子野可谓一往有深情。"（《世说新语》）

桓子野每逢听到清歌，就不住地"奈何！奈何！"这是因"清歌"触动了桓子野心中万般意绪如潮涌动却无以言表的传神之语。那歌是怎样的"清"，真难以想象。这一往"深情"是生命完整、健康、自由的流露，是超越世故、放下算计后对生活最本真、最自然的反应。

太多的、太现实的关怀易使人心坚硬如石，不再在乎生命里的雪飘花飞、日升月落；太多的妄想欲念更让灵性丧失，赤子之诚就是这样非正常死亡的。

世故岂止能毁容，竟可以让人提前进入老年境界——心灵的皱纹一条条泛到脸上来。

靠童心与爱心美容

如果你把所有的美容品都用过了，效果却不明显，那么请试一试用童心、爱心与自信来美容。

拥有童心显然会让你要多年轻有多年轻；还有比儿童更年轻的吗？看看蚂蚁打架；什么年龄都愿意荡秋千、骑旋转木马；喜欢知道世界上生命最久的树种是龙血树、猴面包树，可生长六千多年；知道亚马孙雨林里的"小蝌蚪"居然长达二十多厘米，可变成青蛙时也就和咱们平常所见一般大小；那里的鸟硕大无朋，鸣如狗吠；总之，能像法国圣佩克里特的"小王子"一样关心生命中最本质的存在……

爱心则让你立马可爱起来，神极了。至于自信，会让你整个人焕发出朝阳般的神采，熠熠生辉！在美国，许多人以拿破仑·希尔的话激励自己：

你有信仰就年轻，疑惑就年老；有自信就年轻，畏惧就年老；有希望就年轻，绝望就年老；岁月使你皮肤起皱，但是失去了热忱，就损伤了灵魂。

还有一个美容招数，就是记住书店是最好的美容店。

纯正生命趣味

"中国确也盛行着《三国志演义》和《水浒传》，但这是为了社会还有三国气、水浒气的缘故。"鲁迅《叶紫作〈丰收〉序》中如此说。

当中国人，尤其是民间生活缺乏更多的超越平庸生活、把握命运的思想资源时，就只能选择江湖作为"支援意识"。《水浒传》正是最大限度地满足了这类读者群对作品的价值与情感期待。

江湖生活与江湖幻想本来是作为农业文化某种单一生活的解构性心理与行动补偿而存在的。而当生命之流变得固化、狭隘化时，当生命之诗意消解式微后，人们也会向往奔突于江湖，使江湖理念、江湖状态泛滥了，暴力也就成为最"美"的花而盛开于我们的生活。

因为当社会趋同于物质化的生活，日益浮躁的心更难以选择沉静时，动感极强的江湖即可作为时尚性、刺激性的生活趣味而在心理与行为上成为人们的迫切需要。当农业文明精神旗帜——诗歌已大大褪色，而宗教感又从来是缺失的，那么就只能祭起"江湖"这面黑旗为生命指路了。

江湖的趣味是我们不需要的。纯正生活趣味，便是纯正生命追求。

中华尚缺"亮剑"精神吗？

笔者日志曾提到中国几位"艺术皇帝"，诸如宋徽宗、李后主等，他们虽没有搞好本职工作，但对中国艺术却有重要贡献。

有两个小网友看后发表异议："我们不但需要一个文盛的礼仪时代，我们更需要一个武略昂扬的霸业时代。我们太相信柔性的力量，太相信以柔克刚，而某些时刻正需要我们以至纯至刚的精神来决绝面对！""中华尚缺'亮剑'精神。"

然而，中华尚缺"亮剑"精神吗？我相信甘地所言：用剑得来的必因剑而失去。况且，用流氓的方式对付流氓也不算什么能为，《亮剑》之类的价值观与草莽意识恰恰证明我们的精神还处在丛林阶段，远谈不上文明。再况且，"大恶必从柔处伏"，此类辩证法也是人类的历史大经验。

鲁迅之伟大不用说，然其局限正在缺失悲悯与终极的爱，因此他阴冷的笔下也无法解决民族的出路问题。解决人类的问题最后只能是至柔又至刚的大爱与悲悯精神,世上还有比爱更"刚"的存在吗?甘地的非暴力精神体现的正是人性的至纯至刚。王小波说得好:"什么都不是爱的对手,除了爱。"

《水浒传》的思想趣味属于中国古代的大传统文化或者说主流思想意识之外的"小传统",而小传统文化往往难以有大传统之升华超越、自我修正的精神,缺乏更高的精神反省与节制。

当属于"大传统"的宋明理学倾心力于"致良知"以"发掘人的内在心灵自有的灵明"(葛兆光《中国思想史》)时,《水浒传》却在无节制地鼓吹一种顺着人的自然生命颓堕溃烂的诉诸"暴力劫掠"的趣味,这是它贻害社会的恶趣所在。因此,至今还有"三国气""水浒气",而这应是值得我们警惕与批判的。

当然《三国演义》中对阴谋诡计、使奸耍诈的歌颂也是一种很危险的恶趣,这种"三国气"同"水浒气"一样贻害无穷。

亮剑铮铮,亮剑云云!似乎很能魅惑、蛊惑人心,但所谓的"亮剑精神"不过是"水浒气"的新世纪版而已。虚张声势、颂扬横蛮,并无真实而超越的力量。

小燕子韦小宝走红的原因

《水浒传》那种"只反贪官,不反皇帝"的做派,正反映出"泛农民"对政治体制的不合理不但缺乏改变的意识与行为,而恰恰对它非常"神往"。今天种种称"王"称"霸"商品取名的大肆泛滥以及宫廷影视剧的大行其道,正说明上述这种文化心理的阴魂不散。

为什么大家都要"直奔当皇帝的主题"?都有当皇帝的情结呢?有学者指出:"如果不是皇帝,人们即使在物质上和精神上得到了满足,随时都可能失去。因此在人们心目中只有皇帝才能牢牢地保有这一切,人们的追求就定位在这个位置上。"(红苇《体验江湖》)

《还珠格格》与《鹿鼎记》中的小燕子与韦小宝的走红,恐怕最关键还在于他们总是能逢凶化吉,遇难呈祥,在险恶的人生中永远得意。他们都最大程度地迎合了百姓的天真妄想。

当没有勇气、力量与智慧为自己的命运负责时,就幻想出为自己的命运大包大揽的人物如小燕子们的"皇帝老子"、梁山好汉们的"及时雨"宋江等来替自己一劳永逸地解决问题。

济世经邦要段云水趣味

《菜根谭》说:"济世经邦,要段云水趣味,若一有贪著,便堕危机。"从事社会工作,有时需要闲如云、淡如水的精神意趣。

若只贪恋于职事,就会陷入危机。兢兢于事业之心当然值得肯定,但如不伴随潇洒的趣味,一味约束清苦,是有秋杀而无春生,岂能发育万物、济成众生?

而以云水趣味济世经邦,又可使为官者对权力保持一种纯洁的态度。老了该回家就会坦然、洒然归去而不恋栈贪位。政治清明永远基于为政者之精神清明,政治清明的出现当然主要靠政治体制的清明,但在社会的精神舆论方面形成一定的"云水趣味"的气场却也是十分必要的。

魏晋士人们一边致力于政事,一边心存长林丰草之志,以萧散冲淡为人生旨趣。因为当权力使一个人关注的范围与情怀变得狭隘之时,诗意的情趣会提醒他生命的丰富体验及其价值。

长期的特权和社会风气已使他们不需要依仗实际的才能而坐致高位,入仕之后又以不问政事为清华高贵,以至"当官者以望空为高而笑勤恪。"(干宝《晋纪》)所谓"以望空为高"说的是王羲之的儿子王徽之的超逸放诞之事。

当上司桓冲对属下王徽之说:"你在本官府时间也长了,最近我打算提拔你。"王徽之刚开始没吭声,眼睛望着高处,然后才用古代官员的笏(类似记事本)拄着面颊说:"西山的早晨,送来清爽的气息。"一副傲迈不群的神情,这就是以"望空为高"。当官员们不兢不营,安此清贵,自然可以起到镇贪敦俗之效。

古代为官之人,每当气佳景清、风和日丽便会吟咏音调遒朗的诗文,这是古代政坛的风尚,其趣味迥异于当今许多为官者聚会时,兴趣与能耐唯在口沫横飞地、掏出手机轮流朗诵各种七荤八素的"段子"。

西晋张翰在洛阳当官,见秋风起而思家乡菰菜羹、鲈鱼脍。他的警世名言是"人生贵得适意耳,何能羁宦数千里以要名爵"——人生最重要的是心情舒畅,干吗要将自己绑在离家乡的美味千里之外的官位上,追求莫名其妙的名利爵位?

有此云水觉悟,为官就不太会"为贪官"。

与物质和世俗保持一定车距

古罗马哲学家塞涅卡曾为宫廷重臣,且享尽荣华富贵。不过,在享受的同时,他却比一般人清醒。

他说:"我把命运女神赐予我的一切——金钱、官位、权势——都搁置在一个地方,我同它们保持很远的距离,使她可以随时把它们取走,而不必从我身上强行剥走。"

他说到做到,后来官场失意、权财尽失乃至性命不保,他始终泰然自若。塞涅卡做到了中国古人的"物物而不物于物"——自由地使用控制"物"而不被"外物"所控制,不让自己也成为"物"。

追求富贵,然而淡泊于富贵。这就是与富贵拉开距离的自由,是一种人生中庸姿态,而中庸是最自然的生活方式。不要让富贵等东西和自己粘连得太密实,免得哪天失去时,让自己的皮肉乃至尊严一块被剥走。

时常做好准备,自己的一切,随时都可能失去。那么现在就开始,不要太在意许多人生非本质的东西。

超俗与顺俗的平衡

屈原与陶渊明代表着两种几乎完全不同的性格典型。清代蒋薰评《陶渊明诗集》指出两人有"静躁之分"。

屈原自然是伟大的,他对我的影响是:每当打算懈怠时,一想起《离骚》诗句"亦余心之所善兮,虽九死其犹未悔"以及"路漫漫其修远兮,吾将上下而求索",我马上就有一种被振拔之感。

但也应当看到屈原明志的方式具有某种"过度"的成分。学者高旭东指出:"在艺术的审美理想上,屈原与儒家也是迥然不同的……屈原的极度哀愁和感伤,已经郁结为愤怒的情感,因而其'发愤以抒情'(《惜诵》)的明志方式就打破了儒家温柔敦厚的中和之美,其对信念的执着从儒家的眼光看也只能用一个'淫'字来加以概括。"(高旭东《中西文学与哲学宗教》)

屈原的大多作品,对上至昏庸失察的君王、中至"遮光蔽日"的党人、下至是非不清的国人进行了全面抨击,"于是整个社会现实就变成了一张颠倒是非、混淆黑白、黄钟毁弃、瓦釜雷鸣的黑暗图画"（高旭东《中西文学与哲学宗教》）。而他本人形象则是内心高洁，外在的衣着装扮更是缀香草、佩鲜花，外美内美一人独占。这种姿态只能说是高尚的而绝难是高妙的。

清代钟秀对陶渊明的定位是"能介而和者"，就是说他既秉有耿介拔俗之志节，又能在人生姿态上出以平和委婉而不激烈绝俗。这种不与俗为伍亦不绝俗，不盲从于人亦不轻慢人的"介而和"精神与能耐是永恒的君子品质。

难怪后世正统的儒士会视屈原为异端，并对其颇多微词，甚至谴责他"露才扬己""轻薄"，乃至因过于执着于自己的个性而至于"不忠不孝"。虽然屈原执着于真理的精神是永恒的榜样，但他过于执着于自己个性的"视己太重，视人太轻"的姿态却不宜效仿。

只讲率性者，一般说明别人都不是他所在乎的，除了自己。人是社会的人，完全率性反而是不自然的，应在超俗与顺俗之间找到平衡。

"能脱俗便是奇，作意尚奇者，不为奇而为异；不合污便是清，绝俗求清者，不为清而为激。"（《菜根谭》）

清能有容　直不过矫

人们容易走两个极端：要么易沉沦于平庸而"混俗"；要么不易发现凡俗生活本已存在的生命意趣而选择"绝俗"。

不能智慧地看待人生，结果要么对待人生毫无原则与理想，要么原则理想过度，以非理性的愤世嫉俗苛求人生。从而导致不必要的挫败失落、躁狂不安，并表现为咄咄逼人、剑拔弩张的激烈姿态。这不仅有违中华传统所崇尚的"中和之美"，而且将妨碍我们以一种清明的智慧从容应对人生种种问题。

"建功立业者，多虚圆之士；偾（败坏）事失机者，必执拗之人。"明代洪应明《菜根谭》集儒释道智慧于一书，特别倡导一种中庸精神，可为我们的避免极端的行止提供许多有可操作性的启发。如："气象要高旷，而不可疏狂；心思要慎细，而不可琐屑；趣味要冲淡，而不可偏枯；操守要严明，而不可激烈。"

有价值的"绝俗"应该是"即世间又出世间"的人生选择："所谓绝俗，应该是身植芸芸众生，身披万丈红尘；却不溺于口腹情性，不动于功名利禄，独存一股清气、一股正气。绝俗其实是心性的最后一点清洁的自守，属于精神的范畴。基于此,便无须为免俗而扭捏地过日子,应率性地面对生活:吃可吃之饭,喝可喝之酒,抽可抽之烟,交可交之人……在五彩缤纷、纷繁杂沓的生态中,经世风俗雨的大浸染,经七情六欲的大诱惑,仍清洁自守,虽未离俗,亦有一身清爽之气和不媚不阿之态,乃真绝俗之道。"(凸凹《游思之轨》)

离开世俗之地的绝俗脱俗毫无价值,在滚滚红尘中静静地做最好版本的自己才是现实的选择、勇敢的选择。所以《菜根谭》说:"仁人心地宽舒,便福厚而庆长,事事成个宽舒气象;鄙夫念头迫促,便禄薄而泽短,事事成个迫促规模。""清能有容,仁能善断,明不伤察,直不过矫。是谓蜜饯不甜,海味不咸,才是懿德。"

清能有容、直不过矫的中庸选择是最有力量的。

开启生命的淡泊模式

什么是"凡夫俗子"?就是"指那些为着并不真实而自以为实在的现实而忙忙碌碌的人"。这是叔本华的智见,精准吧?

什么是"浮华"?就是浮在表面的美丽、泡沫式暂时的繁荣。当一个人明白了哪些东西属于人生的"浮华"时,他也就明白了大半个人生。这是我说的,比较精准吧?

年少时,我们是"淡泊"的旁观者,以为"淡泊"是少数德高望重的"老家伙"们的事,和自己没一丝关系。随着年岁的增长,才深深地感到,"淡泊"不是别人的专利,它与我们有质量的生命息息相关,我们非"淡泊"不可。

淡泊的意趣令我们选择自己真正需要的、具有真实性的生活方式。淡泊是一把剃刀,帮人剃去那些缠绕在生活中,阻碍着生活明朗化、纯粹化的藤萝葛蔓、枝枝杈杈,让人轻松地直奔生命纯正的主题。

"乐道"者总是自认为是在享受世上最大的福分,任何其他形式的享乐对他们来讲都是有限享乐,最少的物质就能使他们满足。他们知道,多余的钱只能买多余的东西。

过分的欲望令视线纷乱,使目标混乱,生活被不必要地复杂化。而淡泊让精神淡定、目光澄澈,它简化了世界,因为简化了内心。

当需要淡泊时,请开启生命的淡泊模式。

"礼"是蓝色的生命之花

"礼"之义在古代中国的含义很广大，几乎就是指"文化"。但现在看来，说"礼"就是"人文"则更贴切。

蓝色是平和沉静的象征，礼可以让人平和从容，沉静优雅，因此，礼是蓝色的生命之花！礼能产生一种良性互动、良性循环——心气平和可令人的外在的表现"莫不令仪"，而"莫不令仪"又更促进心气平和，由此产生智慧与力量。

但心气平和，此四字非涵养不能做，"工夫只在个定火，火定则百物兼照，万事得理"。只要燥火定了，百物都能看得清，万事都能处理得宜。古人讲究每临大事有静气，皆因"天地间真滋味，惟静者能尝得出；天地间真机括，惟静者能看得透；天地间真情景，惟静者能题得破"。因此，"主静之力，大于千牛，勇于十虎"（吕坤《呻吟语》）。

礼的中和理性之美，也即礼的中庸性有助于防止过于亢奋或者过于低迷的精神状态，有助于情感与理性的平衡。《傅雷家书》中说："感情的美近于火焰的美，浪涛的美，疾风暴雨之美，或是风和日暖、鸟语花香的美；理性的美却近于钻石的闪光，星星的闪光，近于雕刻精工的美，完满无疵的美，也就是智慧之美！情感与理性平衡所以最美，因为是最上乘的人生哲学，生活艺术。"

"所以养生安乐莫大乎礼义。"（《荀子》）因为"自由与个性"不是生活的目的，而将生活过出一种微妙的理性与感性的平衡甚至艺术性才是雅正的生活境界。防止自由与个性失度的有效方法就是在生活中确立一定的礼的原则。礼是生活的艺术，人有礼则安，无礼则危。学"礼"在古人看来还是一种自觉上达于圣人的人文修养。

整顿生命、提升生命从选择一种"讲礼"的生活方式开始。不学礼，无以立。礼化的生活将为生命带来一种清和整饬之美。

"礼"是蓝色的生命之花。

"礼"是对生活郑重其事

某中学新教学楼落成，校长请人"掐算"了一个搬迁的吉日与良辰：某月某日上午八时二十六分。

如若简单地给该校长一顶"迷信"的帽子，那就没什么话说了。若换个角度看，这种"礼"化的行事的做派，我宁愿将其看成一种对待生活的郑重态度或艺术态度。古人将"礼"当作生活的艺术，用"礼"把生活进行艺术化处理，自然是最严肃、最郑重地对待生活了。

中国曾是礼仪之邦，重"礼"是中国文化区别于其他文化的首要因素。礼的存在是君子慎重、郑重地对待生活的姿态，所以《论语》中极力区分讲礼的君子与无礼的小人。

什么是君子呢？"君子治礼义者也。"（《荀子》）君子是讲礼义、持守礼义的人。君子与小人的大别是："今人之化师法，积文学，道礼义者为君子；纵性情，安恣睢，而违礼义者为小人。"（《荀子》）君子是持守礼义者，而小人则是为所欲为、暴戾狂妄无拘束的人。

君子的生命之水是有河岸节制的水，波光闪烁，它最后总能安然畅然地汇入大海；而小人之水则是洪水泛滥，泥沙俱下。以小人的状态似乎也可以活人，但其成本会很高且成功的概率很小。

礼的本质是人文精神，不简单等同于今天的礼仪。

"礼"是对生命的修饰与提升

"礼节并不单是一套仪式，空虚无用，如后世所沿袭者。这是用以养成自制与整饬的动作之习惯，唯有能领解万物感受一切之心的人才有这样安详的容止。"（周作人《周作人散文选集》）

"依古人的观念，礼也就是中，依礼而行，即为执中。"（《金景芳自传》）"礼"体现着中和之美，因此"礼"也就是一种人文精神之美。民初学者辜鸿铭认为中国传统所讲的"礼"不应译为rite（仪式），而是art（艺术）。那么讲"礼"就是讲究生活的艺术，"礼"是生活的诗。

"孔子的生活，不论怎样细小都必须讲礼。如'割不正，不食''席不正，不坐'等等，'正'就是合礼。"（蔡尚思《论语导读》）既然人文精神是为了提升、修饰人的精神而存在，那么打开生命的人文界面就离不开"礼"的作用。因为"礼"正是对生命的修饰与提升。

"礼"的重要性在于能令我们立身，孔子曾对儿子孔鲤说："不学诗，无以言；不学礼，无以立。"不学习《诗》，就不会说话；不学习礼，就不能在社会上立身或存在。故孔子曰："不知礼，无以立也。"

"礼主敬！"礼是处世行事的规则，也是修身的工具。形式纷繁的礼仪，其一以贯之的教育主题就是要培养人的诚敬之心。《孝经》说："礼者，敬而已矣。"吉、凶、军、宾、嘉五礼，无论是对天地山川的祭奠，还是对尊长同僚的礼拜，主旨都是要表达敬意。所以《礼记·曲礼》开篇就说"毋不敬"，朱熹认为这一句话具有纲领的意义。这才是一个君子。

"礼"是孔子反复强调的，在《论语》中"礼"出现了74次。

在周代，有一个词在人们的生活中出现的频率很高，那就是令仪、威仪、礼仪等等的"仪"。在《诗经》中就可以看到"仪"的高频性："其仪一兮""九十其仪""莫不令仪""乐且有仪""各敬尔仪""礼仪既备""维其令仪""不愆（失）于仪""敬慎威仪""令仪令色"等等。

"仪"者，"宜也"（《释名》），"度也"（《说文》），"均指关乎人的适宜、合度、规范的样态。在人自身指仪表、举止，在人所享用的服御器物指法度、限定，在人所从事的活动指规则、仪式，一句话，都是体现某种规范的表现形式。这个规范就是'礼'，一种典雅规范诗意的生活格调。也是一种诗化、音乐化、节奏化的生活"（廖群《中国审美文化史（先秦卷）》）。

讲究"礼仪"的生活，也是为了追求生命在形式上的美感，一种超越动物本能式的微妙而美的生活方式。

"礼"助人行事善始善终

"礼"的建设性之一表现在它帮助人们以强大的精神力为基础，在做事时能够善始善终。

人死为什么要举行祭礼呢？儒家思想认为关键在于这是一种慎重地对待生死

的态度:"礼者,谨于治生死者也。生,人之始也;死,人之终也。终始俱善,人道毕矣。故君子敬始而慎终,终始如一,是君子之道,礼义之文也。夫厚其生而薄其死,是敬其有知,而慢其无知也,是奸人之道而倍叛之心也。"(《荀子》)

"礼者,本末相顺,终始相应。"(《荀子》)意思是,祭礼的存在是表示我们慎重地对待生死。生,是人生命的开始;死,是生命的结束。这叫善始善终,也叫完整的人道。只有恪守君子之道才能有力量做到"敬始"和"慎终"而始终如一,并将其表现为一种类似艺术形式的、且有着人文精神内涵的仪式——文。

小人则厚其生而薄其死:只敬人于有知觉的时候,其无知觉则轻慢对待。这是怀着奸诈之心的人所容易表现出的势利恶行,这种人也是最易于产生背叛行为的。因此祭礼的作用绝非迷信,而是一种修饰生命、整顿生命的君子之道。它可以防止人生涣散成小人、野人那种一盘散沙,无责任、无承担,失却良心、失却道德的状态。故君子必定要"事死如生,事亡如存,终始如一",对待死者如同他还活着,敬爱之情始终如一不二。《老子》也说:"民之从事,常于几成而败之。慎终如始,则无败事。"

在中国古代,"礼"对社会的建设性作用主要表现为对社会秩序的整合,"无礼义则上下乱"(《孟子》),"国家无礼不宁""国无礼则不正""礼所以正国也"(《荀子》)。

对个体的现代人来说,"礼"的建设性主要应表现于整顿我们的生命、提升生命而不致顺着自然的生命颓堕溃烂,以此去承担所应该承担的,如将"个性自由"提升为"积极的创造",而不是无度放纵。

本书提倡新的克己复礼。

理性而人文的"占卜"之礼

在《荀子》中有一段文字讲到古人天旱而举行祭礼进行祈祷,决断大事要先占卜。这样做似乎是迷信而荒诞的,但事情往往就是不这么简单。

荀子解释此事的合理性是:"雩(yú,求雨的祭礼)而雨,何也?曰:无何也,犹不雩而雨也。日月食而救之,天旱而雩,卜筮然后决大事,非以为得求也,以文之也。故君子以为文,而百姓以为神。以为文则吉,以为神则凶。"

天旱而行祭礼祈祷以及决断大事先占卜，并非古人"非理性"到真相信其效用，也就是非以为能得其所求，而是"以文之也"，是为了表示诚于中的郑重与形于外的优雅，是一种生命过程的点缀与修饰。这是君子感性与理性完美结合的处世姿态，与"百姓以为神"的纯任感情的"非理性"是大异其趣的，故一吉一凶。这里所传达的正是一种超越了冲动冷漠、草率粗糙，以极严肃诚挚、从容优雅的态度过着诗化、礼化生活的精神意趣，更体现的是中庸的价值追求。

　　中国古人的某些占卜是带有人文精神的"礼仪"，这也是一种优雅姿态。"文"者，本指自然万物的纹理错综之美。人生有意义，是因为有"人文"精神在其中。因为，"人文"就是指人的生活不再受制于物质或世俗的拘限，而是能够依靠高贵而超越的精神自主自由地生活，超越现有的生存场景而追求一个更高的、更富有精神性的生活境界，自觉地活出生命的文采来。这就使《周易》的"占卜"在初衷上超越一般迷信而深具人文精神。

　　"当信仰偏离理性时，它就成为迷信；当它与理性对立时，更是如此。而当与理性结合时，它使得理性不再是一种简单的智力游戏。"（安德烈·米戈）中国古人的一些"占卜之礼"正可作如是观，有时它为生活增添了无限神秘而优雅的意趣。

　　礼是对粗糙、随便的超越，礼让日子如花绽放。

　　你要搬家，请郑重地挑个日子、选个时辰吧。

　　你要办个稍大的事，请举行个诚挚而有意味的仪式吧。

随所遇而能安

有许多古人的生命智慧都曾遭到褊狭的对待，"随遇而安"就是其中之一。当有人把"随遇而安"与"随波逐流"画等号，"随遇而安"从此就属于反动落后的存在方式了。此文为它平反。

"随遇而安"用佛教术语讲就是"随缘"，是一种很高的顺应自然与社会的境界。"随缘不是随波逐流，而是珍惜当下；当下不在东极妙严，而是内心一念。"星云大师庄严地为"随缘"定了性。

若能随遇而安，便可不贪将来之名，不追既往之悔，不蔽眼前之利。如此何时无安，何地不能安？估计"随遇而安"者都知道这样一个土耳其谚语："上帝为每一只笨鸟都准备了一个矮树枝。"这也是"随所遇而能安"的原因吧。

随所遇而能安者，并非是懦弱者的专利，古龙说："'随遇而安'这四个字本身，就已包含着忍耐坚毅的精神在内。"

杨澜专访台湾舞者林怀民，她说："为了体验天人合一的境界，他做过一个有趣的实验，就是让舞者们在河边被水冲得光溜溜的大石头上躺下来，放松身体，看谁能先睡着！'你一定要完全放松身心，让肌肉顺应石头的弧度，把石头变成一张天底下最舒服的床。'"（《谁能在石头上轻松睡觉》）

就是说"你没法改变石头，也不需要改变自己，你只需要找到两者相适宜的角度"。杨澜的结论是：一个人离开舒适的床，选择到石头上去睡觉，他就有了无限的可能性。

随其所遇就是这么"安"的。

无可无不可

"无可无不可，应世法也。"（罗大经《鹤林玉露》）

此语看到的是这个世界每种境遇无论好坏，实际上又都可以再"一分为二"：既顺且美的日子暗藏令人意志消磨、庸碌无为的危机，而背时厄逆的人生却可能磨炼、提升人的各种素质。因此无论哪种境遇，都既可以活得精彩，也可以活得将自己毁灭。

更何况"天欲祸人，必先以微福骄之，所以福来不必喜，要看他会受；天欲福人，必先以微祸儆之，所以祸来不必忧，要看他会救"（《菜根谭》）。如若哪段时间我们的福享得有些离谱，可得小心低调，老天可能是想让你先得意一下，然后就要来毁你灭你了；反之亦然。

既然"无可无不可"，那么下面这个故事就很好理解了：某艘驶往英国的船，突遇暴风雨，船上的人都惊慌失措，只有一个老太太神情安详地祷告。有人问："您为什么一点都不害怕呢？"老太太说："我有两个女儿，大女儿去了天堂，二女儿就住在英国。刚才风浪大作的时候，我就向上帝祷告：如果接我去天堂，我就去看大女儿；如果平安，我就去看小女儿。不管去哪儿，我都可以和心爱的女儿在一起，我怎么会害怕呢？"

"无可无不可"能助人在无可奈何时镇静优雅，保持淡定风度。无论什么时候，我们能控制的唯有风度而已。

每一种缺陷都有补偿

"母蛙鼓足了气，问小蛙道：'牛有我这样大么？'小蛙说：'请你不要涨了，当心肚子爆裂！'这母蛙真是笨坯，她不该跟牛比伟大的，她应该跟牛比娇小。所以，我们每一种缺陷都有补偿。……因此世界上没有自认为一无可爱的女人，没有自认为百不如人的男子。"（钱锺书《写在人生边上》）

像母蛙那样的"笨坯"在人类里也不少见，人们总是这山望着那山高，强壮的羡慕娇小的，丰满的羡慕骨感的。或者说穿皮鞋的羡慕穿草鞋的，穿草鞋的又羡慕穿皮鞋的。重要的是"自适其性"，静静地享受自己的本性。

世界是平衡的，上帝是公平的。"他给富人以好食物，给穷人以好胃口；给大人物以矮小的身躯，给伟岸者以卑微的灵魂；给馥郁的桂花以可怜的形貌，给不芬芳的牡丹以天仙的姿色。让恶人得到诅咒，但用享乐补偿；让善人获得赞美，但用痛苦折磨；让强大者独处，让弱小者群居。给无爪牙者以翅膀，给不能飞翔者以爪牙……"（吴稼祥《把海水倒进杯子》）

把心放平，挖掘自己的长处，接受自己的短处；有可能的话，将自己的短处变成独具魅力的优势，像卡夫卡那样，利用自己敏感、怯懦的天性，成为伟大的文学家。

精神守恒

不因受宠于人而感到荣耀，也不因受辱于人而觉得自己就黑成焦炭。这就是陶渊明写给自己的《自祭文》中的洒脱："宠非己荣，涅岂吾缁。"

君子都有一个"精神守恒"的传统。《庄子·逍遥游》中的宋荣子是"举世而誉之而不加劝，举世而非之而不加沮"。全世界的人都夸他，他不觉得是鼓励；全世界的人都非议否定他，他也不沮丧；因为他是自己的主人，什么也左右不了他的情绪与人生。这就是因精神守恒而逍遥于世。

阮籍《大人先生传》中的大人先生也是"尊显不加重，贫贱不自轻；失不自以为辱，得不自以为荣"。自己做人的分量不会因为尊荣显贵而加重，也不会因为身处贫贱而失重；无论得与失都不会有或"荣"或"辱"的感觉。

当一个人有较高的精神持守，从而使自己的精神状态甚至身份地位不再受外界影响与左右时，他的精神就达到了守恒性。周国平利用老子思想的精神制作了一个故事，说明当我们成为自己的主人，有了人格精神上的守恒时，谁都无法再有效地侮辱我们。

老子经过一个村庄，一群人围上来辱骂他。老子心平气和地说："我必须及时赶到另一个地方去，你们说累了吗？我的确要走了。若你们没说完，等我回来时再说。"那群人吃惊于老子的反应。老子笑道："你们可以骂我，我可以理解的。如果你们要从我这里得到回应，要看到我被骂得恼火的面孔，那你们就来迟了。如果你们十年前这样对我，我的确会恼火。但今天，你们做不到了。现在我已是自己的主人了。你们无法打扰我，任何外在的欲望都无法打扰我，我已经知道了我自己的中心。"（据周国平《纯粹的智慧》）

超然于世人之上，是一种纯粹的智慧。许多时候恼火愤怒，是因为自己做了他人情绪、观点、看法及态度的奴隶，也就是自己一直是周边环境与他人的奴隶。

甚至很多时候还做了自己的奴隶，为自己不够通达的成见、想法所累，"瞧不起"自己的物质境况，"看不上"自己的外貌尊容，由于"太势利"地对待自己，结果自己把自己奴役了。

据说古代禅师寒山和拾得有这样一段对话：寒山问拾得：世人有人谤我、欺我、辱我、笑我、轻我、贱我，我当如何处之？拾得曰：只要忍他、避他、由他、耐他、不要理他，再过几年，你且看他。

当有人谤你、欺你、辱你、笑你、轻你、贱你时，就请试试拾得这一招，十分灵验好玩。

生气是与人"四七二十七"

富兰克林说："生气永远会有个原因，但很难找到一个合理的原因。"爱生气虽是人之常性，但反省节制易怒的本性，却是无量大德，是人的高贵德性。

张中行先生讲过一个"四七二十七"的故事：曾有两人，一人说四七二十七，一人说四七二十八；说四七二十七的人不服，坚持说四七二十七；另一个人坚决纠正他，一定要他承认四七二十八。两个人争执不下，官司打到县令那里。

县太爷对说四七二十七的人无罪释放，对说四七二十八的打五十大板。有人对此质疑，而县太爷的理由是：那人糊涂到四七二十七的程度了，这人还要和他争执。和糊涂人争论就是更糊涂，不打他打谁？

常人之争，多属于争这种无谓的"四七二十七"。不与人"四七二十七"，也就是不与人争这种无谓的长短。如此心量自可大，和气自可来，烦恼无由生。这是典型的东方"不争论"的智慧。

明白与人"偶尔抵触，亦事之常，定要较量，自取烦恼。我认为圆，人以为方，方则方耳，于圆何伤"（《老学究语》）？生活中的许多摩擦大概正来自于这种"方哥"与"圆姐"定要争个长、较个短。"方哥"与"圆姐"有可比性吗？

有句话说，不要和傻瓜争论，否则人们会分不清到底谁是傻瓜。瞧，与人无谓地争论多么危险！还有一理：在生活的较量中，情绪激动的一方必居于劣势。

如果非要生气，那么生气前请先数数到二十。数到二十多半心气也就平静下来了，不用生气了。如果非要生气，那么生气时请不要做任何决定，显然此时的决定多半是非理性的，不合解决问题的程序的。

我们不是为了生气而活着，也不是为了恨而活着。

我没有时间恨／因为／坟墓会妨碍我／生命／并不那么宽裕／恨，难以完成（艾米莉·狄金森）

生命很短，咱没多余的工夫用来"恨"、用来生气，包括与人做无谓的争论。

除了自取其辱没人能侮辱你

真正能侮辱我们的是我们自己,由于缺乏善意的姿态、不慎的语言方式以及虚荣贪婪等等都会置我们于受辱的境地。

但当我们成为自己的主人时,没有人可以"有效地"侮辱我们。这并非是说我们从此就是没有瑕疵,无可指摘的,而是我们的情绪、心境将不会轻易地受蓄意侮辱者的影响,我们已是自己的主人。

最可厌的人,不过是个可怜人而已。他们的可怜表现在由于没有追求,没有可以依赖的快乐资源,没有快乐的能力,只好靠窥探他人的隐私秘闻、苛察他人的琐屑细事取乐。我们应当怜悯他们,而不是憎恨。这种悲悯可将我们从怨恨中解脱出来。一旦我们怀着"憎恨""厌恶"等等破坏性情绪时,也会立马沦落为可怜人。为什么佛祖与菩萨总是悲悯人世而慈悲为怀?因为那样最明智。

当有足够的智慧,不仅谁都不能再侮辱我们,甚至我们还可以反过来有效地消解那些侮辱性的言行。约瑟夫·基尔施纳《聪明人的圣经》中讲到他人来侮辱我们、令我们生气时的聪明对策,可以将敌对者的攻击行为引向虚无,直到他被自己的力量打败:"如果一个敌对者侮辱你,你不要打断他,你耐心地听他说话,直至他无话可说;如果他很严肃的话,你想办法逗笑他;即使他毫无道理,你也要说他有理,你明确地表明自己的立场,直至对手知道你的底线;你从不为自己辩解,否则你就处于守势。你一小口一小口地吃东西,一小口一小口地喝东西,清醒,从容。"

"你说得对,请继续说。"当有人骂你时,请试试这一招。看看他还能否可持续地把骂你进行到底。

尊严来自不怨天尤人

后印象派画家梵高说:"学会受了痛苦而不抱怨,这是唯一实际的事情,是一门大学问,是需要学到手的一门课程,是解决生活中一切问题的办法。"(欧文·斯通《梵高传》)

年少轻狂时,觉得"不怨天不尤人"是句陈词滥调,但慢慢发现孔子的这句话真是于人生大有实用价值。孔子也感叹没有知己者,但他不怨天、不尤人。孔子行道，而道难行，晚年丧子，最得意的弟子颜渊也早死，皆是可怨天之事，但孔子知道天命，所以不怨天。

孔子不论遭遇如何，不怨不尤之外，仍然求学，上达最高境界，这不是人所能知，只有天知之。所以何晏说："圣人与天地合其德，故曰唯天知己。"圣人的德与天德合一，只有天懂得他，所以他不怕世人不理解自己。只要上天懂我，凡人懂不懂我，无所谓啦。

不怨天尤人是品格，更是精神力量。不怨天尤人，才会保持尊严，聚集力量做该做的事。抱怨不能解决问题，愤恨只能使心情更糟，这是一种恶性循环。带着和解与宽容的建设性态度生活时，或许会体验、收获到更多的解脱感。

"受辱不怨"（李昌龄《太上感应篇》）。当然需要分清别人善意的批评与恶意的诋毁，不要把批评当诋毁。有句话顺便记住：智者受到赞美时，字字反思；愚者受到批评时，句句反驳。

学会等待三天

一位女作家在纽约街头遇到一位卖花的老太太，老人穿着破旧，身体很虚弱，但神情却是一片祥和愉悦。

女作家说："看起来，您很高兴。"老太太说："为什么不呢？一切都这么美好。"女作家又说："对烦恼，您倒真能看得开。"

老太太回答说："耶稣在星期五被钉在十字架上时，是世界最糟糕的一天，可三天后就是复活节。所以，当我遇到不幸时，就会等待三天，一切就恢复正常了。"（据牟玉成《等待三天》）

自从听了这个故事，每当心情在低谷时，我就想起这个"等待三天"。果然第一天虽很难过，但睡一觉起来，次日就好多了。再到第三天，更是轻松起来，甚至还会有好消息传来，有好事开始敲门了。这每次都很准、很灵验。

就把那最难过的时刻当子夜吧，而黎明总会到来不是？"等待三天"，平凡而又充满哲理的生活方式，让人开明豁达。

耐心而乐观地"等待三天"是智慧，更是美德，是良好的人性。

敬重自己病痛的史铁生

作家史铁生被病魔"固定"在轮椅上。有记者曾问他:"你怎么看待你的病?"史铁生说:"我敬重我的病痛!"听着似乎是玩笑。

史铁生解释说:"我把它当作命运派来和我对弈的九段高手,如果我不战而退,那就是彻底的失败,如果我和它周旋过了,即使再失败,虽败犹赢。"

在史铁生那些闪烁着睿智、清明辉光的作品里看到,他已在对弈中赢了;他的思想所达到的高度与深度是当代作家中不多见的。他的灵魂被生命的风雨雷电淬过火,因而非同寻常的健康饱满。这应得自他"敬重"自己病痛的大勇与大智。

学着敬重一切遭遇,感恩一切,是我们普通人想变得不普通绕不开的觉悟与功课。

风雨是必要的

幻想生活纯净得只剩下"幸福"与"快乐"是每个人都有过的天真,而平和地面对生活中的风雨雷电却是每个人不可少的素质。

林清玄有个寓言,说的是一个农夫要求上帝:"全能的主呀!可不可以答应我,只要一年的时间,不要风,不要雨,不要烈日与灾害?"上帝答应了。次年,农夫的田地结出许多麦穗。但收获时,农夫的麦穗里竟然没有结出一粒麦子。

面对农夫的质疑,上帝说:"对于一粒麦子,努力奋斗是不可避免的,风雨是必要的,烈日是必要的,蝗虫是必要的,它们可以唤醒麦子内在的灵魂,人的灵魂也和麦子的灵魂相同,如果没有任何考验,人也只是一个空壳罢了。"

这个寓言让笔者还琢磨这样一个问题:不能说世上的人没有经过考验,没有经历风雨雷电,但为什么有那么多灵魂没有被唤醒而终于成为生命的"空壳"?是不是他们没有"敬重"那些"风雨雷电"呢?

拒绝生命中的风雨雷电如同拒绝成长,需要像史铁生敬重自己的病痛一样"敬重"我们生命中那些风雨雷电。

紫罗兰的宽恕

"一个人踩烂了紫罗兰,那紫罗兰却把香味留在了他的脚跟上,这就是宽容!"有人如此美丽形象地描述宽容。

一个人能宽恕到怎样的程度?日本的白隐禅师给我们展示了一种"宽恕精神的极致风景"。白隐禅师是位生活纯净的净行者与可敬的圣者。

有对夫妇及女儿与白隐相邻。不意间,夫妇俩发现女儿怀孕了,可不肯招认的女儿最后说出"白隐"两字。他们去找白隐理论,大师只若无其事地答道:"就是这样吗?"孩子生下来后,就被送给白隐。名誉扫地的他却细心地照顾孩子,白眼或是冷嘲,他总是处之泰然。

后来女孩坦白:不是白隐。她的父母去致歉乞谅,白隐淡然如水,轻声说道:"就是这样吗?"仿佛不曾发生过什么事。"就是这样吗?"那么慈悲,那么轻柔。那是恒久的忍耐化为无形的坚毅,那是凡事包容化成无上悲悯。短短的一句话里,蕴含了无限的慈悲与智慧。(据林新居《慈悲与智慧》)

白隐禅师的这种宽恕的极致境界,也许不会有几个人可以达到。但禅师已经把最难宽容的事"替"我们大家做了,剩下的一般难度都不会如此高,不妨试着做几件吧。

不应有恨!"恕心养到极处,只看得世间人都无罪过。"(吕坤《呻吟语》)宽恕别人首先得益者是我们自己,因为这是不拿别人的错误来惩罚我们自己。宽恕别人就是解放自己,这是超脱兼解脱。

宽容不能改变过去,但会放宽面向未来的心与路。所以,南非大主教认为宽恕真正的含义是:解放受难者。

有三位士兵站在华盛顿越战纪念碑前。士兵甲问:"你已经宽恕了那些抓你做俘虏的人吗?"士兵乙答:"我永远不会宽恕他们。"士兵丙说:"这样,你仍然是一个囚徒!"

笔者不信教,自小觉得世上最离谱的话之一就是:打你左脸,把你的右脸也伸过去。长大了,了解了以上故事与道理,才知道基督教的这句宽恕名言是伟大的并有可操作性的永恒智慧。

那些极致的宽容美得不比紫罗兰差,因为那是极致的人性之花。

勿把他人当圣人要求

宽容的人生有时还需要不把别人当圣人要求。

> 此心常看得圆满，天下自无缺陷之世界；此心常放得宽平，天下自无险侧之人情。（《菜根谭》）

我们在自己并不完美也不可能完美的情况下，却常用圣人的尺度要求他人，并因此而积累了许多怨怼。期望别人对自己的言行举止"应该"达到无可挑剔、令人满意的地步，要求别人"应该"怎样、"必须"如何地对待自己。结果是对自己刻薄、对他人也刻薄，自己活得不轻松、不痛快，别人在自己面前也被"要求"得难以轻松痛快。还是谨记古训：

> 心体澄澈，常在明镜止水之中，则天下自无可厌之事；意气和平，常在丽日光风之内，则天下自无可恶之人。（《菜根谭》）

吴稼祥《一杯沧海》中有一段话讲得很智慧："古话说：'水至清则无鱼，人至察则无徒。'我以为人可以至察，但不可至究。不至察，可能没有知人之明；如至究，也许天下没有可用之人。要有至察之明，更要有容人之量。"

宽恕"极限行动"

1991年11月1日，一位名叫卢刚的中国留学生，在他刚刚获得爱荷华大学太空物理博士的时候，射杀了这所学校的三位教授、一位留学生以及女副校长安·柯莱瑞。美国人对这起恶性事件的反应完全超出我们的思维方式与情感状态之外。

安·柯莱瑞是爱荷华大学最有影响的女性之一。她出生在中国上海，对中国很有感情。

美国人从为安举行的葬礼开始，有三件事表现出了非凡的精神境界：先是在葬礼上，德沃·保罗神甫说："假若今天是我们的愤怒和仇恨笼罩的日子，安·柯莱瑞将是第一个责备我们的人。"当我们的亲友被无辜杀害后，保罗神甫所说的话对我们中国人是非常陌生的。

第二件令我们吃惊的是，安·柯莱瑞的三位兄弟以姐姐的名义捐出一笔资金,宣布成立安·柯莱瑞奖学金基金,用以安抚和促进外国学生的心智健康,以减少类似悲剧的发生。

第三件更是绝对超常。她的兄弟们竟然能克制悲痛,宣读了一封致凶手卢刚家人的安慰信:

> 我们经历了突发的巨痛,我们在姐姐一生中最光辉的时候失去了她。我们深以姐姐为荣,她有很大的影响力,受到每一个接触她的人的尊敬和热爱——她的家庭、邻居,她遍及各国学术界的同事、学生和亲属。
>
> 当我们在悲伤和回忆中相聚一起的时候,也想到了你们一家人,并为你们祈祷。因为这个周末你们肯定是十分悲痛和震惊的。
>
> 安最相信爱和宽恕。我们在你们悲痛时写这封信,为的是要分担你们的悲伤,也盼你们和我们一起祈祷彼此相爱。在这痛苦的时候,安是会希望我们大家的心都充满同情、宽容和爱的。我们知道,在此时,比我们更感悲痛的,只有你们一家。请你们理解,我们愿和你们共同承受这悲伤。这样,我们就能一起从中得到安慰和支持。安也会这样希望的。(据张守管《宽恕伤害过自己的人》)

坦白地说,这是一封最震撼过我的信,是最令我精神开明的重要资源。

三十三支蜡烛

2007年4月16日,美国弗吉尼亚理工大学一名叫赵承熙的韩国留学生,射杀了32位师生后自杀。

在弗吉尼亚理工大学为遇难者举办的守夜祈祷仪式上,点燃的蜡烛竟然是33支,为凶手赵承熙也点燃了一支。一位牧师说:"这里的每一根蜡烛都象征着一个生命,它们现在都很平静,我相信他们都在上帝那里得到了安息。当那位凶手开枪的时候,我相信他的灵魂在地狱里,而此刻,我相信上帝也和他的灵魂在一起,他也是一个受伤的灵魂。"

曾有中国留学生与美国教授谈起此事时说:"有32个家庭受到了伤害。""不,是33个家庭。"教授严肃地纠正。

联系前文保罗神甫的话,我们更知道了这些宽恕背后的基督教文化背景及其力量:"不仅如此,在校方举行的悼念仪式上,放飞的气球是33个,敲响的丧钟是33声,次日安放在校园草坪上的石灰岩纪念碑是33块,其中一块碑上写着'2007年4月16日赵承熙'。赵的纪念碑旁边也放着鲜花和蜡烛,还有一些人留下了伤感的纸条。其中有两个纸条是这样写的:'希望你知道我们并没有太生你的气,不憎恨你。你没有得到任何帮助和安慰,对此我感到非常心痛。所有的爱都包含在这里。劳拉'。"(据狄马《有一种怯懦叫宽容》)

为什么我们只想到32而想不到33?那让我们惊讶和意外的33究竟意味着什么?

对云南大学学生马加爵事件的反应,我们表现得是否太粗糙了?

是什么原因?在马加爵的心灵滑向黑暗时,竟然没有人察觉。是什么原因?在悲剧发生后,我们没有人能够说出这样的话:"你没有得到任何帮助和安慰,对此我感到非常心痛。"

这里不应有局外人、旁观者。为什么在这里,人文关怀如此缺席?

仇恨使我们更加软弱

要说,我们民族文化中缺乏这种宽恕、包容的神圣传统,也不是事实。如《菜根谭》中说:"我果为洪炉大冶,何患顽金钝铁之不可陶熔;我果为巨海长江,何患横流污渎之不能容纳。"

但我们更缺乏的是有效地将传统文化精神长久深入人心的文化机制,只能让精神的神圣成为个别圣贤或文化精英的修养,而不大会在较多的普通百姓中也诞生"安的兄弟""劳拉"们那超越的言行。

南非前总统曼德拉曾坐牢27年,入狱之前,他的脾气暴躁;在狱中,他发现这样只能给他带来更多的对立,不可能争取到一丝一毫可用的资源,于是决心彻底更改。我们可以想象这种改变的艰难程度,因为一个被不公正惩罚的人,完全有理由放纵自己的愤怒。

可曼德拉偏偏从可寄托的惯性中开始了"灵性流亡",最终,这个人在狱中赢得了全世界的尊重——包括曾经以暴力对待他的看守。在他的总统就职典礼中,来宾就包括他的两个狱中看守。温和的曼德拉说:如果我不能包容曾经仇恨我的人,那我的牢不是白坐了吗?

记住曼德拉的超越仇恨的包容精神，也记住《菜根谭》中的相关智慧，让这些都成为我们日后学会包容的精神资源："念头宽厚的如春风煦育，万物遭之而生；念头忌刻的如朔雪阴凝，万物遭之而死。"

理想的信奉道教的人不会说一个人是"一个多么可恶的讨厌鬼"。相反，他可能会说："这么可怕的事情发生在他身上真是不幸啊！"

愤怒和仇恨只会让我们变得更加狭隘、更加软弱无力。

超越仇恨也超越正义

印度圣雄甘地当年发起"非暴力不合作运动"来对抗英国。当时在印度教和伊斯兰教之间，也是暴力不断。甘地便以绝食来呼吁停止暴力、争取和平。面对来自各方面的攻击，他则报以不抵抗姿态。

他说："如果我们用残暴来对付邪恶，那么残暴所带来的也只能是邪恶。如果印度想通过残暴取得自由，那么我对印度的自由将不感兴趣。""用剑得来的，也将因剑而失去。"他这极富神性的、柔弱如水却刚强似铁的姿态终于成为超越印度国界的人类永恒的精神财富。

深受甘地非暴力精神影响的美国黑人领袖马丁·路德·金曾说："我梦想有一天，在佐治亚的红山上，昔日奴隶的儿子将能够和昔日奴隶主的儿子坐在一起，共叙兄弟情谊。"面对二十万黑人同胞，金没有鼓动他们的正义感，没有强调仇恨与复仇。他遏止了黑暗与黑暗的对峙、仇恨与仇恨循环的可能性。甘地与马丁·路德·金如神的存在姿态是人类的骄傲。

人类需要正义，需要扛着正义的旗帜前行，然而人类更需要适时将正义的旗帜放下。因为正义的旗帜还不能彻底挥去社会上的黑暗、残酷与无耻的黑云，人类还需要更高更开明的智慧拨云见日。

佛教《华严经》有一"回向品"，讲的是"回真向俗""回智向悲"，这种真俗圆融、智悲不二混合对立、扬弃对峙的精神是大超越。"不应有恨"的悲悯情怀与超越仇恨的"和解"是人类的终极追求，不让我们陷于"仇恨——复仇——更加仇恨——更要复仇"的恶性循环，不让失去底线的复仇变成解恨的唯一方式。在"非暴力"精神中让人性升华、让人性凯旋！

因此需要记住："从事社会改革的理论设想和实践时，如何对待社会上的黑暗、残酷、无耻，如何从这些黑暗、残酷、无耻中挣脱出来，以超越和悲悯的态度来革除一切不义。对于有头脑有志气的人来说，这是非常严峻的考验。一个投身于社会改造的人，其最初的动力也许来自仇恨和正义的激情，但最终的态度应该是超越仇恨、也超越正义的。正义是社会层面的情感，而从事社会改造的最根本的精神力量，一定是超社会的，一定是来自某种终极理想的。为了做好人间的事情，仅有人的力量还远远不够，必须有作为人的精神支柱的信仰的介入。"
（摩罗《马丁·路德·金的梦想》）

当狭隘地抱持"正义"时，自以为代表"正义"时，这种"正义"就会像锤子，然后见什么都会像钉子。超越仇恨之后还要超越正义，唯此"正义"才不会沦为下一轮复仇的当然"旗帜"。

夏篇·艺术

大学人文小品读本
DAXUE RENWEN XIAOPIN DUBEN

艺术让人成为人

艺术让人成为人，意为艺术帮人建立起丰满的人性，拥有瑰丽的生命；建立人性、修饰提升生命不仅是艺术，也是人文的核心追求。

艺术让人成为充分的、真正的人。它使我们更自由、更丰富、更细致，也更有生命力。艺术创作，在每一个人的生命中都是重要的。

艺术品述说事物本质的真实，艺术品是人性充分而美的展示，因此"人"与艺术品零距离。"我们在自然界和历史界所碰到的一切事物中，正是艺术品最直接地向我们述说。它具有一种支配着我们整个存在的神秘的亲近性，似乎在艺术品和我们之间根本不存在距离，而我们同艺术品打交道就好像同我们自己打交道一样。"（伽达默尔《哲学解释学》）

画家燕娅娅说："每当太阳升起，阳光透过窗幔射进我小小的画室，我会由衷地感谢生活，因为我在画画。"

艺术创作的意义，也许就是生命在阳光下存在的意义。艺术创作与展现生命力的关系是："一个在成长中接触过艺术创作的人在色彩、声音、形状、质感、节奏等方面培养起的敏感，正相当于储存的生命潜能被开掘了出来，将来这个人从事任何一种专业，他的生命敏锐度，才会是比较活跃的，这才是艺术创作本质的意义所在。"（蒋勋《艺术概论》）艺术创作是健全生命的必备条件。

常人的遗憾就是将艺术创作的想象力与激情统统留给了艺术家，不知艺术创作也应是自己的天赋人权，且是从事任何职业的人都应该具备的能力。

我们通过欣赏画作，获得对生活更丰富的体验，使视觉由粗枝大叶变得细致而有层次。天生的耳朵与眼睛显然是不够用的，用那些伟大的音乐与画作重新塑造我们的耳朵与眼睛就是如此地必要。

不应拒绝艺术，也不应让艺术成为少数人的专利，虽不必成为艺术家，但一生中保持对艺术足够的尊重、欣赏能力甚至创造能力，不仅是重要的，更是必要的。

让人成为人，莫过于艺术。

审美就是照亮

"自有渊明方有菊,若无和靖便无梅。"(辛弃疾)

艺术纯属意象的世界,而意象则是主观情意与客观物象的结合。没有陶潜(渊明)赋予菊花高洁的情调,没有林逋(和靖)带给梅花的孤傲境界,菊花与梅花就只是生物意义上的花,而不是艺术审美的花。

没有莫奈就没有睡莲,没有梵高就没有向日葵。"美不自美,因人而彰。"(柳宗元)在艺术家出现前,自然里没有美。"中国人这支笔,开始于一画,界破了虚空,留下了笔迹,既流出人心之美,也流出万象之美。"(宗白华)

"象如日,创化万物,明朗万物。"(宗白华)"意象世界是'天地之外,别构一种灵奇','总非人间所有',就是说,意象世界不是物理世界。"(叶朗)是艺术家的生命照亮了菊花、梅花、睡莲及向日葵,然后我们才真正看见了它们的存在,同时,我们的生命也被照亮。

最能说明审美就是照亮的例子是王阳明的一个对话:

> 先生游南镇,一友指岩中花树问曰:"天下无心外之物,如此花树,在深山中自开自落,于我心亦何相关?"先生曰:"你未看此花时,此花与汝心同归于寂;你来看此花时,则此花颜色一时明白过来:便知此花不是你的心外。"

艺术家之所为,就是让世界的颜色一时明白过来,就是创化万物、明朗万物!

瑞士思想家阿米尔说:"一片自然风景是一个心灵的境界。"我们是通过艺术家的心灵境界才看到一片自然风景的,我们在艺术中所观赏的自然风景实际是欣赏艺术家"灵魂中升起的风景",是艺术家妙造的自然。

诗人与艺术家照亮世界。说白了,世上若无艺术家,我们啥也看不见,只能看见世界是物质的。

我审美,我存在

我审美,我存在!

在记述魏晋风度的《世说新语》里有一则故事:

道壹道人好整饰音辞,从都下还东山,经吴中。已而会雪下,未甚寒,诸道人问在道所经。壹公曰:"风霜固所不论(本来风霜没有什么可述说的),乃先集其惨澹(不过是先凝聚暗然惨淡的氛围);郊邑正自飘瞥(郊外正在雪花飘飞),林岫便已皓然(山林却已经一片洁白)。"

　　道壹道人是一个喜欢把话说得优雅漂亮的人,有次从京都返回住地途中遇雪,其他道人问他有何感受。他没有敷衍,而是毫不含糊地、很正式地用四句十分典雅的语言描述下雪的情景。

　　道壹道人显示出一种十分自觉地以华丽的精神抗拒粗糙现实的生命趣味,这种派头是正宗的魏晋风度。道壹道人没有什么可以彪炳史册的伟绩,但就是因为他"好整饰音辞"这种对生活的自觉的审美态度而永恒存在于魏晋风度中。

　　"审美经验揭示了人类与世界的最深刻和最亲密的联系。他需要美,是因为他需要感到自己存在于世界。"(杜夫海纳《哲学与美学》)审美性存在是人类最具本质性的存在方式,也是最具人性的存在方式。人需要美,不是为了别的,"是因为他需要感到自己存在于世界"。也只有人才有这种需要。

　　我审美,我存在! 这不仅是一个艺术美学的问题,也不简单是一个哲学问题,它是一种关乎生活方式及生存意义的生命智慧问题。生命如同一张铺开了的纸,不可承受之轻时时伴随着它。审美的意义就是镇纸的作用,无此,生命就会随风而起、飘向虚无之乡。

　　笛卡儿说,我思故我在。然而仅有"思"的存在还不是人充分的存在。在审美中,人的存在才是完整、完美且自由自在的存在。故我审美,我存在。

在审美中人类相互认识

　　审美似灯如镜,它照亮并映照着人类自身的生命。审美就是"在人类面前展现人类自身"(伽达默尔《真理与方法》)。

　　美学家指出,美学确比任何时代更成为一种人类本体性的存在:"就古典意义而论,美学确实是一种'学问''学术',但就现代意义而论,它却更是一种精神、一种传统、一种对于人类精神家园的守望。或者说,一种'主义'。"(潘知常《反美学》)而任何"主义"都不过是一种特定的生活态度而已。

人所可能爱的首先是自然与艺术，这应是人类所有的"主义"、所有"爱"的底色。将西方传统的认知本体论转向爱的本体论的哲学家舍勒看到，所谓现象学首先是一种态度的艺术。因此，"只有当我们爱事物时，我们才能真正认识事物。只有当我们相互热爱，并共同爱某一事物时，我们才能相互认识"（《爱的秩序》）。

"我审美，我存在"的本体意趣最终也就指向通过我们共同地爱自然与爱艺术，而达到我们不仅认识事物而且还能"真正相互认识"；在共同爱某一事物时，通过这种深度沟通来确认我们原来是"同类"，我们都是"人"。

是爱与审美让一切在它应有的秩序里。

艺术防止生活变得无趣

一个人只拥有生存的现实世界是不够的，他还应该拥有诗意的浪漫世界。

"没有想象力，你就只能过一种人生，待在你不得不待的一个地方，终于变成一个真正的穷人——一个人生历验与情感格局有限的人。"（未名）艺术感觉是人类的本质（人类之为人类的本质），是人性全面发展的一个标志。异化的生活会令人丧失这种本质，艺术的存在意义也是为了防止生活的异化。

尼采说："我们拥有艺术为的是不死于事实。"这里所谓"事实"指人必然死亡，而这是平庸的必然，因为它排除了由自己设计、掌控的那份自由感。当我们把一生的无数个日子过得没有激情梦想、没有任何有趣的偶然的点缀、意外历险的刺激等等的时候，生命就是一个电线杆，而非枝叶葱茏的大树，死时就像电线杆一样光秃秃地倒下，这就是"死于事实"。

"艺术可以防止生活变得无趣。"（王小波）这才是艺术本质的力量。欣赏艺术的能力与创造艺术的能力是人类迄今为止所找到的、最有效地防止生活变得无趣的方法。所以希区柯克说："戏剧就是删除了枯燥片断的生活。"比格斯贝也说："艺术的真实目的，其实生活也一样，是扩展我们对现实的限定，直至包括奇妙事物为止。"

诗意的生活可令我们避免纠缠于表面有用的东西，多一些感觉、享受生活的维度。人性的升华与这种精神上享受生活空间的自觉拓展显然有着正比关系。"人之于生唯有携带了'精神'才是真正在生活，才是真正拥有了生命。"（史

铁生）

　　生活作为整体和无限，无法被陷于一事一物纠缠中的俗人过得更充分、更有兴味，只能因碎片化、有限化的生存而局促、狭隘。这样的人的一生也只能待在他不得不待的地方；不能想象其他的人生无限风景，更遑论去经历、享受这样的人生。"幸运的是有了艺术，我们所看到的世界是成倍增殖的多样化世界，而不只是一个世界，我们自己的世界，而且，因为世间有着为数众多富有原创性的艺术家，因而有着如此之多的世界可供我们自由地观看。"（安德烈·马尔罗）

　　你是否感到过，生而为人之幸之趣，并且其幸其趣大半缘于人生有艺术的存在？

无所为而为的趣味

　　袁宏道认为"无往而非趣"是儿童世界之妙味。凡事太功利，太讲究"有所为而为"，是成人生活无趣的一大症结。

　　怎样才算趣味？朱光潜先生说得精到："凡一件事做下去不会生出和趣味相反的结果的，这件事便可以为趣味的主体。"比如，赌钱，有趣味吗？输了，怎么样？吃酒，有趣味吗？病了，怎么样？做官，有趣味吗？没有官做的时候，怎么样……诸如此类，虽然在短时间内像有趣味，结果会闹到俗语说的"没趣一齐来"，所以这些皆非趣味。凡趣味的性质，总要以趣味始，以趣味终。

　　趣味最讲究"无所为而为"，凡"有所为而为"的事，都是以另一件事为目的，而以这一件事为手段工具。孩童游戏时，纯粹是忘乎所以地"为游戏而游戏"，很容易玩痛快淋漓。如果孩子一心想通过堆个沙堆、和个尿泥之类游戏谋求三好生、副教授什么的，也就无趣得很了，事实上从来没有一个孩子是如此傻笨的。大人活得无趣，多半缘于做事目的性太强、太看重结果。

　　朱先生说："你问我：'为什么做学问？'我便答道：'为学问而学问。'或者答道：'为我的趣味。'诸君切勿以为我这些话是故弄玄虚，人类合理的生活本来如此。小孩子为什么游戏？为游戏而游戏。人为什么生活？为生活而生活。为游戏而游戏，游戏便有趣；为体操分数而游戏，游戏便无趣。"

　　而拥有"无所为而为"的趣味本身也正是在创造中享受生活。你肯享受这种不假外求、不会蚀本、不会出毛病的趣味世界吗？朱先生教你一法："把自己所做的学问事业当作一件艺术品看待，只求满足理想和情趣，不斤斤于利害得失，

才可以有一番真正的成就。伟大的事业都出于宏远的眼界和豁达的胸襟。"（朱光潜《谈美》）

把自己的学问或事业当艺术品，无非就是把自己提升到"泛艺术家"的层次，既能搞出伟大的学问与事业，也让自己此生玩爽、玩出格调境界。咱们来世上玩，就是这么玩的。

艺术本来就是"成人的玩具"，可是目的性、功利心太强了，它便不再好玩，会堕落为"成人的工具"。

为艺术而艺术

"为艺术而艺术"是爱尔兰唯美主义作家王尔德的艺术主张。

很久以来，我们也都将它视为是纯粹的西方理论，而且是"资产阶级的一种腐朽观念"。

滕守尧先生讲了自己一个有意思的发现："笔者曾经像大多数人一样，把现代西方流行的一些先锋观念，如形式主义等，追溯到西方唯美主义美学家王尔德的'为艺术而艺术'的理论。直到有一天，我亲自找到王尔德的书详细阅读时，才惊奇地发现，原来'为艺术而艺术'是王尔德认真读完了庄子的著作，并对'无为而为'的思想有了深刻体验之后的产物！这是连王尔德自己也承认的。然而我们的教科书却明白告诉我们，'为艺术而艺术'是西方资产阶级的一种腐朽观念。"（《文化的边缘》）诸如此类荒诞的误解我们是不是还有？

艺术概论之类的书中常让艺术具有三大功能：认识、教育、审美。不能说不对，但还是有些走偏，特别是它导致我们的艺术趣味不正。回到"为艺术而艺术"，艺术趣味才会纯正。不要担心艺术只"为它自己"就不能再发挥教育人民、认识社会、反映生活的功能。只要知道艺术存在的本体意义，这种担心不仅是杞人忧天，还会把艺术的面目逼得非驴非马。

"艺术的目的即是为生活赋予形式。"（让·安努耶）"艺术教给人们的不是别的，正是生活的意义。"（亨利·米勒）所以，只要是真艺术，它必定会意义非凡，价值无限。别怕艺术太自私，只为它自己。应该怕艺术"无私"起来为别的什么，那结果却会很严重——导致生活的价值混乱、意义扭曲、趣味不正。

艺术的本质是自由的，因此它超越功利；艺术的存在是自足的，因此它就是自己的目的,受庄子影响的"为艺术而艺术"主张说的就是这个意思。

美学之用在脱俗

美学之用,在于脱俗。

让我们引用当代美学家这方面的共识。朱光潜先生指出:"什么叫做'俗'?这无非是像蛆钻粪似地求温饱,不能以'无所为而为'的精神作高尚纯洁的企求;总而言之,'俗'无非是缺乏美感的修养。"(《谈美》)

周宪《美学是什么》说:"跳出美学的知识性,你可以看到美学更像是一种带有人文意味的生存智慧。"

朱立元《美学》说:"美学不仅仅是一个对世界的区域性、局部性的考察,它同时也为全面的人生观、世界观提供了一个贯通性视角。"以"贯通性视角"定位美学的存在十分精准。

叶朗《现代美学体系》说:"审美教育的一个目的就是使人能够'免俗'。所谓'免俗'就是要有一点超越精神。"

总之,审美教育可以让一个人获得自由做人的无限可能与乐趣,而这就是超越、就是脱俗。

诗在中国曾起到类似宗教的作用

中国是诗的国度。对这"诗的国度"的理解更应从诗曾在中国古代所发挥的无与伦比的作用中去理解。

诗歌在中国古代曾经起到类似宗教的作用:"诗似乎也没有在第二个国度里,像它在这里发挥过那样大的社会功能。在我们这里,一出世,它就是宗教、是政治、是教育、是社交,它是全面的生活。"(闻一多《从宗教论中西风格》)

诗在中国曾是全面的生活,事实上意味着"诗意地栖居"在中国古代不仅是一种生活理念,而更是一种已实现了的生存方式。诗不仅笼罩着一般生活,古人甚至将最可能宗教化的丧礼、祭礼等都同化、修正为诗。

我们用诗取代了宗教,又将诗的功能衍化成一种泛宗教而广泛影响着中国人的情感方式与生活方式。超越了宗教的非理性与迷信，也超越了过于理智的存在，在更高的境界上将理智与情感折中在一种诗化、礼化的生活方式里。中国应是一个"诗礼的国度"。

痛苦化为美丽

陶渊明一生几乎没有"成功"过。

但仔细去观察他的精神境界，去感受他的生活状态，却恰恰给我们带来一种相反印象，那就是经过种种艰难困苦的生活以后，他却达到了一种真正意义上的人生幸福的结局。

倒霉的陶渊明竟然是幸福的。我们的理由是，在他的生活中，痛苦已化为美丽，绝望已变成升华。他淳美的诗文境界，他高妙的思想境界就是这美丽、这升华。更重要的是他过了自己想过的生活，他当然是幸福的。

痛苦化为美丽、绝望变成升华，艺术带给我们的这种慰藉是广泛存在的。平衡、升华我们的情绪与精神，莫过于以艺术的方式了。比如，细雨冷雨晚雨、漂泊阻隔迷离忧伤等等是李商隐诗的主要意象，他对它们进行了人文性、艺术性的开掘与升华，读者的心灵也同时得到一次更文雅、更升华的人文陶冶。"即使是畸零不幸的身世，也能带来那么深幽的美的体验，带来那么感人的诗情诗心诗作，带来那令人激动的读者与诗人的温馨的心灵交会。诗是巨大的补偿，义山的未尽之才，在诗里其实是尽了。"（王蒙《双飞翼》）痛苦得美丽，绝望得升华，是艺术家独享的生命自由。

刘勰《文心雕龙》中曾对艺术家将痛苦升华为艺术作品有个很传神的比喻，那就是"蚌病成珠"。

珍珠是怎样形成的？珍珠的华贵光彩来自何处？那是蚌苦难生命的升华结晶。

诺贝尔文学奖的价值导向

在诺贝尔遗嘱中，规定将文学奖颁发给"在文学方向曾创作出有理想主义倾向的最杰出作品的人"。

如果梳理一下历届诺贝尔文学奖颁奖词，就会看到这样一些关键词：理想主义、人道主义、高贵的人性、良知与自由、艺术激情等等。

莫言的作品打动评委会的也正是这一点："我的文学表现了中国人民的生活，表现了中国独特的文化和民族的风情。同时我的小说也描写了广泛意义上的人。"文学是人学，从精神层面关注人生，给读者以精神慰藉。

学者谢有顺认为获奖作品和作家应具备四个要素。首先作品是写乡土的。其次是作品具有社会批判性。作家从来不是社会的合唱者，而是反思者和批判者。第三是必须用现代的手法来写作。第四是作家还必须有自己的写作理论。

然而，正如学者马步升指出的：莫言获奖并不说明中国当代文学整体水平可与世界文学抗衡。原因有二：一是价值观单一、情怀粗糙。文学应创造一个有可能发生的世界，而中国当代文学大多还处在追述已发生之事层面。文学应表现"心灵的神话"或人性中的神性。二是文化及传统含量稀少。现当代小说存在着与传统及民间文化严重断裂、知识悬空与价值缺席的问题。中国当代文学整体水平不容乐观。

瑞典文学院对奈莉·萨克斯（1966年诺奖获得者）的评语也可以告诉我们，我们的作品缺什么："她以动人的情感张力，描述了犹太民族具有世界性的悲剧。她把这一悲剧注入苦涩的美感，在抒情式的哀歌和戏剧性的传说中表达出来。她完全被她的同胞的信仰和神秘的宗教观所感染，创造了一个意想中的世界：既不回避死亡集中营和焚尸炉恐怖场面的真相，又能超越被迫害者的仇恨，对人类的堕落表现出真实的哀伤。"

这就是诺贝尔文学奖的价值导向之一：呈示苦难的真相，是为了悲悯人类的堕落，是为了朝向光明。

没有诗就没有实在

"没有诗，就没有实在。"

这是德国弗·施勒格尔提出的浪漫主义总纲领。这不仅是一个艺术问题，也更是一个哲学与人生意义的问题。

物质只是生命的条件，而精神与艺术的存在则显示着生命的真正意义与价值，这就是"诗"（广义的艺术）的绝对"实在性"。人的生存是一个需要享受"有精神文化含量的物质"的存在，是需要"诗意地栖居的存在"。只有在"审美性的存在"中，我们才真正作为"人"而存在。艺术的存在本身就是一种"实在"的人生幸福结局：在艺术中我们能够将"痛苦化为美丽，绝望变成升华"。

德国早期浪漫派提出了人生向诗转化的学说，希望在诗的国度里消除束缚、庸俗和一切对立，达到绝对自由，从而在由诗的想象、激情、爱、幻想给有限的生命带来的出神状态中，把握住超时间的永恒。他们把诗变成了一种实在，认为"诗是真正绝对的实在"（诺瓦利斯），"没有诗，就没有实在"（No poetry, no reality——施勒格尔）。还有比诗意地存在更真实的存在吗？

很喜欢《意林》页边格言对诗的表述："诗是大量的欢乐、痛苦和奇迹，再加上少许文辞。"太正确不是？在坚持诗的文字状态时，人还应坚持泛诗意的生活态度与泛诗意的生活方式，因为时刻维护并创造生活的诗意，是人类的永恒宿命。

"之所以爱夜，是因为夜向'我'隐藏了周围的世界，把'我'赶进自身。"（诺瓦利斯《夜颂》）我愿意为它续写一段：之所以爱诗，是因为诗向"我"隐藏了周围虚幻的世界，把"我"赶进真的存在……

没有诗，我们都活不下去

台湾《讲义》（月刊）上说："诗人的工作是用优美文字将我们共有的感情——很深刻、很重要，却又非常难表达的感情——充分表达出来。没有诗，我们都活不下去。"

是的，人类一天都离不开诗。德国哲学家谢德林则说得更恐怖："即使美和艺术只沉寂一分钟，其后果的严重也不下于人类的死亡。"如有人宣称他可以离开诗而存在，那他肯定还不是"人"。有的人过日子仅止于温饱，有的人则在温饱之外，还尝试着追求精神的成长与升华，从而进入人的生命境界。

墨西哥诗人帕斯认为："诗歌启发我们，向我们揭示我们自身的秘密事物，令我们着迷。尤其是能使世界变成另一个，能展示现实的另一面。"诗及一切艺术存在的必要，就在于它们是人类超越有限的生活而至无限与自由之境的渡桥。

"至亲唯有诗。"（孟郊《吊卢殷》）

诗人是谈最主要问题的人

"诗人是谈最主要问题的人。"（伊丽莎白·布朗宁）

诗歌中的人文性和自由性内在地含有一种超越精神，它超越外在世俗性和物质性的束缚，超越狭隘的自我，在天、地、神、人之间寻求一个持久可靠的支点。这个"支点"是人类不可或缺的。

海德格尔的著名论断是：有诗意的艺术品是"真理的场所"，真理是在艺术品中发生的。尼采《权力意志》说："艺术的本质始终在于它使存在完满，它产生完美和充实，艺术在本质上是肯定、祝福，是存在的神化。"

诗也让人拥有真正的力量，诺奖得主布罗茨基说："一个阅读诗歌的人比不阅读诗歌的人更难战胜！"这样的人尤其不会被世俗的、物质化的力量所轻易击倒。

不读诗，怎知什么是人类与世界的"主要问题"？不知主要问题，就会不知生命的中心，活着肯定容易跑题。

作家是榆树，却可以结出梨来

阿根廷作家博尔赫斯有篇小说《皇宫的预言》。

作品写一个诗人去参观皇宫，最后写了首诗赞美皇宫，但皇帝看了以后，愤怒得把诗人杀了。因为诗人诗中所构筑的皇宫比他的皇宫还像皇宫。

哈哈！诗人写出了皇宫，真实的皇宫就变得虚幻并消失，这就是皇帝怒杀诗人之因。这个故事可以引申出这样的意思：我们现在所接近的真理都是诗人说出来的东西。

墨西哥诗人帕斯说:"作家是榆树,却可以结出梨来。"帕斯说得太保守了,岂止梨?诗人这棵榆树上还能"结出"皇宫来。当然,岂止皇宫。看下文就知道诗人是"谁",是老几?

诗人,照我算计,该列第一

"一个伟大的诗人就是一面最美的旗帜,大凡有智识的战士会聚集在这面大旗的周围。"(蒂克《新民间诗》)

说诗人是"一面最美的旗帜"还太客气、太保守,美国女诗人艾米莉·狄金森宣告,《诗人,照我算计,该列第一》:

> 诗人,照我算计/该列第一,然后,太阳/然后,夏季,然后,上帝的天堂/这就是全部名单/但是,再看一遍,第一/似已包括全体/其余,都不必出现/所以我写,诗人,一切/他们的夏季,常年留驻/他们给得出的太阳/东方会认为奢侈/如果,那更远的天堂/像他们为他们的崇拜者/所准备的那样美/在情理上就太难证明。(江枫译《狄金森诗选》)

你看,诗人不仅谈"主要问题",那些生活中最主要东西——太阳、夏季甚至上帝的天堂,诗人都能给得出。

还要注意,诗人抒发的不是个人情绪。柏拉图说过,诗人是代神而言。

明白了这些,以后就请对诗人客气尊重些吧。

诗是一种惊奇

作家张洁第一次看见白玉兰花,便"一见倾心"。

她觉得"非常高兴",因为"花极优雅",似有一种"幽怨"之美,为此,她感到"遗憾",甚至开始"可怜自己",与白玉兰花相见太晚了。

无论对于创作者还是欣赏者,对自然世界、对社会生活都必须有一种基本的诗意素质,一种惊叹世间万物神秘性的情感。"诗是一种惊奇、一种对于人生世相的美妙和神秘的赞叹,把一切事态都看得一目了然,视为无足惊奇的人们就很

难有诗意或是见到诗意。"（朱光潜）

"世界本质上是诗的，它的意义只是它本身。其重要性在于它存在，以及我们知觉它存在：这真是一项大神秘。"（奥尔德斯·赫胥黎）世界本身足够神秘，只要用热诚深情、用赤子之心去感知，便已有无限的诗意在那里存在。

春夏之交，地上第一次形成树荫时，你看到了吗，你觉出它的"了不得"吗？你把它当诗来惊奇了吗？陶渊明《与子俨等疏》曰："见树木交荫，时鸟变声，亦复欢然有喜。"当我看见树木枝叶形成绿荫，听见鸟鸣声随季节的不同而变化时，我非常欣喜。

陶渊明作为一流诗人的素质是其对生活诗意的非凡敏感：在别人没有感觉的地方，有感觉；在别人不能觉察诗意的地方，觉察出诗意。

我可怜那些从来没有见过白玉兰花，以及看不见"树木交荫"的人。太浪费生而为人的生命了。

每片花瓣都可见生命最深神秘

"每一片枫叶与世界上每一片其他的枫叶不一样，但却具有一种典型的形态，令人一眼望去便可认出是枫叶。它如何'知道'它必须呈现的形式？"（罗伯特·C·拉姆《西方人文史》）

诗人在每一片花瓣上都见到生命的最深神秘。这是对生活的一种审美把握，或者说是审美理解，不同于科学认识中的理解。这是对事物本质的把握，是对对象形式意味的直觉体验。

现代思想家弗兰克·赫伯特在《沙丘》中写道："在人类无意识深处，有一种对有意义的逻辑宇宙普遍性理解的需要。但是，真实宇宙总是处在逻辑（观念）宇宙的一步之外。"

禅宗和诗学中的"悟"，是超越逻辑地通过个体的独特感受与体验领悟到事物的内在意义。17世纪日本的松尾芭蕉曾写过一首俳句："当我细细看／啊，一棵荠花／开在篱墙边！"

禅学大师铃木大拙认为："这位诗人在每一片花瓣上都见到生命或存在的最深神秘。"这是审美的理解与悟性，这使人的自然情感向高尚优雅、有丰富意蕴的人类情感转变。

把握世界最好的方式是诗

世界的本质是诗，把握世界的最好方式也是诗。

在科学理性地观看、把握世界的方式之外，尚有另一种极为重要的方式：艺术与精神的方式。此时人生一切分裂性、二元性的对立存在，诸如动与静、得与失、荣与辱、生与死，都可在这种智慧与诗意的世界观中获得齐一。

"人把握宇宙全体的恰当方式是诗的方式，即以自己的心灵去体会、去领悟、去想象宇宙的本质和意义。诗的方式，不像科学那样宣称自己的发现囊括了一个命题下的所有内容，恰恰相反，诗以神秘的、留下巨大空白的方式、诉诸静默和感悟的方式，告诉你所有命题都不可能穷尽无限的宇宙，它让你沉静下来、停止言说，用深心去体会贫乏的概念逻辑之外的宇宙真义。"（毛峰《神秘主义诗学》）

为了达到与宇宙万物的和谐共存，人类应扬弃过度的理性知识，中止过度的理智探究，以诗意精神与天地万物春然为一。

艺术创作与欣赏也是一种达到天人合一的途径。

灵魂中升起的风景

> 啊，一道光，一片壮丽的景观
> 一朵美丽而灿烂的云，
> 一定是从灵魂中升起，
> 我那想象的有塑造力的心灵！

英国诗人柯勒律治此诗揭示的是：艺术中的风景乃是一个人"灵魂中升起的风景"。

莫泊桑小说《月色》写一位主张禁欲的长老，当得知外甥女与情人每晚幽会时，他本能地抄起棒子准备去打散这对鸳鸯。结果既不是鸳鸯被打散了，也不是鸳鸯夺棒反击，而是这位长老临阵脱逃了。

其原因就在于月色的美丽迷人、宁静清朗与相恋情人的脉脉情意构成一幅太和谐的画面，这"月色"在长老的心里发生了"化学反应"——他在对自己行为的羞愧中选择了撤退。

三流的作品往往情节曲折复杂，并喜好以制造强烈的戏剧效果来吸引人。但是一流的作品一般来说情节反而简单，也不大在戏剧效果上下功夫。一流作品之所以一流，在于其所反映精神境界的卓超甚至诗意化，在于靠某种独特精神氛围的营造。在一流作品中，某种伟大的情调、某种超越性的精神重于情节性和戏剧性。

《月色》正体现了莫泊桑诗人气质的一面，他以月色反对禁欲主义，不仅艺术构思巧妙，思想境界也非凡。如果不是莫泊桑对自然与爱情相和谐的魅力有通透的体验与认识，不先在精神上有极高的觉悟认同自然与爱情相和谐的魅力，这篇《月色》不会诞生。

这个《月色》是莫泊桑灵魂中升起的风景！因为在此前，从未有人用迷人的月色来反对禁欲主义。一切艺术作品中的景致都是艺术家灵魂中升起的风景，什么样的灵魂有什么样的风景。人们正是在欣赏那些或阔大超迈、或深刻通透、或精致优雅、或从容淡定……的灵魂风景时，自己的灵魂得到了升华改塑，这就是阅读一流作品的理由。

王安忆对小说的定位是"心灵世界"："小说绝对由一个人，一个独立的人他自己创造的，是他一个人的心灵景象。"（《小说家的十三堂课》）这也符合黑格尔名言"艺术的最高职责就在于帮助人认识到心灵的最高旨趣"。

最无限、最自由的莫如心灵,所以最高的美都是心灵的表现。模仿自然,决不能产生最高的美,只有艺术里面有最高的美,因为艺术纯是心灵的表现。"任何伟大的艺术家都不会按照事物实际的样子来观察事物,倘若他真的这样做了,他就不再是一个艺术家。""为艺术而艺术"的奥斯卡·王尔德如是说。艺术家会按自己心灵的样子来表现事物。

艺术作品创造的是一个新的现实,而不是对现实的一种简单复制再现。艺术家总会贡献出某种新的东西,某种以前从来没有准确按照它自己的方式组织到一起的东西。这当然是通过艺术家的心灵进行的新的组合,是它灵魂中升起的风景。

用三十页篇幅写无眠的名著

人都有过无眠,但把无眠处理成艺术则不是多数人能有的本事。

请君试用三行或三页文字叙写自己的无眠,让它有意思、有美感、有艺术价值。

如果做不到,就请打开法国普鲁斯特的《追忆似水年华》,看看艺术巨匠如何用三十页文字写自己睡不着的。里面有作者用艺术的笔调对人生进行的哲学思考,仅此一点,普通人的无眠就是淹没于尘埃中的单纯的睡不着而已,没有社会意义,没有精神升华。

人皆有自怜之意,但多数止于自恋,不能升华为艺术。有人说屈原作品整个是写"惆怅兮自怜",但里面所显示的精神的丰富度、深广度在你我的生命中则不太存在过。

比如《离骚》里的"自怜"能从"帝高阳之苗裔兮,朕皇考曰伯庸"写到"纷吾既有此内美兮,又重之以修能。扈江离与辟芷兮,纫秋兰以为佩",从"亦余心之所善兮,虽九死其犹未悔"写到"路漫漫其修远兮,吾将上下而求索"等等。

就是说,屈原"自怜"的质地是超凡脱俗的,它来自出身的高贵、内心的高洁、外表的高华及生命追求的高尚。这里的"自怜"与"惆怅"是有精神的高度与境界的高远的。而这正是艺术巨匠之"自怜"与凡俗者"自怜"的间距所在。

刘再复评价旅美作家薛忆沩作品说:"他的小说基调不是讲故事,也不塑造人物性格，通篇只见浓郁之情所表述的丰富的内心，表述时又是那样充满哲学。我阅读中的'狂喜'，正是来自这些既有形而上意味又有数学般准确的诗化语言。"（据邢人俨《薛忆沩：写作可能因现实而受害》）

这段话也可拿来理解普鲁斯特那三十页篇幅的无眠及屈原的自怜是如何具有艺术与思想的升华性的。人与人的存在间距在于精神境界，在艺术中尤其如此。

因此，咱们凡人的"睡不着觉"与"自我怜惜"就啥也不是。而艺术家的"无眠"却能美得如同睡莲。

好小说都是好神话

"事实上好小说都是好神话。"

这是俄国作家纳博科夫《文学讲稿》中对小说的定位。他还说："没有一件艺术品不是独创一个新天地的。我们要把它当作一件同我们所了解的世界没有任何明显联系的崭新的东西来对待。"

艺术的用处很多，比如，防止生活变得无趣；防止我们堕落，或者至少也可以做到让堕落减速。《说文解字》说："诗者，持也。持人性情，使不失坠也。"钟嵘《诗品》说："使穷贱易安，幽居靡闷，莫尚于诗也。"艺术作为"神话"之"神"就在于它真可以给我们以无穷的安慰与生命的升华，能够安顿并提升我们的生命到一个新的"神境"里去。

因此这个"心灵世界"的价值就是：开拓精神空间，建筑精神宫殿，它拓展了我们的存在及真实世界的边界。王安忆认为小说的价值是开拓一个人类的神界，以此来为小说的"心灵世界"的价值进行辩护。

她认为这个心灵世界的价值不能由它的真实性来判定，就像刘易斯创造了一个短跑记录，但在有了汽车飞机之后，人类何必要跑那么快呢？然而其意义在于，设立了一个人的速度的理想，显现了人的神力。"我觉得艺术也是这样，它就是设立一个很高的境界，这个境界不是以真实性、实用性为价值，它只是作为一个人类理想，一个人类的神界。这也就是'好小说就是好神话'的意思。"（《小说家的十三堂课》）

同样，陈景润研究的哥德巴赫猜想，也是不能立刻拿来"用"的。但是要想证明这个数学问题，则需要发明更强有力的数学手段，而这"更强有力的数学手段"的发明则是表明了人的智力水平的提高。陈景润是在代表人类挑战这个数学难题的,来展示一种人的思维的神力,也是在追求达到一种"神界"。艺术的一个作用就是:让现实世界中看不见的再现,让实际生活里实现不了的实现。

还应记住"真正小说式的东西并不存在于真实的世界中,而是在真实的世界与虚构的世界二者的差异之中。"(莫洛亚)这就可以不拿真正的小说与生活简单进行类比,甚至对号入座。

很多人都说中国此刻的现实比文学更魔幻。但情况可能正好相反,写作者很可能因现实而受害:"一个写作者到底要知道多少,一部作品到底要让读者知道多少,这是需要写作者认真对待的问题。这不仅是写作上的技术问题,更是关乎写作的伦理问题。太多的信息很可能导致想象力的迟钝和美感的衰竭。一个过于依赖现实的写作者的写作生命应该也不是非常健康。一部作品堆砌了太多没有经过心智筛选的'真实'会败坏读者的品位。"(据邢人俨《薛忆沩:写作可能因现实而受害》)这是对艺术有纯正趣味的艺术家的底线。

有良好艺术品位的读者,应警惕那些趣味旨在暴露没有经过精神过滤及艺术选择与升华的所谓现实、所谓"真实"的作品。

绘画"教导人们学会看"

吴冠中有幅《春如线》的画作,春天的意象被画家艺术概括为线条。你若能从这些或黑、或红、或绿、或灰等颜色的线条里寻觅到如下春天的一切,吴冠中这幅画就"归"你了:

春水、春雨、春草、春花、春山、春雾、春雷、春气、春雪、春树、春城、春风,当然,还有那缭乱如烟似梦的春愁……

通过极具创意的线条形式的引领,原来那些春水、春雨、春草、春花、春山等等不同的存在,却有着某种共同的精神气质或形式特征,成为某种意蕴丰富的线条。通过这些飘逸灵秀、空蒙迷离、绵延错杂、不滞于形色的线条,呈示出春天的一切,你可从中领会到了春的精神?春天的一切,可能是某种意蕴丰富的线条。

画家德拉克洛瓦说:"我们称之为伟大艺术家的创造力的那个东西,不过就是某种看的方式。"事实上,每当我们面对一个艺术品时,都是在"不得不"沿着艺术家那创造性的视角去"看",而那个"视角"是平常人想不到的。

若没有诞生米开朗琪罗,有谁会提供给我们站在摩西雕像面前所能产生的那种感受?也难以设想如果没有诞生贝多芬,会有哪位作曲家能谱写第九交响曲?让我们为英雄的涅槃而激情澎湃,灵魂震撼?

"艺术家是自然的各种形式的发现者,正像科学家是各种事实或自然法则的发现者一样。"德国哲学家卡西尔《人论》中关于"形式"有一段著名的论述:"列奥纳多·达·芬奇用'教导人们学会看'这个词来表达绘画和雕塑的意义。在他看来,画家和雕塑家是可见世界领域中的伟大教师。因为事物的纯粹形式的认识决不是一种本能的天赋、天然的才能。我们可能会一千次地遇见一个普通感觉经验的对象而却从未'看见'它的形式。"

当有了吴冠中《春如线》之后,我们就可以结束那种"一千次地遇见"春天这个"普通感觉经验的对象",却从未"看见"过它的精神气韵及其表现形式这种蒙昧状态,我们的感官与经验就从这里被开化了,我们的存在因而就更是一种"人"的存在了。艺术就是如此让人成为人的。

看一幅人脸素描,不要只看到了"人脸",而未能看到"素描"。

玫瑰花给你的感觉是什么

如何欣赏一幅玫瑰花的画?

台湾郭腾尹《命好不如习惯好》书中说:"我的朋友谢坤山,谈他向吴炫三老师学画的过程。'玫瑰花给你的感觉是什么?神秘的?浪漫的?或者是带刺的孤傲?你不仅只在画花,而是要画出内心对花的情愫。'老师说:'同理,如果你是画你的朋友,那么,你画的就是你对朋友的评价、对朋友的情感……'"

照相般如实描绘事物永远不是绘画的旨趣,况且有了相机,如此"如实"也不是绘画所擅长的能耐,绘画自有它的本事和意趣所在。

毕加索也注意到:"绘画有自身的价值,不在于对事物的如实描写。我问自己,人们不能光画他所看到的东西,而必须首先要画出他对事物的认识。"

艺术之"妙"在似与不似之间,其"似"就是还能在其中看见画的是"玫瑰花",其"不似"就是艺术家所画出的自己"内心对花的情愫":或神秘、或浪漫、或带刺的孤傲等等。这就是中国画所尚之"外师造化,中得心源"。

此理将有助于对画作进行较高水准的鉴赏，或在进行创作时作为原则，将是否富有创造性、并艺术地表现出了某种人的精神意趣作为标尺来度量画作的价值。比如画竹子，就应画出竹子所象征君子的虚心与有气节；画梅花，则应表现它傲霜斗雪的高洁。

艺术与物外之趣

"余之无所往而不乐者，盖游于物之外也。"（苏轼《超然台记》）

享受生活中的"物外之趣"！庄子说："至乐无乐"——不贪图世俗的快乐乃有最大的快乐。人生的乐趣不全在世俗的物质以内，物质以外能够产生乐趣的空间是很大的。艺术与诗可让人领略人生至大至高、至深至纯的快乐。

"艺术不是玩笑，而是生命攸关的事，甚至比生命还重要。"莫里亚克用这句哲理性的话概括了法国作家普鲁斯特一生的创作。普鲁斯特正说过："文学是真正的生活，被发掘和被廓清的生活，因此是实实在在被体验过的生活。" 最纯粹彻底、最充分酣畅的生活在艺术里，也在艺术的创造与欣赏中。

艺术的存在，充分证明了人所具有的神性，以及人所能开拓的神境。这是最高的物外之趣。

颓废美的技术含量

"老北京人受旗人文化影响显得温文尔雅，有教养，有文化；另一方面又有古典的美、颓废的美。"

杨东平在《京派与海派文化》的演讲中如是说，而这"颓废的美"可以让我们浮想成篇。

"休问梁园旧宾客，茂陵秋雨病相如。"（李商隐）"玲珑骰子安红豆，入骨相思知不知？"（温庭筠）以上温李的诗句，让美学家发出如下悲叹："唉，颓废的晚唐诗人，没落的晚唐诗人！"（宗白华《美学散步》）谴责他们在国势衰颓时还只顾抒发自己的颓怀。

但是客观地说，晚唐诗的美恰在这种精致的颓怀的抒发，他们的颓怀被抒发得很艺术、很高雅。

"希逸近来成懒病，不能容易向春风。"温庭筠的诗句很能说明颓废的美不属于春天的蓬勃，总是与晚秋的气质格调合拍，往往就是"茂陵秋雨病相如"般虽恹恹却不失一种弱柳临风、落花飘零的风流。

颓废的美是美的花园里的一个长在角落里的老品种的花，不可多，也不能少。多了，花园里就只有沉沉的秋暮之气，但如果少了这一角颓废而美的花，整个花园里繁盛的春花会显得像新贵一样难以掩饰某种暴发的气味，会失去一些优雅精致的风致。

正因为有了那些颓枝败柳、残红凄绿，美的花园才堪称万紫，才可谓千红；也才美的完整、美出韵致来。颓废的美对飞扬的美是一种平衡；颓废的美往往是浪漫的，它的存在可以纠偏过于现实浮躁的东西。

许多王朝到了末期或没落时，都是颓废的，但此时却能发展出极为敏感的心灵，虽然追求的是艳丽、轻盈、精致、细腻和感官刺激的美，虽然不乏病态，但艺术史上许多极精美的艺术品却正是这病态美结出的奇葩。中国的晚唐诗、西方的洛可可艺术等等皆是如此。

颓废既然这么美，但如何才能颓废得美可是个技术活儿，门槛也挺高。什么人有资格颓废？从史上来看，中外那些颓废出名堂、颓废出美感的家伙贵族出身较多，且文化程度一般都高于本科，或不低于博士，美学修养更在博士之后。

能辩证地对待颓废的美，也算一个人精神上少偏见、无偏执的开明本事。

沿着蓝色弧线追寻蓝色的灵魂

你见过蓝色，但最纯洁、最蓝的蓝色是什么样呢？

野兽派画家马蒂斯《舞蹈》一画的目的，就是要使"蓝色达到最纯洁、最蓝的蓝色"。让我们沿着蓝色的弧线去追寻蓝色的灵魂，那心灵的蓝色。

诺瓦利斯将"蓝色"当作爱和诗的象征，蓝色就成为德国浪漫派的色彩。蓝色也是魏尔仑、马拉美等法国象征派的色彩。梅特林克的象征剧的幸福使者，也是《蓝鸟》。

蓝色不只是一种物质性色彩，更象征某种精神的调子。日本画家东山魁夷的激情美文《蓝色世界》说："蓝色是精神与孤独、憧憬与乡愁的颜色，表现悲哀与沉静,传达年轻的心的不安与动摇。蓝色又是抑制的颜色,蕴藉在内心深处而不可达到的愿望的颜色。蓝色又颇似颓废和死亡的诱惑。"

蓝调布鲁斯(the Blues)是爵士乐的一种,因突出"忧郁音"而得名,蓝调之"忧郁"悲感在西方艺术中由来已久。圣母那副哀愁的面影,就是通过这蓝色的衣裳才表现得如此深沉的。

东山魁夷认为"能够最深刻且最美地表现蓝色世界的画家,恐怕就是毕加索了"。因为"他运用蓝色有魄力地描绘了贫困的母亲和被命运挫败的妓女、瞎眼的乞丐等悲惨人物的形象。而要把这种悲伤、绝望和忍耐的形象如此深刻、如此感人肺腑地表现出来,就非运用蓝色不可"。

然而蓝色并不总是忧郁的同义词,它的情调与色彩层次十分丰富。从梵高的蓝色夜空到中国的青瓷等等,我们看到的正是这种丰富。蓝色是一个灵魂的世界,是一个积淀着很深人文意蕴的世界,行入蔚蓝是人类灵魂深处的需要。

最蓝的蓝,最纯粹的蓝在哪里?一定在人优雅高贵的心灵中。

十分的蓝,你感受到了几分?

《赵氏孤儿》的人文与美学短板

一个复仇题材的作品应怎样表现才能具有人文及美学价值?

这是复仇类题材创作的基本问题,十分考验艺术家的美学修养及人文素质。陈凯歌导演的《赵氏孤儿》就没有最终抵达一种人文精神的灵境。

全片最光彩的是庄姬临终托孤程婴:"等孩子长大了,不要告诉他父母是谁,也不要告诉他仇人是谁,就让他过普通百姓的日子。"然而这闪耀着人文精神的光彩在片中只是一线光,一闪就暗了。

陈凯歌片中,郎中程婴本来只要把赵家的孩子交给庄姬临终托付的公孙杵臼,就没他什么事了,结果他妻子把赵家的孩子交给了官兵,这样留在家的自己的孩子反而就成了"赵氏孤儿"嫌疑人,屠岸贾当着程婴夫妇的面生生地把孩子摔死。

陈凯歌说:"这部电影里没有历史,只有人性,没有被历史推着走。"但陈凯歌在片中对人性的实际表现并没有达到应有的水准。虽然他说:"我小时候是仇恨灌输的年代……仇恨教育的结果就必然是'文化大革命'暴力横行。中国历史有那么多悲剧,这个最大的悲剧在哪里?是对生命的无视。"这种反省是可贵且到位的,但他没有将某种美学与人文精神贯彻到底。

作为被杀子、杀妻的普通百姓的程婴时刻想着复仇,并且发誓将来要让屠岸贾"生不如死",这都可以在作品中表现。但是剧中应告诉观众,这种即使是让坏人生不如死的想法与做法都是缺乏人文精神的。不能以流氓的方式对待流氓,不能以非人性的方式对待那些非人性的人,这是体现文明精神的人文常识,缺此常识而拍复仇题材的作品,其价值判断便难免走偏,甚至会传递错误的价值观。比如陈凯歌《赵氏孤儿》的广告词是:"最狠的复仇不是杀人,而是杀心。"如此所广而告之的不是某种超越的精神境界,它所告知天下的无非是这样的信息:"瞧,我们发现最有意思、最好玩的复仇不是杀人的肉体,而是杀人的心。"其语气与姿态也无非是在宣示:"大家注意了,这种狠劲十足的复仇方式可是我们独家发现。"

复仇作品绝不应是教观众如何复仇得更"狠"、更有"技术含量",也不应渲染暴力血腥,激起人性中丑恶的东西。而应着眼于确立真善美的价值立场,即使一面哭泣,一面也要追求阳光的生命。要能让人感受到一种人文关怀,而非无穷追杀;应具有美学上的享受,不能引导观众去玩赏暴力。

复仇作品和其他题材的作品一样,我们欣赏的是其所包含的人文精神,是人对真善美的追求。它所传递的信息只能是:在这个世界上其实复仇也没有那么重要,重要的是宽恕与和解。仇恨只能让我们更加软弱,所以作品应告诉观众除了选择爱之外,我们别无选择。

怎样把"希特勒"表现得有人文美感

艺术怎样表现像"希特勒"这样的坏蛋,才够格是艺术品呢?

潘知常《我爱故我在》一书告诉我们,把这样一个"大坏蛋"写得有美学价值,就不能只罗列他犯下的罪行,而应写这个"坏蛋"原来也是打算做一个"好蛋"的,可是后来种种主客观原因闹得他没做成,而这个结果是悲剧性的,是可悲悯的。如此来写希特勒,才算是具有美学与人文价值。

本着大爱的立场,反省人物的错误、罪恶产生的根源,并且悲悯、宽恕作品中人物的错误甚至罪恶,而不是简单地恨他,这就是艺术的道德,就是人文与美学的立场。

不懂此理，使陈凯歌之所说与其所拍呈现了错位。他说："我拍《赵氏孤儿》的态度就是：尊重每一个生命。"但其所拍的结果就没有尊重坏蛋屠岸贾，只是尊重一些好人，他的尊重是不彻底的。

从终极关怀的人文角度看，没有什么"复仇"应该被肯定；同时从美学的角度看，也没有什么单纯的"复仇"是具有美学价值的。我们最需要的是代表着人性的东西，那就是"爱"。

影片可以有让孩子杀死屠岸贾的情节，但同时应配合一种人文与美学上的反省表现。比如在屠岸贾的剑刺中程婴、程勃的剑刺中屠岸贾时，可以安排这样的情节：程婴后悔当初没有按庄姬所说的去做："不要告诉孩子父母是谁，不要告诉孩子仇人是谁，就让他过普通人的生活。"如果影片能最后有如此表现，它在美学与人文上的价值会大幅提升，但它没有这样做。

当然，影片也可以沿着庄姬的话进行情节安排，程婴虽然也想复仇，也想让屠岸贾生不如死，但是在某种契机下（比如平素与赵家私交不错，或出于对庄姬的敬仰），他还是遵照庄姬的意思，努力不让程勃知道父母、仇人，不让他知道真相，努力让他过普通人的生活。当影片展示这种种努力的艰辛，即使最后努力在现实层面上失败了，也是人文价值与美学意义这种"终极价值与关怀"的胜利。由于存在着人文与美学上的短板与盲点，这种胜利没有出现。

艺术家的责任不在于告诉世界是怎样的，而在于告诉人们世界应该是怎么样的，而这一个"世界应该是怎么样的"就是一种艺术品所应坚持的"人文与美学"立场，并且是最基本的、底线式的立场。在接触了这样的作品后，读者应该更像一个人了，更具有人性的美好，而非更具有动物性，更残酷、更冷漠。

陈凯歌的短板，也是当今中国许多影视及文学作品的短板。美学与人文维度的缺失是这些作品不能真正进入艺术圣殿的根本原因。

不忘露珠的寂静之味

风流不忘露珠的寂静之味。这是日本某畅销小说中的话。

然而,充斥着物欲化、理性化的干燥世界里,何处还有露珠?

当迷醉于享受从超市里买来的一模一样的琐碎乐趣时,哪里还有"风流"的人?哪儿还有神秘魅力的存在?没有"露珠"的世界,生命将会致命地脱水。露水晶莹短暂的品质曾唤起人们多少浪漫想象。

"朝饮木兰之坠露兮",这不是在说屈原的早餐饮料是木兰之坠露,而是以木兰之露象征他的高洁。

汉武帝以铜作仙人掌承露,和玉屑饮,打算求仙。长生不老的想法很俗,但那个承露盘总让觉得是个天真的孩子所为,不像是皇上干的事。

在狄金森的诗里,露珠与天使相伴:"天使,在拂晓时的/露珠间/弯身——采撷——微笑——飞翔/花苞非他们莫属?"

露珠在古诗中常象征衰飒寂寞。《诗经》里有"蒹葭苍苍,白露为霜"的意象。杜甫《秋兴》说"玉露凋伤枫树林",李白有《玉阶怨》:"玉阶生白露,夜久侵罗袜。却下水晶帘,玲珑望秋月。""玲珑"既形容"玉阶""水晶帘"及"秋月"的晶莹剔透,也暗示这个清冷的世界里女子寂寞凄清的珠泪。

"人生如朝露"是中外诗中常见意象,以草上露珠比喻生命的脆弱和短暂。挽歌《薤露》:"薤上露,何易晞,露晞明朝更复落,人死一去何时归。"

在日本,最著名的朝露诗当属一茶的俳句:"露珠的世界/纵或是露珠的世界/然而……"

懂得露珠的寂静之味、做些为世界"复魅"的事可使我们在精神上华丽一些,以抗拒粗糙的现实。活得鸡零狗碎地累是不是因为早已忘记了"露珠的寂静之味"?

作为"子书"的《红楼梦》

《红楼梦》的"别名"应是《曹子》。

陈蜕庵是中国晚清一位学者,他曾指出曹雪芹的《红楼梦》不是一部小说,而应当归入子部。这等于说《红楼梦》不单是一部小说闲书，而是有自己独特体系与创见的皇皇思想巨著，是可以与《老子》《庄子》《孟子》等等诸子比肩的。

朱光潜先生说："诗比别类文学较谨严，较纯粹，较精微。如果对于诗没有兴趣，对于小说戏剧散文等等的佳妙处也终不免有些隔膜。不爱好诗而爱好小说戏剧的人们大半在小说和戏剧中只能见到最粗浅的一部分，就是故事。"不懂诗的韵致，岂能了解小说戏剧之佳妙？

一般人的趣味是："他们看小说和戏剧，不问他们的艺术技巧，只求它们里面有有趣的故事。他们最爱读的小说不是描写内心生活或是社会真相的作品，而是福尔摩斯侦探案之类的东西。"

这不是"真能欣赏文学"，因为，"爱好故事本来不是一件坏事，但是如果要真能欣赏文学，我们一定要超过原始的童稚的好奇心，要超过对于福尔摩斯侦探案的爱好，去求艺术家对于人生的深刻的观照以及他们传达这种观照的技巧。第一流小说家不尽是会讲故事的人，第一流小说中的故事大半只像枯树搭成的花架，用处只在撑持住一园锦绣灿烂生气蓬勃的葛藤花卉。这些故事以外的东西就是小说中的诗。读小说只见到故事而没有见到它的诗，就像看到花架而忘记架上的花。要养成纯正的文学趣味，我们最好从读诗入手。能欣赏诗，自然能欣赏小说戏剧及其他种类文学。"（朱光潜）

而《红楼梦》里不仅有诗，还有曹雪芹对人生的深刻的观照，它有作为"子书"的独特思想意趣和佳妙处。王国维《红楼梦评论》说："《桃花扇》，政治的也，国民的也，历史的也；《红楼梦》，宇宙的也，哲学的也，文学的也。此《红楼梦》之所以大背于吾国之精神。"

《红楼梦》超越《桃花扇》一类戏剧小说的是它在"形而上"的层面对"存在"进行的提问。中外文化史上都有一个现象，就是某个时期或地域里所出现的一流思想家或艺术家的作品，并不反映那个特定的时空里的生活，因为他们都是超时代、超地域甚至是超民族的。所以说《红楼梦》"大背于吾国之精神"。刘再复概括《红楼梦》所面对"存在"意义上的哲学问题是：

> 世人都认为"好"并去追逐的一切（包括物色、财色、器色、女色等）是否具有实在性？到底是这一切（色）为世界本体还是"空"为世界本体？在一个沉湎于色并为色奔波、为色死亡、为色你争我夺的浊泥世界里，爱是否可能？诗意生命的存在是否可能？在这个有限的空间中活着究竟有无意

义?意义何在?这些问题都是超时代、超政治、超历史的哲学问题。(《红楼梦悟》)

《红楼梦》正是一边痛苦地追问人生的上述问题,又在大观视角与混沌立场上,富有创造性地以文学的方式努力回答这一类问题。

如果不了解《红楼梦》作为"子书"的特质,只将其当"小说"甚至当作"故事"看过去,那真可能看到的仅是其中"最粗浅的部分"。

宝黛爱情的意义

宝黛的价值追求是活得更像"人",而非俗不可耐的禄蠹,或掌握着煊赫的权势但其实却活得也挺累的王熙凤等。在这个根本的价值判断上,宝黛与宝钗和湘云拉开了距离;通过这个价值判断宝黛人性的光彩得到充分的展现,这更是宝黛爱情坚实的根基。

在青春共和国中的女儿们身上,"人"的特性和丰采得到了充分的展现,虽然她们也不无缺陷。宝玉说"倾国倾城貌"的确有些轻薄黛玉的味道,这也是宝玉公子哥习气不经意间的流露,它当然引发了对自我尊严无比敏感和在乎的黛玉的大怒,也透显出宝黛的爱情是以相互的尊重为前提的。

无法嫁给宝玉的威胁始终现实地存在着,这也是黛玉常常过度敏感,常使小性儿的原因。"天尽头,何处是香丘"是黛玉永恒的追问和始终无法解决的根本问题,这里所暗含的问题绝不是黛玉这样高贵的生命死亡之后如何安顿,而是她活着的时候如何找到自己高贵生命的根基和着落。

黛玉的生命是脆弱的,宝黛爱情的根基在现实面前是飘摇的,宝黛的爱情最终是没有结果的,那么宝黛的爱情乃至宝黛的生命有何意义(宝黛的爱情与他们的生命是合二而一、不可分割的,如果抽离了宝黛的爱情,宝黛的生命意义也就不存在了)?其意义就在于他们的爱情与生命在极短的时间内发出了夺目的光彩,光彩夺目地展现了"本真"的"人"应然的(在一定程度上也是实然的)生命状态和高贵的生命所能达致的境界,这种状态、这种境界对现实存在的芸芸众生有着永恒的警示、参照和引领的作用。

宝黛的存在似一盏就要熄灭的灯,它虽影影绰绰地闪烁着微光……然而,它划破了功利的理智所留下的虚假生活的黑夜！贾宝玉、林黛玉生命之美，显然散发着庄子精神之慧："贾宝玉、林黛玉对'诗生活'追求，具有什么含义呢？实际上就是王昆仑所说的'宝玉的直感生活'、率性而为的自由生活、不计功利目的的生活。与对正统的封建文化的否定相对照，曹雪芹追求的是一种洋溢着青春活力与自然之美的诗性文化。这是一种赤子文化，是一种至情至性的文化，是没有功利计算的文化，是一种顺应生命自然要求的文化，是一种与没落期虚伪的儒家文化质有不同的文化。"（孙伟科《〈红楼梦〉是什么》）

当我们披卷而阅、被它感动之后，它的精神不是就变成"立体"性的存在而进入我们的生命，并将改塑着我们的生命形态吗？

（乔健／文）

选择宝钗为偶的庸俗

林语堂发现："欲探测一个中国人的脾气，最容易的方法，莫如问他欢喜黛玉还是欢喜宝钗，假如他欢喜黛玉，那他是一个理想主义者，假如他赞成宝钗，那他是一个现实主义者。"

某中文系曾调查学生择偶意向，以《红楼梦》为例，40%的男生钟情的是薛宝钗，选择黛玉的只有3%。理由是薛宝钗"温柔能干，为人大度，处世圆滑，左右逢源，有一种现实美"。确实薛宝钗要比林黛玉更多优势：家庭富有、健康丰满、通情达理、人见人爱。而林黛玉孑然一身，贫病交加，还爱耍性子。

但他们的选择为什么不是贾宝玉的选择？或者说，曹雪芹为什么不顺着常人的意向来写《红楼梦》呢？因为选择集各种物质性、世俗性优势之大成的宝钗是最典型的"庸俗"。试想选择宝钗的宝玉还有个性吗？贾宝玉没有个性，趣味雷同于市井凡夫，那么《红楼梦》还有价值吗？曹雪芹还是超越凡俗的艺术大师吗？所以我们不是曹雪芹、不是贾宝玉；所以我们因没有个性而活得乏味无趣。

"广义的美的对立面，或者反面，不是丑，而是审美上的冷漠。那种太单调、太平常、太陈腐或者太令人厌恶的东西。"（李斯特威尔《近代美学史述评》）服食"冷香丸"是曹雪芹赋予薛宝钗的一种艺术象征，冷美人美则美矣，但情感已冷了，没有生命了，故宝钗"在道德意义上不是不善，但在美学意义上是丑的"。因为"从美学意义上说，情感的活跃是美，而情感的冷漠则是丑"

（孙绍振《文学性讲演录》）。

选择宝钗为偶，就是选择她所"集大成"的一切现实主义、功利主义元素，这多么老套，多么没有个性！而且那么多中文系男生"欢喜"宝钗而非黛玉，现实主义者的比例是否太大？这不正常，尤其在中文系。连中文系的人都不浪漫了，这情景是否比较恐怖？

中文系男生"欢喜"宝钗不仅是大俗，还太缺乏专业水准。

庸俗艺术的特征

常欣赏小说或电影的人，不可不知什么是庸俗艺术的特征。

否则欣赏小说或电影的品位不仅不易提高，还会导致自以为在欣赏"艺术"，但实际上玩味的却是"庸俗"。

无论一部作品是小说还是电影戏剧，只要具备下列特征之一二项，那就基本上可以断定它是"庸俗艺术"：温柔甜蜜、郎才（或"财"）女貌的爱情小说；荒诞不经、无限曲折的故事、过度的情感；投合少女情怀的缠绵悱恻的诗句和格言；一味追求戏剧化效果的英雄气概；纯粹磊落的高尚与绝对阴暗的卑鄙；奢华优雅的环境、雍容富贵的男男女女。这一切都是按百姓所"喜闻乐见"的思维惯性和感觉方式所构思和制作出来的陈规俗套。

庸俗艺术是一种虚假的艺术，它通过内容上的（性爱的、政治的、宗教的和感伤的）幻想刺激弥补形式力量的匮乏。形式力量的匮乏通常又是与艺术真实的匮乏相一致，庸俗艺术作品的制作同真实只有模糊的、间接的关系，它试图虚构一个粗糙的幻想和白日梦的形象世界。真正伟大的艺术无非就是拥有独创的形式及超越的精神意蕴，而这正是庸俗艺术所匮乏的东西。

曾热播的《将爱情进行到底》《真情告白》等剧中便尽情地为观众展示了这种白日梦：主人公一会儿买房、一会儿买车、一会儿出国，同时还点缀着轻浮得像棉花一样的"爱情"。它们既不是生活的真实更非艺术的真实。艺术的真实既不拷贝生活的真实，更不会拷贝庸俗的白日梦。

"现实，正如歌德所说，是一个'神圣的公开的秘密'，也就是说，它既是公开呈现的，又是秘密深藏的。这就是世界的真实性。但是，这种真实性不是单纯从甜蜜和苦涩的实质中获得的，其玄奥之处根本上在于甜蜜与苦涩、善与恶的

神秘混合。"(霍尔图森《论苦涩的庸俗艺术》)

庸俗艺术有时也可能会是动人的,但它始终缺乏伟大的品格,或者说超越精神的匮乏是其通病,而这又是因为庸俗艺术创作者的内心匮乏真正的精神超越的内涵。

再没有比达到"庸俗境界"更容易的了,因为粗劣的情感与价值取向是生活的常态,是无师自通的。

"性"描写的艺术与色情之别

"性是任何事物也无法熄灭的长明之火。我们应该像摩西那样,扔掉鞋,赤着双足,去探索这不可思议的火焰。"此为英国性学先驱霭理士对性的认识。

性和政治是昆德拉小说的两大题材,但是他决不是为写"性"而写性,他用小说探索存在,要通过小说发现存在的真相。当他很具体、很形象地叙述人物的性生活、政治行为时,他的这种"'叙述'充满着'思考',也是为了'思考'。昆德拉思考人物的性生活、政治行为,是为了思考肉体与灵魂、自由与束缚、必然与偶然、真诚与玩笑、轻与重,把这些都变为存在的范畴加以探索"(曾繁仁《20世纪欧美文学热点问题》)。

性描写在昆德拉那里,是探索人的生存状态的途径或载体,其中蕴含着丰富的心理内容、文化背景。他借此揭示性所掩盖着、积淀着的种种人性、人生冲突。

艺术地描写"性",其特征一般表现为干净、严肃、富于美感,并且体现着创作者的艺术创造力和想象力。对"性"的描写应该是带着神圣的态度并同时与作品的主题情感是统一的,散发着人性的光辉与升华,不是游离于作品之外哗众取宠地为写"性"而写"性"的。

英国劳伦斯《查泰莱夫人的情人》一书中对性的描写正是艺术性的,比如这一段:"她仿佛像个大海,满是些幽暗的波涛,上升着,膨胀着,膨胀成一个巨浪,于是慢慢地,整个的幽暗的她,都在动作起来,她成了一个默默地、蒙昧地、兴风作浪的海洋。在她的里面,在她的底下,海底分开,左右荡漾,悠悠地、一波一浪地荡到远处去。不住地荡漾,在她感觉最敏锐的部位,深渊分开,左右荡漾,中央便是探海者在温柔地往深处探索,愈探愈深,愈来愈触着她的深处,她就愈深愈远地暴露着,她的波涛越荡越汹涌地荡到某处岸边,使她暴露着。那个能被明显感觉到的无名探海者愈探愈深入,她自身的波涛越荡越远去,离开她,抛弃她,直到突然地,在一种温柔颤抖的痉挛中,她整个生命的最美妙处被触着了,她自己知道被触着了,一切都完成了,她已经没有了。她已经没有了,她不再存在了,她出世了:一个女人。"

这里充满美丽的想象与比喻,呈示出女主人公在此过程中人性的升华,是配合作品的主旨而写的。而色情地描写"性"则是动物式的低俗表现,为哗众取宠而写"性",其目的不是严肃地与作品的意蕴表现呈有机联系的,同时也更缺乏美感与艺术的想象与创造。

《金瓶梅》的陈腐的趣味

《金瓶梅》及贾平凹《废都》中某些"性"描写,可以说构成了什么是"陈腐的趣味"的最形象化诠释。

作家扎西多《正襟危坐说〈废都〉》里对这种陈腐有精彩的描述:"从《废都》叙述者眼里打量女人,你脑后会渐渐生出一根油腻腻的辫子来,揪着你摇头晃脑。女人,先要她不是个完整的人,起码不能是成人,更不能想望和男人平等,然后她才有可能当女人,有女人味,做出阿猫阿狗的媚态来,说些小聪明话,让男人赏心悦目,愿意扑她玩她。并且'男人家没有不行的,要不行,那都是女人家的事',作者不断把这类哲理塞到不同人物(特别是女人)嘴里,启示给读者。放到封建时代,这类见识虽属陈词滥调,到底是标准的传统观念。放到20世纪90年代,就腐朽得有些发馊了。"《废都》的某些意趣堪称陈腐颓废的"经典",而且是"土颓土颓的"。

朱光潜先生用"距离"说分析怎样在表现"性"时不至于造成"淫秽"而成一种"幽美意象":"《西厢记》写张生初和莺莺定情的词是:'软玉温香抱满怀,春至人间花弄色,露滴牡丹开。'这其实只是说交媾,'距离'再近不过了。但是王实甫把这种淫秽的事迹写在很幽美的意象里面,再以音调很和谐的词句表现出来,于是我们的意识遂被这种美妙的形象和声音占住,不想到其他的事。"(《朱光潜美学文集》)

用艺术的想象与创造来造成一种"美感距离",将"性事"的色情性与淫秽性障隔开来,升华为一种艺术性的存在。在这里,艺术的想象与创造的技巧便至关重要，也由于艺术的技艺是一种极有效的"美感距离"手法，所以那些艺术形式感更强的艺术样式就往往更能达到"艺术地"描写"性"的境界。

王小波的小说也不乏"性"的内容，但却整体上呈现出一种纯正的教养，这很不易。

人物取名与作品的格调

作家曹文轩有个感觉："一个作品写到什么份上、什么格上，光看里头几个人名就能有一个判断。"比如，只要想想当年《金光大道》里的人物"高大泉"（意为"高大全"）你就可以判断这部作品的层次。

作家宗璞是冯友兰之女，毕业于清华外文系，她的小说蕴含东方传统文化和西方人文精神，别具高雅蕴藉的格调，比如她的由四部作品组成的长篇小说《野葫芦引》就很典型。

特别是其作品的人物取名也体现了这种韵调，如其中男性长者孟樾（弗之）、吕清非、澹台勉、庄卣辰；女性长者吕碧初、吕绛初、吕素初；男青年卫葑、庄无因；女青年孟离己、澹台玹、庄无采；小孩子则是峨（孟灵己）、小娃（孟合己）、玮玮（澹台玮）……

物理学教授"庄卣辰"，从名字一望而知有庄子的风味，《南渡记》说："庄先生一直劝他（卫葑）听从自己的心，这时他似乎知道自己的心了。"卫葑是他的学生，在恋爱似乎要与革命冲突而举棋不定时，"庄先生"给了他最到位的指点。

作品中"一位从外表到内涵都极典型的大学校长"名叫"秦巽衡"，"他应付当局，团结教授，教育学生，三方面都有办法"，确有一种从极深厚的学养而来的优雅蕴藉的风神。

日本紫式部的《源氏物语》中的主要人名有：桐壶、更衣、帚木、空蝉、夕颜、末摘花……

你从这些名字里能看到些什么特别的意味、格调？

语言的质地

"妈妈,我终于明白古文的优雅简洁是什么意思了。"上小学的葱宝说。

"怎么明白的?"我问。

"今天学了个新词'聚众斗殴',老师说就是纠集一帮人打架。真是简洁!"

"古文优雅简洁、有力量"是我哄葱宝背古文时常说的一句话,他在知道"聚众斗殴"一词前一直没找到这感觉。

"语言是存在的家园。"(海德格尔)我们使用怎样的语言方式,就是在选择怎样的存在方式与生命的质地。语言也是有质地的。

曹文轩指出汪曾祺小说的语言有一种沉静的气质,缘自其旧学根底与古文的熏陶:"汪的语言,凝练老成。他不少散文,其实是用半白话半文言写成的,古汉语有这种气质。与此相反,现代汉语有浮华轻飘的一面。他从古汉语那里得到的是一种语言的沉静,他得了古汉语的一些精神。"(引自《北大文学课堂》)

古代汉语被现代汉语所替代,某种意义上应该是一次民族气质的丢失甚至是民族精神的堕落,从而使我们失去了一种"语言的沉静"及心灵的沉静。

语言的质地,本质上是一个人精神生命的质地。精神浅薄粗糙,其造句行文便不可能精致优雅、含蓄蕴藉。

常习优雅简洁、表达有力的古文,会使我们精神的质地与语言的质地得到同步提升。

骈体文的华丽意趣

中国古文的语言有多美呢?

"读六朝的骈文,可以体味到中国语言文字的玲琮声响、蕴藉风流。"(朱立元《美学》)所谓玲琮之响就是玉声、琴声、流水声。

文章是有质地的。韩非子思想崭绝峻刻,文风斩钉截铁,其文质地似铁,且是生铁;词采华丽、意趣高雅的六朝骈体文,行文仿佛"糅之金玉龙凤,乱之朱紫青黄",故其文质地若锦似缎。

在生活中自觉地践行优雅是魏晋风度的本质精神。所以当接受了别人的馈赠，对此雅意致谢时，那个时代的人们不会是你苹果、我香蕉地物质性往来，而是会用最优美的文字、带着最大的诚意写一个"启"（即书信）来表达，比如：

> 丽兼桃象，周洽昏明。便觉夏室已寒，冬裘可袭。虽九日煎沙，香粉犹弃；三旬沸海，团扇可捐。（刘孝仪《谢始兴王赐花纨簟启》）

意思是说：你送的竹席兼有桃枝、象牙簟的丽质，黑夜白天都很适宜。寝卧其上，就觉得夏日室中清凉到可以穿起冬天的皮衣。有此美簟，虽然天气炎热似有九日煎灼沙石，爽身之粉仍可闲置；即使三伏酷暑能令海水沸腾，团团圆扇亦可扔掉。言辞虽夸张，却情真意切。

这篇赞叹礼品精致清雅的启文，用清代许梿《六朝文絜》评语，即是"绮藻宣茂，不滞于俗"，不言"谢"字而字字言谢，含蓄蕴藉，浪漫高雅，是深藏真挚诚意的答谢信。显然的是，在送礼及答礼的优雅格调方面，今人的做派非但没有任何进步，反而更向粗俗恶劣进化了。表现为不用心、无诚意、少真情，还缺格调。

绮藻宣茂的骈文喜欢使用富丽典雅的词汇，阅之可赏珠联璧合之采，读之能听敲金戛玉之声，其词采与音韵节奏乃深厚的学养所致。应该说，用华丽的辞藻表情达意正是在表达对生活的一种深情爱恋。

魏晋风度是多元复合的存在，极自然与极华丽共存并荣。而魏晋风度极华丽的一面则由六朝骈体文演绎到了极致。魏晋风度空前绝后的闲适从容，在六朝骈体文中得到了充分的表现。若魏晋风度的衣装中缺少了骈体文这件超级丽美之服，其气质光华定会大打折扣。

任何富有美感的精神性的生活，都会使人生因优雅、高贵而永恒！

不求甚解的高妙

《五柳先生传》中"好读书，不求甚解"一句传神地体现了陶渊明的高妙。

这是平和温雅地说"不"，是对那些读书专好穿凿附会习气的批判。对于"好读书，不求甚解"，王蒙曾点出其有三个潇洒义涵："安于不知，囫囵吞枣，得意忘言。"这就是"不求甚解"的高妙洒脱。

但要指出的是"泛览周王传，流观山海图"的陶渊明并非一生读书全都是

"不求甚解"的。从其诗文中运用大量出自儒道经典的典故时那种娴熟、到位的化境,可以看出他实际上是经过了一个对古代经典之作潜心涵泳、仔细玩味的阶段。而身值魏晋风度时代,生性潇洒超然的陶渊明却并未使自己死于古人的句下。当他吮吸了经典的"汁浆"后,他自可很自然地"安于不知""囫囵吞枣"乃至"得意忘言"了。

"读书不求甚解",所谓有"甚"者,以穿凿附会失其本旨之谓也。杜甫《漫成》诗曰"读书难字过",就显示了空灵洒然的读书之乐。清代有位老者,一生阅书多多,读文章却只读其中的虚字"之乎者也矣焉哉"于篇末,谓之读"气"也。因为文章中的实字,是其体骨;虚字,乃其性情。实字代表着文章的体格,而虚字所传达的是作者的性情气韵。

"不求甚解"之读书法,正可类于九方皋之相马,略其玄黄而取其隽逸。俞平伯先生当年给清华学生讲诗词,就采取的是"不求甚解"的妙法,并有两种版本。

版本一:他选一些诗词,自己摇头晃脑而诵,有时闭了眼睛,然后他蓦地睁大了眼睛,连声说:"好!好!好!就是好!"学生等他解释好在何处,他却已诵下一首了。版本二:俞先生在吟诵诗词之后,也是连声说:"好!好!好!"但学生问怎么个好法时,他说:"不知道!"

也只有如俞先生这样的大师才敢如此坦然地说"不知道"。何以"不知道"呢?诗之妙在语言之外。而言可言,非常言。对一首诗之妙,除非再另写首诗来传达,否则就说"不知道"比较稳妥。

所以,《古文观止》编者十分内行,在"不求甚解"这四个字下注曰:"是为善于读书者"。

孤独的质量古今有别

"我们这个时代的孤独与古罗马时代英雄所感受的孤独,或者古典诗歌中表现出的忧伤情绪没有半点关系。"(利波韦茨基《空虚时代》)意思是现代人的孤独多数不上档次,缺少高贵性。

因为这是一个"空虚的时代",许多人缺少精神层面深度的生命追求,只是浮华而浮浅地苟活着、庸碌而庸俗地存在着,缺乏优雅的本事让孤独诗化、艺术化,不能让孤独升华。

有质量的孤独什么样？以多样化表现了孤独的中国古典诗歌为例来说明吧。首先一种是可供"享乐"的："孤坐危石，抚琴对水；独咏山阿，举酒望月。听风声以兴思，闻鹤唳以动怀。"（祖鸿勋）这是风雅的、精致的孤独！

王维将这种风雅推向极致："木末芙蓉花，山中发红萼。涧户寂无人，纷纷开且落。"爱好"松风吹解带，山月照弹琴"的王维，其诗在表面的孤寂之下，呈示的是带有禅意的、空灵的永恒之美。

"制芰荷以为衣兮，集芙蓉以为裳。不吾知其亦已兮，苟余情其信芳。高余冠之岌岌兮，长余佩之陆离。"（屈原）这是美丽而孤傲的孤独。因为孤独穿着芰荷与芙蓉制作的外衣。

"知音苟不存，已矣何所悲。"（陶渊明）这是旷达的孤独。

"白石岩扉碧藓滋，上清沦谪得归迟。一春梦雨常飘瓦，尽日灵风不满旗。"（李商隐）这是轻灵如梦雨、久谪人间仙女的孤独。

"抽刀断水水更流，举杯销愁愁更愁。人生在世不称意，明朝散发弄扁舟。"（李白）这是虽然失意却依然狂放自信者的孤独。

每个艺术家都可能是孤独的，同时那些表现孤独的伟大之作，都是个性化，独具性灵的。他们的孤独呈现出非凡的想象力、有自由的"形状"（即美感形式）与节奏韵调以及丰富的精神内涵。

证券行到不了桃源行琵琶行

好像一根／被遗弃的竹笛／当山风吹来的时候／它会呜呜地哭泣　又像一束星光／闪耀在云层的深处／可在它的眼里／却含有悲哀的气息　其实它更像／一团白色的雾霭／沿着山冈慢慢地离去／没有一点声音／但弥漫着回忆（吉狄马加《失去的传统》）

"传统"的意象被诗人想象成"一团白色的雾霭"，是因为"传统"在现实中的处境已虚如雾霭了。当这团"白色的雾霭"，"沿着山冈慢慢地离去"且"没有一点声音"时，对于懂得传统意味着什么的人们来说，就不仅是"但弥漫着回忆"这般轻松，应该说引发的是痛彻心肺的哀感。

诗人罗门在《古典的悲情故事》一诗中感叹道："都市里的／休闲中心到不

了文化中心／天桥到不了鹊桥枫桥／证券行到不了桃源行琵琶行／卡拉OK到不了坐看云起时／塞车的街口到不了／万径人踪灭。"

这种"悲情故事"所提示我们的是唐诗之韵、宋词之调等等都被后工业时代逼到了角落,甚至已被打包封存起来成为某种乌托邦式的往昔存在了:"我们已经回不了唐诗宋词的时代,'并非是语言或形式上的不可能复古,而是现代人的生命从整体上已经破碎、苍白、残缺,从根本上已与唐诗时代人类属于截然不同的世界'。"(钱文亮《回到唐诗》)太多谓之"进步"的存在,其价值不过仅仅是在证明以前我们曾过得很好。唐诗宋词的意境已成可望而不可即的烟雨,迷蒙在永恒的记忆中。

真实的生命意趣已被无情地障隔、越来越似二手性的存在了。作家木心在《遗狂篇》末尾写道:"纽约曼哈顿57街与麦德逊大道的交界口,一幢黑石表面的摩天楼的低层,巨型的玻璃墙中,居然翠竹成林,绅士淑女,散憩其间……就算是也能装作旁若无人,独坐幽篁里,明月不来相照了。"(《哥伦比亚的倒影》)是的,真正要命的就是:今天的生活无论多么自以为现代、多么进步、多么能让大楼里也翠竹成林,可那是二手"幽篁",因此"明月不来相照了"。

传统与经典不是只用来当作无限"解构"的对象的,用更理性也更中庸的态度对待传统,正是"后现代主义"以及"后文明"的觉悟。

中庸的"后现代主义"

现代主义与后现代主义主要区别是前者更激进,后者则姿态较为中庸,崇尚冷静、适度,在许多方面是对前者的纠偏与超越。比如:

对自然的态度:现代主义认为人是万物灵长、宇宙中心,一切应为人类所用。而后现代观点认为人是宇宙自然的一部分,勿以灵长自居,万物需和谐共处。

对世界文化的态度:后现代艺术破除了欧洲文化中心思想,强调各民族文化共存的多元发展。

对传统与科学的态度:后现代艺术放弃盲目乐观自信,不再崇拜科学与更大、更快、更先进的东西,回归传统与手工、自然的价值。

对自我与他人的态度:现代主义强调个体与自我的绝对价值。后现代则注重自我与他人的交流。后现代艺术旨在建立观众与艺术家平等和谐的关系。

据甄巍《体验现代精神》总结，后现代美术一般有以下特点：具象与传统写实开始流行起来；借用传统题材，如神话、传说、宗教故事或经典表现现代人的感受，或用现代眼光重新审视传统艺术；联想、比喻、引用、典雅、和谐重新回归美术；通过古典主义绘画方法，表达对于旧日田园牧歌、自然风光、乡村生活的怀念以及对于现代社会颓废、自恋与追求感官消费的文化的批判。

现代艺术反传统、尚先锋与闹运动、好革命的风潮以及抽象与实验性的前卫艺术正被后现代主义者扬弃，人们又开始青睐具体形象和传统艺术手法。后现代主义并没有明确地全面否定现代主义艺术，它在一定程度上继承了现代主义的语言与结构，它是中庸的，新和旧不再是两个对立的范畴。后现代主义也不像一个主义，它没有固定和明确的宣言、人员和风格，只是一个松散宽泛的概念，一种多元论。

时代已悄然晃进了"后现代"或"后文明"，我们许多观念得调整跟上。

自然是生命永恒的维度

> 我不与谁争，／什么都不值得我争。／我爱自然，／其次爱艺术。／我在生命之火前暖双手，／火熄，我便辞世。（英国诗人兰德）

这是杨绛先生最喜欢的一首诗。在这个世界上，我们所可能爱的与我们最应该首先去爱的，应是大自然与艺术。因为这种爱可以使我们的生命得到安顿与提升，并获得智慧与力量。人生观要建立在宇宙自然观上，艺术观也是如此。自然是人类生命永恒的维度。

利奥波德的大地伦理为人类的行为规范提出了一条新的准则："一件事情，当它有助于保护生命共同体的完整、稳定和美丽时，它就是正确的；反之，它就是错误的。"（霍尔姆斯·罗尔斯顿《环境伦理学》）这个准则符合中国老子的"无为"智慧，人类需要这种大地伦理为自己的可持续存在与维护自然的完整制定规则。

罗尔斯顿指出大自然所承载的14种价值，它们是生命支撑价值、经济价值、消遣价值、科学价值、审美价值、生命价值、历史价值、使基因多样化的价值、宗教价值、多样性与统一性价值、稳定性和自发性价值、辩证的价值、文化象征价值和塑造性格的价值。不幸的是，人类主要让大自然承载并且是过度承载了上述价值中的前四样价值。

人生本质的问题仍然在于你能否真正理解现实或自然与人存在的关系，而"中国文明对人类、社会和自然之间的关系有着深刻的理解"（伊·普里金《从混沌到有序——人与自然的新对话》）。

中国艺术尤其喜爱以自然山川为境，正是在其中看出不可思议的妙谛，看到自然作为人类永恒的生命维度的意义。大自然风雨晴晦、寒暑昼夜，山水氤氲、草木蒙茏，时时创化着无尽的意趣，最能映射表现人类胸中蓬然若春、肃然似秋的万千韵致。

无我的永恒

"极端的现代寂寞之底,沉潜着古代之安谧。"

这是川端康成《山之音》的艺术特色,这篇小说让我们似乎可以更明白前篇兰德诗的深刻意蕴。人类如何从对死亡的恐惧中解脱,是一个人生永恒的问题,也是哲学、宗教及艺术都在探索的问题。凸凹《无我的永恒》一文分析了《山之音》,展示了艺术家如何借艺术形象表现自己超越生死的智慧:

> 作品一开始,便在极垂暮的人生氛围中透露出死的信息。主人公信吾年过花甲,吐血健忘,生气奄奄。深夜,当他听到蝉凄清的叫声和远方的风中混杂着令人惊然的山音,信吾觉得这是在预告自己的死亡。信吾对死极恐惧,恐惧带给他的是对生的执着,而这种执着一旦落入潜意识的层面,便形成对性的执着。因为性是生的最直接的代表。这样,性与死的潜意识中的冲突,便构成整部作品探索生之奥秘的原始动力。

信吾对死的恐惧,是极具代表性的,这是一种永恒的人性状态,他怎么办呢?川端康成将如何为信吾解决这个问题?

> 川端让信吾与自然求得一个共融的情绪,让自然中所蕴含的深邃而神秘的力量使信吾惊愕:瑟瑟秋风中,银杏树又发出了新芽;埋在地下两千多年的莲子开出了荷花。信吾由此产生了一种生命无限的扩张感,从而使心中的情结从卑琐走向博大,从灼烈走向淡泊,从具象走向纯粹,也就是从性的执着走向对更广阔的生的沉思。

川端让信吾与自然所求得这种共融的情绪,用中国文化术语讲就是"天人合一","小我"在这种合一中得到了净化与升华,一种广阔的"大我"的生命之境也由此得到了拓延:

> 首先他感到:生应该是慈悲的。感情之无利害的拓延,便是自我生的心理向更广阔的生的拓延。菊子是慈悲的。丈夫修一从别的女人那里回来,喝得烂醉,菊子却把他的脚放在自己的膝上,为他脱鞋,使修一沉靡的心得到救助。菊子还求信吾不要锯掉樱树上开着可怜的小花的旁枝。信吾便因此也变得慈悲:他对从山里来到他家居住的鸢、蛇、鸟都怀着深情,称它们为"家里的主人";甚至醒来时一听到鸢的声音,"就感受了爱情"。由于爱

得到了延伸，使信吾与自然的交感极密切，对自然的细腻感受中，他深刻领悟到：生应该是无心的。

至此，我们已经看到，对死亡的超越，一定是一种哲学与宗教超越的综合境界，即破除"我"与"非我"的对立和界限，把自我完全融进自然的无限生命之中，在"无心"中物我合一从而解脱自己。"无心"之说是典型的东方精神。

> 信吾有初悟之后，川端并未放手，又"扯"着他去感受江户时代的画和古戏"能乐"的特味，让他体味到艺术的生命亦是无限的。在自然和艺术的双重感召下，信吾终于有了彻悟，即：空即是色，色即是空。个体生命虽走向苍老、死亡，但时空中整个生命的流程没有苍老更没有死亡。只要破除"自我"，把"我"放到"无我"的生命宇宙中去，生命就会浩浩荡荡，无尽无穷；正如信吾房上的鸢，虽然不知不觉中换了代，但相同的鸢的声音却总是继续着。（凸凹《游思无轨》）

大自然与艺术存在的主要价值应该是帮助人类超越对生死的执着或恐惧，融入到一种"无我"（即超越小我）的永恒生命（即大我）中去。这也许就是我们应该首先热爱大自然与艺术的理由。

大化流衍中，安慰我们灵魂的主要是永恒的自然与艺术，自然与艺术是不信教者的宗教。

像孩子那样与世界邂逅

> 有一个每天都要出外游荡的小孩，／他看到的每一个东西，就变成了那个东西，／那个东西变成了他的一部分。

这是诗人瓦尔特·惠特曼所描述的孩子与世界的关系。"他看到的每一个东西，就变成了那个东西"，这个本事不是大人能有的。

孩子和艺术家对于世界有一种特殊的观看方式，就是能"更强烈地去看"，更留心观看对象的细节、形状和色彩；而不是有选择地、功利地看。所以普通人就是不能更强烈地去看的人。

"天空是如此宁谧湛蓝。我四周的人低着头，走路像机械。只有我，打破这节奏，仰看天空。从这点来说，天空是我的。"这个"天空"是一位叫Lyndal

Roper的诗人的。

孩子们常常会像艺术家那样去看,也许这就是为什么毕加索促请人们不要长大,每一天要像孩子那样与世界邂逅的原因。

"群籁虽参差,适我无非新。"王羲之说天地万物在我眼中永远是新鲜的。

神秘感的消失是新的野蛮

"爱好你永世不能见到两回的。不要颜色,只要毫厘之差的阴影!"(朱光潜)

今人的不幸是理性对感性的绝对胜利,是所谓科学之光对可爱阴影的粗暴"照亮"。当人类欢呼科技进步时,另一种衰退也在加速,这就是人类的科技活动的探照灯将世界那些原本幽秘的存在全曝光了,人类为世界除去了原本处处存在的神妙的魅力。世界从此越来越失去了它的神秘、神性及诗意这些构成价值世界和意义世界的存在,人也越来越失去了可贵的人性,成为碎片化、异化的机械的存在。

"我恨那些人,他们用他们仿造的小太阳(即理性)照亮了每个舒适的阴暗角落,赶走了如此安稳地住在拱形的树荫下面的可爱的幻影。在我们的时代里,有过一种白天,但是浪漫主义的夜色和曙色要比阴云密布的天空的灰色光辉要美。"(蒂克《威廉·洛威尔》)

托马斯·曼说:"人类的理性注视着世界日益陷入难以自拔的深渊,却没有意识到自己就是造成这一深渊的深渊。"当然这里指的是那种过度的理性,它使人类不是进入到合乎人性的状况,而是堕落到一种新的野蛮状态。

人类千方百计用水泥遮蔽大地与自己的自然联系,正处心积虑地用所谓"亮丽工程"取代星月灿烂,然而夜晚的华灯造成的光污染已使世界上1/5的人对银河视而不见,约有2/3的人生活在光污染里。人类正在失去夜空。还有比打着"发展"旗号在深藏秘境的大地上照来照去更疯狂、愚昧、无知的行动吗?

而在所谓的文明让人类的生活与精神越来越碎片化时,艺术化的人生态度、诗意的生活方式正可以建立一种整体性、魅力的世界。以一种诗性智慧对待一切,成就一种诗意人生。诗意的神秘主义情怀的培养应该是人类重新获得拯救的有效途径。神是对这个世界的无限奇妙性的诗意概括,神是无限的宇宙全体。充盈在天地之间没有别的,只不过是一个大生命!

对人类来讲，最应有的本事就是：所见者皆生命。

"林间松韵，石上泉声，静里听来，让天地自然鸣珮；草际烟光，水心云影，闲中观去，见宇宙最上文章。"（《菜根谭》）

闪电的字母

一位德国诗人吟道："我将死去，却没学会／闪电的字母。"又有谁能学会呢？闪电是什么呢？

美国诗人斯奈德在他的《松树的树冠》一诗中写道："蓝色的夜／霜雾，天空中／明月朗照。松树的树冠／弯成霜一般蓝，淡淡地／没入天空，霜、星光。靴子的吱嘎声。兔的足迹，鹿的足迹，我们能知道什么？"

两个不同国籍的诗人，一个自称"没学会闪电的字母"，一个说"兔的足迹，鹿的足迹，我们能知道什么？"他们所感略同的是对自然之神秘的谦敬与深情。

"存在的东西有许多东西人不能加以掌握。只有不多的东西被人认识到。熟知的东西仍然是不确切的东西，已被掌握的东西仍然是不确定的东西。"（海德格尔《林中路》）

这就是有时"不可知论者"比"可知论者"更智慧的原因。

大地总是隐藏秘境

当2002年9月17日，人类借科学考察之名对埃及胡夫金字塔进行破坏性探秘时，那些还拥有真正的理智，对世界抱有深厚的神秘情感，对自然带有温情和敬意的人们说：

> 对于人类来说，大自然有着太多的奥秘，我们缺乏的不仅仅是了解，我们还缺乏足够的想象力。那些古代的人，他们面对着荒芜和空旷的大自然，守候着四季轮回的贫瘠和原始的生命，他们要靠想象生活，于是在冥想中诞生了圣贤、智者和诗人。那是直接从泥土和岩石中获得了知识和力量，并且口耳相传，训诫着人类。因此，当我阅读《奥义书》和《埃及亡灵书》时，

感到的是震撼,那就是古人的知识和智慧,是以诗歌的形式在日月经天的大地上流传,并帮助人类从心灵走向心灵,在伟大的想象力的庇护下,使灵魂不断地获得再生。(才旺瑙乳《想象与神迹》)

才旺瑙乳忠于诗人职守地关心如何"在伟大的想象力的庇护下,使灵魂不断地获得再生"的问题。对于直播金字塔考古的活动,在中国西部有几个头脑和才旺瑙乳一样清醒的人,他们以自己的方式坚持着生命诗意的存在,将我们带到幽远的生命灵境中。

"大地总是隐藏秘境,来应和我们诗意的想象。'肉体死亡为灵魂开启通往永生的大门……'飞白翻译的古埃及《亡灵书》的赞美诗让我想象这样的死亡秘境:在遗忘的河流上,一朵朵莲花绽放,像明亮的火焰在暗夜中接引,从今世到来世……死亡的秘境不应被这样亵渎啊!"(刘小雷《大地总是隐藏秘境》)

对大地所隐藏的秘境,冒失的人类缺乏足够的尊重与敬畏。

科学是有止境的

"不论是谁骚扰了法老的安宁,死神之翼将在他的头上降临。"埃及胡夫金字塔上有这句令人生畏的铭文。

这是提醒人们应节制自己的行为,应具敬畏之情。金字塔考古直播结束了,在胡夫金字塔的神秘通道阻路石后面,还是阻路石,对于这个结果,"诗人"很满意:"真的,这样多好。让我们不知道的那个空间继续存在下去,让那些悬念继续悬下去。"(耿德晶《探秘、征服与破坏》)

当央视《极地跨越》栏目在亚马孙雨林拍摄时,导游不断地指着森林说,这个树叶可以护肤美容,那种树皮可以治病,还有的可以疗饥等等。

那一刻,我恍然有所悟:原来上天所创造世界的物质是足够人类享用的,但是我们的贪欲使得世界在现代开始显得物质匮乏。更何况上天让人类活在世上,主要是指望他们创造精神,而不是创造物质,更不是随意改变、创造物种的。

"探秘确乎是人们与生俱来的嗜好。但探秘总要惊动、惊扰神秘的存在。至少破坏了它最后包裹的那点宁静,还有我们自己心中那些无限的向往和想象。我们为什么要急急忙忙将其打破呢?"(同上)

鲁迅曾说："盖使举世惟知识之崇，人生必大归于枯寂，如此既久，则美上之感情泯，明敏之思想失，所谓科学，亦同趣于无有矣。"（《科学史教篇》）只崇尚知识理性的世界是无机的世界，是一个虽然喧嚣但却死寂的无生命、无趣的世界。

科学是有止境的，当它的探索有损于世界与自然神秘而诗意的存在时，该大喝一声：站住！

有意春风点柳眼，无心时雨润桃唇。天地本是一个有情存在！

止步在离神山顶峰10米处

1955年5月25日，英国登山队的4名探险者首次登上了矗立在尼泊尔和锡金交界的干城章嘉峰，但他们却在距离顶峰10米远的地方停止前行。

因为登山前他们承诺不到达离峰顶10米以内的地方。这样信守诺言是为了尊重当地人对干城章嘉峰的神圣信仰。干城章嘉峰的名气远逊于比它高出300米的珠峰，但生活在山峰两侧的人民把它当作是能带来福祉的神山，因此不愿去登临冒犯。

如果人类当年也能在离珠峰最高处10米外停止前行，永远没有人狂妄地凌越践踏珠峰最后的神圣与纯洁，那又是多么明智、美好。

然而，"我们对待自然的办法是打击它，使它屈服。如果我们不是这样的多疑和专横，如果我们能调整它与这颗行星的关系，并深怀感激之心地对待它，我们本可有更好的机会存活下去"（E. B.怀特语，引自卡逊《寂静的春天》）。这个机会正被不明智的人类放弃。

程颐说："人与天地一物也。"朱熹说："天地万物本吾一体。"记住人与天地万物本为一物、一体，可避免仅仅把天地万物当物体来征服、来役用的粗暴。

青蛙跃入古池中

笔者上课曾就松尾芭蕉的俳句"青蛙跃入古池中，扑通一声"问学生：此诗的"古池"在哪儿？想以此启发学生对禅意禅趣的感知。

对"禅"的理解与把握必须具有相当的禅心慧根，需能体味某种神秘的直探生命本原的动中之静与静中之动，因为"禅是动中的极静，也是静中的极动，寂而常照，照而常寂，动静不二，直探生命的本原"（宗白华《艺境》）。

我们来看美学家如何解说"青蛙"俳句的禅意："在一片寂静中，扑通一声，青蛙跳水，声音是那样的轻微清越，像轻风突然使水面起了小小的涟漪，它显示着、证实着这世界的存在、生命的存在，然而这存在和生命又多么寂寞、空无、凄清、短暂啊！于是它启示你更感觉只有那超动静的本体才是不朽的"。（李泽厚《实用理性与乐感文化》）

美学家朱良志则说："诗人笔下的池子，是亘古如斯的静静古池，青蛙的一跃，打破了千年的宁静。这一跃，就是一个顿悟，一个此在此顷的顿悟。在短暂的片刻，撕破世俗的时间之网，进入绝对的无时间的永恒中。这一跃中的惊悟，是活泼的，在涟漪的荡漾中，将现在的鲜活揉入到过去的幽深中去了。那布满青苔的古池，就是万古之长空，那清新的蛙跃声，就是一朝之风月。"（《中国美学十五讲》）这就是禅心、禅境，也是美学上的空灵。

禅家以为人能见到自己与生俱来的本性，就是见性成佛。例如"寂寞古池塘"的一池止水，搅动它时才是激荡、混浊的。清静下来，泥沙沉淀。"静"和"澄清"同时发生，水的安静就是水的澄清。

禅宗《坛经》的要义就是多方论证了心的"澄清"可带来给人智慧的清明朗现。禅家也以"吾心似秋月，碧潭清皎洁"为美。人的心也如普照万家的秋月，既然只要水清澈，在哪儿都能照出月亮的影子；那么达到心境的澄定清明，那种清澈的智慧和本性也会盈盈而现，看到大千世界的花红草绿、云白天青。

清池明月见禅心。

所谓禅 微雨行到六分钟的时候

艺术境界与禅的境界都是空灵为上。

而空灵或曰"虚空"毕竟不好把握,这似乎是最没有"抓手"的东西。但"以禅喻诗"或"以诗喻禅"却是一种理解诗境或禅境的方便法门。

所谓禅是什么?台湾诗人郑愁予的《谈禅与微雨》将禅、微雨与诗的微妙进行了入神的传写:

> 而这些都不是
> 禅 与处子谈到词穷处
> 竟又进入余荫后的微雨
> 这种只适可散步七分钟的雨
> 少了 不够润
> 多了 便是浕
> 所谓禅 微雨行到六分钟的时候
> 也许就嗞嗞……嗞嗞地悟到了……

所谓禅是什么?悟到一丝了吗?

禅是超越客观与现实的模写的,是属于启示生命最高灵境的存在。"因为艺术意境不是一个单层的平面的自然的再现,而是一个境界层深的创构。从直观感相的摹写,活跃生命的传达,到最高灵境的启示,可以有三层次。"宗白华先生这段出自《中国艺术意境之诞生》的话非常重要,若明白其所言,艺术欣赏的水平可以有个飞跃。

宗先生借蔡小石《拜石山房词序》里形容词之三境说:"夫意以曲而善托,调以杏而弥深。始读之则万萼春深,百色妖露,积雪缟地,余霞绮天,一境也。(这是直观感相的渲染)再读之则烟涛澒洞,霜飙飞摇,骏马下坡,泳鳞出水,又一境也。(这是活跃生命的传达)卒读之而皎皎明月,仙仙白云,鸿雁高翔,坠叶如雨,不知其何以冲然而澹,翛然而远也。(这是最高灵境的启示)江顺诒评之曰:'始境,情胜也。又境,气胜也。终境,格胜也。'"

这三境由低到高就是通常的印象主义、现实主义(即情胜的始境,情是心灵对于印象的直接反映);浪漫主义、古典主义(即气胜的又境,"气"是生气远出的生命);象征主义、表现主义、后期印象派(即格胜的终境,映射着人格的高尚格调)。

你通常是在以下三个艺术境界的哪个层次上欣赏艺术呢?直观感相的摹写?活跃生命的传达还是最高灵境的启示?

禅趣与诗趣相通

木末芙蓉花,山中发红萼;涧户寂无人,纷纷开且落。(《辛夷坞》)
人闲桂花落,夜静春山空;月出惊山鸟,时鸣春涧中。(《鸟鸣涧》)
空山不见人,但闻人语响;反景入深林,复照青苔上。(《鹿柴》)

王维的这些经典绝句在意趣上与前述芭蕉的"青蛙"俳句几无二致,均传达了宇宙中动静、虚实、色空相互涵摄的微妙存在。其中的禅趣与诗趣也都达到了极致的相通,进入了李泽厚所说的"感性的超升和理性向感性的深沉积淀"之后的"本体的感性"境界:

> 一切都是动的,非常平凡,非常写实,非常自然,但它所传达出来的意味,却是永恒的静,本体的静。……自然是多么美啊,它似乎与人世毫不相干,花开花落,鸟鸣春涧,然而就在这对自然的片刻顿悟中,你却感到了那不朽者的存在。(《实用理性与乐感文化》)

"青蛙跃入古池中,扑通一声",这样的诗太简单了,简单得你我都写不出来。有禅意的东西首先是极其单纯的。"黄昏时分的水坝边,苍鹭在淡光中向小鱼冲刺。"此为澳大利亚一诗人所作。

有禅意的俳句是诗人扔进我们感情池塘的石子。诗人洛夫《问》:"在桥上/独自向流水撒着花瓣/一条游鱼跃了起来/在空中/只逗留三分之一秒/这时/你在哪里?"

天地间多少美的瞬间,我们都缺席见证,都不亲在现场,我们忙什么劳什子呢?

自然的美是无限的

川端康成从热海的旅馆中半夜醒来,发现葫芦花、海棠花正勃然开放着,极受感动:"自然的美是无限的,人感受到的美却是有限的……要活下去!"

看到自然美的无限,而告诫自己要好好活下去,这是那些对自然抱有诗意敏感的人们才有的一种慧心。

4世纪神学家格列高利激情地说:"当我看到每一座山头、每一座山谷、每一座绿草丛生的平原,再看到一排排各种各样的树林以及脚下那些既被自然赋予美妙的香气、又被自然赋予美丽的颜色的百合花的时候,当我们看到流云飞向远方海洋的时候,我们的心中就产生了一种糅合着幸福感觉的忧郁之感。"(鲍桑葵《美学史》)

一个人在看到自然美景时"心中就产生了一种糅合着幸福感觉的忧郁之感",应该是一个正常的人的正常感觉。但不是每个人都能天然地如此"正常",许多人需要一定的人文修养才可能如此"正常"。

"真正风流的人,有情而无我。他的情与万物的情有一种共鸣。"(冯友兰)学着如此"风流"是极有意义的人生追求。

一声桨响引起何等甜蜜的回音

自然美景是大自然赐予人类,抚慰人类的。

对于蓝天之蓝,有人说它是大自然赋予人类的最佳心理镇静剂。当烦忧郁闷时,请直接躺在大地上,仰望蓝天,那旷渺的蔚蓝定会为你止郁散忧。

或者请荡舟湖上,"湖的现象是何等的和平啊!……而一声桨响,又能引起何等甜蜜的回音来啊"(梭罗《瓦尔登湖》)!

当人们要么津津有味地过着"二手"的生活,要么为琐名碎利而争斗奔波、活得七上八下,而无暇看老鹰是怎样展翅俯冲、看彩虹是怎样当空架桥时,那"一声桨响"又怎能在他的心中"引起何等甜蜜的回音来啊"!

人不应以"万物灵长"自居

学者汪丁丁说:"我始终觉得人类太渺小,简直微不足道,从而,我们中国传统文化把'人'放在渺小的位置上——像山水画那样,把山川大地放在伟大的位置上,在我看来,这样的世界观比西方人的世界观来得更切实也更具智慧。"(引自北京大学出版社《博雅》)

明朝沈周的《仿大痴山水图》,画中的两个人物需要仔细搜寻才能找到,而这是中国山水画的独特传统,更是中国文化为"人"确定的适当位置。人仅仅是万物中的一物,而非灵长甚至家长。

张岱《湖心亭看雪》说:"天与云、与山、与水,上下一白,湖上影子,惟长堤一痕,湖心亭一点,与余舟一芥、舟中人两三粒而已。"完全就是典型的中国山水画那种"把'人'放在渺小的位置上,把山川大地放在伟大的位置上"的文字描画。

虽然"人"只是"两三粒"状的渺小,但"人"是融进无穷大化流衍中的,那里是无所谓大小、无所谓寿夭、无所谓贵贱,这是一个万物各得其所、各是其所是的世界,因而人也是在他应该在的位置上的。人非但不感到渺小孤独,是因为在这个位置上人体验到的恰是"万物皆备于我",这就是中国文化精神的"天人合一"——人在自然中安顿生命、提升生命的旨趣所在。

在对人与万物自然的关系定位上,庄子《齐物论》有极深刻透彻的认识。曾被诟病为"相对主义"的庄子思想,在现代现象学哲学的映衬下,显出了极具前瞻性的智慧,那就是"面向事物本身"的精神及与此相关的万物平等的"齐物"意识。这种精神意识,打破了"人类中心主义"的人类自我神话,把人类放到万物之一"物"的本然位置上。这并非把人类降格处理,而是让人类找准自己在天地自然中合适的存在尺寸。

柏格森在《形而上学导论》中说:"把握事物有两种完全不同的方式——我们不是反复思考事物,便是参与到事物之中去。"悲剧的是,人类在这两种把握中,理性的反复思考远多于感性谦敬的参与。

器范自然　师友造化

庄子的"齐物"思想不是快刀斩乱麻地将不齐的事物斩齐,而是站在一个最高的角度,也就是"道"的角度让我们看那"不齐"的事物也就齐了。

苏轼说"可使食无肉,不可居无竹",因为虽"无肉令人瘦",但"无竹令人俗"。这种意趣来自王徽之风流蕴藉的故事:"王子猷尝暂寄人空宅住,便令种竹。或问:'暂住何烦尔?'王啸咏良久,直指竹曰:'何可一日无此君!'"

人可以超越占有式的生存方式,在更高的自觉层面去器范自然、师友造化,从而"与梅同瘦,与竹同清,与柳同眠,与桃李同笑,居然花里神仙;与莺同声,与燕同语,与鹤同唳,与鹦鹉同言,如此话中知己"(陆绍珩《醉古堂剑扫》)。

古人一直视天地万物为良友:"天清地旷,浩乎茫茫,皆我友也。如太空无言,照人心目,辄增玄妙,此禅友也;夕风怒号,击竹碎荷,败拥叶飔飗,助我悲啸,此豪友也;眉月一弯,悄然步庭外,影珊珊如欲语,清光投我怀抱,此闺中友也;墙根寒螀,啾啾草露中,如一部清商乐,佐西窗闲话,此言愁友也。审是天地自然良友,悉集堂中,莫乐于此矣。"(叶镶《散花庵丛语》)

一草一木皆是人类自由生命的导师,自然还与人在情调上有深度的契合。宋代郭熙点出人与环境的感应关系:"春山烟云连绵,人欣欣;夏山嘉木繁阴,人坦坦;秋山明净摇落,人肃肃;冬山昏霾翳塞,人寂寂。"自然现象与人的情调天然契合,所以天人合一。

十分的秋,你感觉到了几分

秋天又坚定地如约而至,对于它,我们应怎样接待呢?十分用心地去感受它所蕴含的十分的意味,怕是最好的方式。在秋天我们的"存在",就是在对秋天充分的审美态度中体现出来的。

秋之更深、更宽、更广、更高乃至更幽微的、更精致的"意味",我们也许只能借助古今艺术家那超常的敏感去把握。因为那些精神的触角要比凡人长许多的艺术家们更能触探到秋之长、之宽、之高以及秋之深、之幽、之微。

因我们的麻木、不仁与无知、偏见以及过分的贪欲等种种精神缺陷而丧失了对生活诸种意味的感受、体验、发现与创造,艺术家的存在恰恰是为了弥补我们的精神缺陷。

中国作家最擅长写秋

郁达夫《故都的秋》曾提到:"有些批评家说,中国的文人学士,尤其是诗人,都带着很浓厚的颓废色彩,所以中国的诗文里,颂赞秋的文字特别的多。但外国的诗人,又何尝不然?……你若去一翻英德法意等诗人关于秋的歌颂与悲啼,各著名的大诗人的长篇田园诗或四季诗里,也总以关于秋的部分,写得最出色而最有味。足见有感觉的动物,有情趣的人类,对于秋,总是一样的能特别引起深沉、幽远、严厉、萧索的感触来的。"

也许是隔着文化与文字,读域外作家关于秋的诗文,总不那么亲切到位。比如英国诗人济慈也写过风格类似元曲大家白朴《天净沙·秋》的作品《秋之颂》,但读来某种"隔膜"总是挥之不去。我相信,关于秋,"写得最出色而最有味"的非中国作家莫属。

郁达夫说:"在中国,文字里有一个'秋士'的成语,读本里又有着很普遍的欧阳子的秋声与苏东坡的赤壁赋等,就觉得中国的文人,与秋关系特别深了。"别说文人,就是我们这些平常人,堪称有质量的生活里能缺少与秋的关系吗?

夏往秋来,秋之动人心魄的种种情绪中首先就是"悲秋"。战国宋玉可算是"悲秋之祖",他那以秋景起兴、借秋景写愁绪的《九辩》开篇长久地沾溉了后世的同类作品。一句"悲哉秋之为气也！萧瑟兮草木摇落而变衰……"使秋之悲凉瞬时弥漫开来，谁能自胜其悲？

"盖夫秋之为状也，其色惨淡，烟霏云敛；其容清明，天高日晶；其气慄冽，砭人肌骨；其意萧条，山川寂寥。故其为声也，凄凄切切，呼号愤发。"这是欧阳修《秋声赋》中对秋之色、之容、之气、之意、之声的权威概括。

汉代《淮南子》说："春女思，秋士悲，而知物化矣。"唐诗有"山僧不解数甲子，一叶落知天下秋"。现代人也慨叹："啊，秋来了！一年容易，似曾相识的动人的秋风又来了！……一提起了秋字，像一位出世的忘人突然又发现了他忍痛勉强抛开的恋人的名字一般，霎时间心中便会有一种溶溶欲断的柔感。四周的情调立即都变了，水银一般的只是在心中到处扰动。……思力集中在一点，感觉便突然敏锐了起来，一件我无时能忘的过去的事，像睡莲在月下悠悠地从水面舒开了一般，又浮到了我的心头。"这是叶灵凤的《秋怀》，能说它不是你也有过的秋怀？

秋来了，秋风起了，你会有什么感觉呢？谁最在意"秋风"呢？且看刘禹锡《秋风引》："何处秋风至？萧萧送雁群。朝来入庭树，孤客最先闻。"秋风起而雁南，孤客之心最先秋矣。

年龄也决定了对秋的感觉，杨万里《感秋》所"感"正在此："旧不悲秋只爱秋，风中吹笛月中楼。如今秋色浑如旧，欲不悲秋不自由。"

少年不识愁滋味，爱那份晚凉天气好时"风中吹笛月中楼"的风流意趣。人至中年，虽秋色全然依旧，但旧时心情非但不再，甚至想不悲秋也不由自己了，只让千情万绪拜托给一句"天凉好个秋"！

"秋天里的春天"

元曲大家马致远因写《天净沙·秋思》而成为"秋思之祖"。秋之令人断肠的"萧瑟苍凉"于此臻至极境："枯藤老树昏鸦，小桥流水人家，古道西风瘦马。夕阳西下，断肠人在天涯。"

同是元曲大家的白朴，用同样的越调，同样的韵，甚至相同的字写了情调完全不同的《天净沙·秋》："孤村落日残霞，轻烟老树寒鸦，一点飞鸿影下。青山绿水，白草红叶黄花。"

此曲将秋天那斑斓色彩中静谧悠邈的景致从容舒缓地传递出来。有专家说这两个"天净沙""不会是偶然的雷同，也不太像英雄所见的略同"，"最大的可能是其中一人受了另一人的影响"。考证的结果，专家告诉我们，虽然马致远的"秋思"胜于白朴，但白朴的是那"出青之蓝"。它给人启发的是秋天也不一定非令人断肠不可。

秋天的"大乐天派"还应属于唐代刘禹锡《秋词》："自古逢秋悲寂寥，我言秋日胜春朝。晴空一鹤排云上，便引诗情到碧霄。""山明水净夜来霜，数树深红出浅黄。试上高楼清入骨，岂如春色嗾人狂。"

也许当年刘禹锡被贬到"巴山楚水凄凉地"长达二十三年后回到主流社会却毫不颓唐沮丧、怨天尤人，依然豪情不减当年地吟唱"沉舟侧畔千帆过，病树前头万木春"，他靠的就是这份达观与浪漫吧？

《秋天里的春天》是匈牙利巴基的小说。这"秋天里的春天"足够引发翩翩联想，希望之花照样可以在秋天里舒开。这种感觉被巴金在译序里强化为："在生活里是充满着春天的。秋天里的春天，冬天里的春天，而且有很多很多的春天。"是的，我们对秋天，都应该抱有"春天"的期待……

当年"壬戌之秋，七月既望"游于赤壁之下，与客泛舟的苏子吟唱："清风徐来，水波不兴。……白露横江，水光接天。纵一苇之所如，凌万顷之茫然。浩浩乎如冯虚御风，而不知其所止；飘飘乎如遗世之独立，羽化而登仙。"他抒写了一个旷达、解脱的境界。

而在把酒问天，望月怀人的《水调歌头·中秋词》中，苏轼将政治上入世、出世的矛盾与情感上离合、圆缺的矛盾，升华为既挚爱人生又善处人生的千古绝唱，逸怀浩气超乎尘垢之外。

苏轼还有七绝《中秋月》："暮云收尽溢清寒，银汉无声转玉盘。此生此夜不长好，明月明年何处看？"在阔远、清寒、静谧的中秋夜，怎能不生此怅惘？这种感觉真是太经典。

正宗的秋色在北方

当然，正宗的秋色也不是不分东西南北的。

郁达夫《故都的秋》说："秋天，无论在什么地方的秋天，总是好的；可是啊，北国的秋，却特别来得清，来得静，来得悲凉……江南，秋当然也是有的；但草木凋得慢，空气来得润，天的颜色显得淡，并且又时常多雨少风。"

所以在江南"秋的味，秋的色、秋的意境与姿态，总看不饱，尝不透，赏玩不到十足"。是啊，那层林尽染、红叶漫山，那天高云淡、望断南飞雁的秋日佳景，岂可见于南国？

不过，郁达夫还是客观地肯定了一些南国秋天的风致："南国之秋，当然是也有它的特异的地方的，比如廿四桥的明月，钱塘江的秋潮，普陀山的凉雾，荔枝湾的残荷等等，可是色彩不浓，回味不永。比起北国的秋来，正像是黄酒之于白干，稀饭之于馍馍，鲈鱼之于大蟹，黄犬之于骆驼。"

这客观里依然夹杂着对北国之秋无法抑止的主观激赏："可是这秋的深味，尤其是中国的秋的深味，非要在北方，才感受得到底。"

杜甫《秋兴》"波漂菰米沉云黑，露冷莲房坠粉红"，几乎用最华丽的笔触在写秋景，并抒写盛唐繁华不再之情，寄慨遥深而措词雅绝。

秋的高度在哪里？杜甫说"千崖秋气高"，杜牧说"南山与秋色，气势两相高"，宋代吴文英更指点出了秋的最高度："秋与云平！"

写秋之清丽绝俗的则有朱熹的《秋月》："清溪流过碧山头，空水澄鲜一色秋。隔断红尘三十里，白云黄叶共悠悠。"此诗同时极写一种从景物中升华起的"空水澄鲜"般的精神超越。

宋代刘翰的《立秋》："乳鸦啼散玉屏空，一枕新凉一扇风。睡起秋声无觅处，满阶梧叶月明中。"虽写秋已很空明，但比起韦应物《秋夜寄丘二十二员外》来，就多了一些烟火人间的富贵之气："怀君属秋夜，散步咏凉天。空山松子落，幽人应未眠。"秋天的空明禅静尽在于是。

宋代刘克庄的一首诗，虽名为《冬景》，但其中所写的物事似乎应该是秋天里才有的，还是当《秋景》来看吧："晴窗早觉爱朝曦，竹外秋声渐作威。命仆安排新暖阁，呼童熨帖旧寒衣。叶浮嫩绿酒初熟，橙切香黄蟹正肥。蓉菊满园皆可羡，赏心从此莫相违。"在秋天里安排出那熨帖情思的、细细碎碎又丰丰满满的滋味可正是这样？秋天我们能享受的一切中这几样可是断不能少的！

纵使秋天更能强化我们的孤寂愁绪，在文人的笔下也不会单一地表现。杜牧《秋夕》写道："银烛秋光冷画屏，轻罗小扇扑流萤。天阶夜色凉如水，坐看牵牛织女星。"在牛郎织女相会的秋夕，用轻罗小扇扑萤的宫女的孤寂化作了如水的凉意，浸漫在她的周围……

在词人那里则是"何处合成愁？离人心上秋。纵芭蕉不雨也飕飕。都道晚凉天气好，有明月，怕登楼"（吴文英《唐多令》）。更带有词体那种要眇宜修、含蓄柔婉的特点。

我在此来个续貂，表现离别则可能会是这样："当你转身时，一同离去的还有夏。我听见，心被击中！'轰然'一声，秋天落下！"

现代诗人朱湘的《秋》诗激情澎湃地表达了对死亡的"超级浪漫"姿态的向往："宁可死个枫叶的红，灿烂地狂舞天空；去追向南方的鸿雁，驾着万里长风。"此诗读来一如诗人对自己生命和个性的注脚——短暂、单纯、孤高、浪漫，但始终执着认真。

秋与春、与夏、与冬

秋天是浓缩了的四季，要不，秋天的味道怎么会那么浓？

似乎四季中只有秋季能够同时兼容春、夏还有冬天的品质。秋老虎是夏，肃杀萧瑟是冬，许多草木再次抽芽吐绿自然是春了；秋天甚至比春天更适宜种树。

春夏秋冬，我偏爱秋，春太柔，夏太炙，冬太酷，唯有秋是那么稳重、矫健。对于秋天的赞美，许多人都喜欢拿其他的季节进行比较。

春天是被闻到的，啊，一丝春的气息，沁人心脾；夏天是被听到的，那无尽的蝉声，是夏的主旋律；秋天则是被品到的，金色的秋，收获的滋味是如此丰满；冬天应该是被看见的，山野茫茫，白雪皑皑……

以秋天为蓝图的"天国"

假如有"天国"，它应该是什么格调气派？

这里有个可供参考的蓝本："假如我能建出天国，我一定要以秋天为蓝图。这里不仅有适度的温凉，而且有哲学式的深邃。红春绿夏的一切躁动，在这里都受到了梳理和过滤。像雁阵一样有序，像清霜一样清净。人与人的呼应，也亲疏有度。"（毛志成《秋的天国》）

"莺花茂而山浓谷艳，总是乾坤之幻境；水木落而石瘦崖枯，才见天地之真吾。"洪应明《菜根谭》里所闪现着佛光睿智的"秋思"——对秋的反思——也是极典雅的、站在哲学本体高度的诗意与理性完美谐和的文字。

"春日气象繁华，令人心神骀荡；不若秋日云白风清，兰芳桂馥，水天一色，上下空明，使人神骨俱清也。"秋天在四季中最具禅意，它以自己的沉稳静穆的气质助人消释、摆脱过分的欲念与贪求。

春为幻境，秋见真吾。

秋水文章不染尘

"秋水文章不染尘"应是做人与作文的至高境界，诗人之诗与诗人之人俱尚清境。

宋代方回提倡诗境应静而清："天无云谓之清，水无泥谓之清，风凉谓之清，月皎谓之清。一日之气夜清，四时之气秋清。空山大泽，鹤唳龙吟为清。长松茂竹，雪积露凝为清。荒迥之野笛清，寂静之室琴清。而诗人之诗亦有所谓清焉。"（《冯伯田诗集序》）

"不可及处，在真在厚"的陶渊明写秋景自然也不会落入浅俗，"采菊东篱下，悠然见南山"的"真与厚"之超妙固不用说，以下诗句更是道尽高秋爽色："清气澄余滓，杳然天界高。哀蝉无留响，丛雁鸣云霄。""露凄暄风急，气澈天象明。往燕无遗影，来雁有余声。""露凝无游氛，天高肃景澈。陵岑耸逸峰，遥瞻皆奇绝。芳菊开林耀，青松冠岩列。"这些诗句是心灵中"有一段渊深朴茂不可到处"的陶渊明，在借秋天的特质表现自己灵魂的澄澈高旷。

西晋陆云诗云："闲居外物，静言乐幽。绳枢增结，瓮牖绸缪。和神当春，清节为秋。天地则尔，户庭已悠。"虽然捆缚户枢的绳子已是结了又结，用来权当窗户的瓦瓮也需要再修补，但我乐此超然物外的幽静闲居。因为我之神和，可以当春；我之节清，可以为秋！

秋有十分的姿色，你看见了几分？
秋有十分的韵味，你感受到了几分？
秋有十分的激情，你触摸到了几分？
秋有十分的品格，你领悟了几分？
啊！秋色、秋韵、秋天的激情以及秋天的品格何止十分？

大学人文小品读本
DAXUE RENWEN XIAOPIN DUBEN

秋篇(上)·开明

美美与共

"各美其美，美人之美，美美与共，天下大同。"这是费孝通先生对"大同"社会的精辟概括。

"各美其美"意谓人们应该各自拥有并坚持自己的价值观，"美人之美"意谓每个人还应该尊重他人的价值观，"美美与共"意谓一种价值观与另一种价值观应该和平相处，不应粗暴地相互取代。达到上述要求，社会就是"大同"社会，世界就是和谐世界。

"大同"社会易被人们臆想为无差别的全世界人民持一种价值观的社会，但这在理论与操作上都是不可能的朴素且粗陋的"大同"，其荒谬无异于认为大象、狮子或老虎应该长得一模一样。

有一个"各美其美"的底线，那就是只要一个人不拿他所持的某种价值观去强迫他人接受，不打着唯有自己的价值观是"正义"的旗帜去谋财害命、去搞恐怖活动，那就让他"美己之美"吧。如果还能"美人之美"，进而"美美与共"，那么理想的社会就实现了。因此这种"大同"社会就是"多元价值理念"变成现实的社会。

宽容的多元论就是积极而友好地去理解另一个人的信仰、行为和习惯，虽然不一定得同意或接受它们。正如那句名言所说："你所说的话我一个字也不同意，但你说话的权利，我却要誓死捍卫它。"

多元价值观也可避免我们太武断、太霸道、太自以为是，让姿态更平和理性。人有一万个理由成为一个持多元价值观的人。

尊重文明之间的差异

多元化的观点会营造一个远比单边观点更为广阔的自由空间，尊重文明之间的差异是一种人文教养，是人文精神的底线。

联合国《2004年人类发展报告·序言》说，本报告严肃地审视并否决了文明冲突论；我们能接受的是南非大主教图图的一个结论，就是差异让我喜悦，因为差异才让我喜悦。他指的是文明间的差异。

本来差异就是差异，差异不一定导致冲突，而有些人对差异过敏，便将文明间的差异解释为"文明间的冲突"了。可怕的是，天天说"冲突"，年年说"冲突"；你也说"冲突"，他也说"冲突"，最后的结果很可能就是，没冲突也被"提醒"出冲突了。你本来没病，人人说你有某种病，日久天长，你若架不住人说，就会真得那种病。

真诚地尊重文明间的差异、人与人之间的差异，就是一个持多元价值观的开明人士。

和谐社会是多元社会

人类由"不和"到追求"和"是一种进步，但却往往容易一味求"和"而导致苟同。

苟同之同是盲目的同、虚假的同，甚至是具有破坏性、无原则的同，因而也就是缺乏理性的和、虚假的和与有害的和。

和而不同出自一个著名的故事，即"齐王衣紫，一国皆紫"。齐王问晏平仲，我穿紫衣服，全国人也兴高采烈地与我"撞衫"，全穿紫衫了，大家都跟我很"和"吧。晏子说，这不是"和"，这叫"同"。齐王问什么叫"和"？"和"是相同的事物与不同的事物相反相成、相济地和谐相处，而"同"则是事物无差别的苟同状态。比如，"三个臭皮匠顶个诸葛亮"，是因为他们分工不同，皮匠甲买皮子，皮匠乙缝皮子，皮匠丙卖皮货。三皮匠组成皮货公司。如果三个臭皮匠都是缝皮子的，皮货就没法有销路。

"和而不同"之"和"是一种动态的、保持个性化存在的君子之"和"，因而就是具有建设性的"和"。那种静态的"同"导致非个性化局面，只能是死水一潭，是破坏性的"同"。当领导的若只喜欢和自己的脾气、兴趣甚至能耐都是"一顺子"的人才，那它的单位也一定完蛋。领导的开明胸怀就是知道自己的团队里最不像自己的人，可能才是自己最需要的合作伙伴。

和谐社会是一个和而不同的多元社会。

小的是美好的

日语中关于"美"字的词源意义显示,日本人把小而精称为美。这也是日本文化的一个特性。许多电子产品的微型化、迷你化,均出自日本人之手。而传统的日本茶道、盆景、插花及庭院艺术也都是在小空间中营造优雅、精致隽永的意趣,很有回甘的余味。

短小的俳句是日本独有的诗歌形式,译成中文,一般也就两、三句。在规定的十七个音节中,诗人往往追求的是幽远、绵长的生命禅意。如松尾芭蕉和尚的"青蛙跃入古池中,扑通一声!"在仿佛是废话的语句中,表达了一种生命在动与静之间那种极微妙的张力。

《小的是美好的》是英国经济学家舒马赫讨论发展问题的著作,书中谈道:"'小'是相对于现代社会所推崇的规模大、消耗大、消费大的'大'而提出的,其实这些'大'都是人的'欲望',尤其是对物质需求欲望不断膨胀的种种表现,所以对'小'的推崇是对人的欲望的一种适度限制,一种理性的自我节制。"

浮躁的国人不知何时开始迷恋某种大思路、大举措、大工程、跨世纪工程,并对"现代化国际大都市""区域性中心城市"的定位感到过瘾;结果就是"跨世纪"的新一轮的放卫星运动又大规模地、极夸张地上演了。喜欢这类"宏大叙事",显然透着病态或变态。

在做大、做强、做美的口号中,只有先"做美"才是靠谱的。

相视而笑,莫逆于心

"相视而笑,莫逆于心",可以视为中国哲学家共同追求的境界,它也是一种"通"的境界,这是一种超脱言表、心有灵犀意义上的"通"。

那些真理性的认识,七讲八讲,实乃殊途同归。常人的问题往往就在于"隔",划出了许多条条框框来限制自己的认识与行动,什么唯物与唯心、革新与保守、进步与反动、正确与错误、精华与糟粕、新与旧,相互水火,壁垒森严。仿佛界限越清晰越好,范围越狭越好,观点越极端越好。然而这一切只不过是在讲述一个被夸张和扭曲了的故事。人类各大文明、宗教、思想和文化派别所积累创造的真善美的精神价值,原本是可以相通的。(据郑家栋《断裂中的传统》)

文化的相异并不排斥文化精神在终极意义上的相通。西方人说"伟大的人总会达成一致",中国人则说"英雄所见略同"。

"通"观世界,便可生动、开明地看懂世界。

是非总是分明也不对

成语"和光同尘",我们长期对它有误解与贬斥。从《辞海》《辞源》到各类现代汉语词典皆是如此。

它是老子一个体现"无为"精神的大智慧。佛教要求众人"没有分别心",庄子讲"齐物",老子提倡"玄同",它们在本质上正可以"相视而笑"。

世人不是做不到"没有分别心""齐物"与"玄同",而是错位地做,往往在不该"齐同"的时空里表现得"没有分别心",比如公私不分的贪腐。而该"齐同"时却热衷判别,比如某些"是非"问题。

常言道,是非越辩越清楚。然而,在有些问题上,是非却恰恰是越辩越糊涂,甚至越辩越混乱。因为判定是与非需要有一套标准,然而定标准的人又是拥有特定文化与信仰、隶属某个国家或民族的、有着特殊利益诉求与价值倾向的人,当这样的人"自以为是"地提出一种判定是非的标准时,这样的标准能被来自另一种文化与信仰、国家与民族且也有自己特殊利益与诉求者无条件认同吗?庄子《齐物论》认为"彼亦一是非,此亦一是非"就是这么产生的。

世上有些事情是不能分辨的,一旦非要分辨,便会产生问题甚至灾难。人类社会过度"分辨"是非善恶已带来太多问题甚至争斗与灾难。之所以其锐需挫,其纷需解,其光需和,其尘需同,就是因为老子发现人类过度相信分辨的必要、过度使用了分辨能力。虽然生活中是非的分辨、对错的甄别、善恶的划清及优劣的判定是必要的,并永远需要的。但问题是世界上的太多的事情却绝没有"乖巧"到让人们很容易用分辨的方式去"整除"它。

因为"这些概念之清晰的对立在真实生活中用于具体事物的评判时却往往含混不清。比如深爱和宠溺、严格与冷酷难以划清界限。打着正义旗号的人往往借重霸权,反抗霸权的人往往又借重恐怖手段。因此,如果我们相信自己或人类可以靠分辨的智慧达到没有任何模糊、没有任何困惑的境地,那就大错特错了。分辨一切,认识一切,洞察一切,这固然是值得追求的目标,却不是人类的最高利益所在，也无法最终实现"（刘笑敢《老子古今》）。关键在于幸福与快乐的获得从来不是靠分辨一切、洞察一切的知识，相反，这些知识过度的丰富还往往构成了幸福与快乐的障碍。人类似乎从来都是靠更高的"非分辨性"智慧活好的。

分辨的智慧在人类社会生活中是不可缺少的，但不能过度、过界。当老子看到人们太爱分别、分辨世界时，认为这不是一个良好的习惯。因此他指导人们如何拥有更高的教养——"玄同"。其方法就是"塞兑""闭门""挫锐""解纷""和光""同尘"——该沉默时沉默、该打掉棱角时打掉棱角、该糊涂时糊涂点、该放低身段时放低身段。但是一定注意："玄同之境"不是不辨是非的糊涂，而是对"分辨之智"局限的超越，可帮助人类减少是与非的无谓对抗与纠缠。

并且"玄同"亦非老子的最高追求，它还是手段。"玄同"是为了获得归真返朴。"和光同尘"的目的正是守朴归真。费孝通的"美美与共"的"大同"世界必须借助老子的"玄同"智慧才能实现。

正像人类不能时时挥舞"正义"的大旗，有时需要超越"正义"（请参阅本书《和德·超越仇恨也超越正义》），人类有时也需要超越"是非分明"。这样做，是为了在更高的层次更智慧地解决人类问题。

庄子"齐物"的妙趣

从凡俗的思维角度极易认为庄子"齐物"思想是极端相对主义的，不具备建设性的价值。但"齐物"思想是一种哲学大智慧。

"齐物"说的不是物质层面的世界万物可以齐同，说的不是从知识角度打量的世界本身，它是一种"世界观"，是对世界的一种价值态度和生活方式。它是人相对以较自由与解脱的姿态来对待生活，这是庄子欲"齐物"的初衷。

当人陷溺于自我设定的种种分别与自制的种种因果链索之中时，人生就会大迷惑、大偏执，就是将本为"一籁"的天籁世界分别为"三籁"——人籁、地籁及天籁。

有个极精彩的故事可为之喻：有人因家事烦心，在公交车上，觉得汽车的行驶声特别吵耳，埋怨汽车维修不善；市区修路的嘈杂，也让他难受；又觉得乘客高谈，声浪扰人，言谈乏味，令他生厌，等等。后来，他忽然看见某店铺招牌有一"天"字，想起天籁境界，心境逐渐平静，发觉车声跟往常无异，不特别吵耳了，乘客间的言谈虽无精密的推论，却是人情交流。渐渐，开始听不见他们谈说的内容，一切如斯宁静……客观车厢内并无丝毫改变，但先前与当下，却是两个世界；不，是同一世界的两面相。心境为情意所牵动时，世界就是人籁、地籁的世界；心境剥落外在的牵动，一切豁然开朗，便直下敞开天籁之境。（据牟宗三讲述，陶国璋整构《庄子"齐物论"义理演析》）

  这不正是"心远地自偏"？天籁之境并不单独在世界的某些人迹罕至的幽隐处，而是来自我们的心境状态，就像天堂也并不在离开现世世界的他处。

  不再刻意区分人籁、地籁与天籁，将它们的差别"一体放下"就是天籁之境的全然敞开。

把流行歌曲当佛经读的喇嘛

  笔者也有过一次类似的"齐物"经历。那是在甘肃有"中国小瑞士"之称的郎木寺游玩，偶遇20岁的喇嘛名"乔丹"者（因为喜欢美职篮球员乔丹而被人称作"乔丹"）。

  与这位嘴巴不停地嚼着口香糖的名为"乔丹"的喇嘛交谈了好久之后，他又向我展示了他更"时尚"的一面，从怀中掏出一张磁带的歌页，指着上面的一首流行歌曲说是他最喜欢的。我探头一看大惊失色，原来他"最爱"的是陈小春的《算你狠》，上面还有爱情歌曲。我问他，它们不会影响你学佛吗？他淡淡地说"我是把它当佛经来读的！"正是那一刻，庄子的"齐物"与佛教的"没有分别心"以及台湾净空法师所说的"即使读着《古兰经》我也能成佛"之间的"无分别性"如醍醐灌顶般豁然融贯、明朗于我的心。

  在返家的客车上，竟又给我提供了一次体验"齐物"法力的机会。当车上的DVD播放恶俗的武打片时，不耐其喧吵，正想让司乘人员关小点或关掉时，突然"乔丹"那句"我把流行歌曲当佛经来读"闪过脑海，我为什么不能也把这DVD所播放的东西当"佛经"来看？

  顿时，我的心竟然渐渐平静下来，甚至再仰头看那画面，耳听那几近噪音般的配音竟也慢慢地不是很讨厌了——那也是属于"天籁"啊。毕竟车上许多人正津津有味地欣赏着它，我无须"绝俗"到不近人情的地步。

  想到这些，一种多少有些"得道"的感觉油然升起。

和谐是与"疙瘩"的和解

一个摄制组到甘肃甘南桑科草原拍外景,与一户牧民接触时发现,他们帐篷里那张铺在草地上当褥子的羊皮,正当中鼓起了一个包,他们为什么不将草地铲平,让人睡得舒适一些?

还是藏族的历史、宗教和文化最终给他们揭开了答案,这是生活在高寒雪域的藏族人对自然的高度尊重,体现出他们与自然环境高度的和谐与融洽。

和谐原来是与"疙瘩"相融共存,是与自然中的"疙瘩"的和解!或者,藏族同胞从来就不认为那是个"疙瘩"。是我们的"分别心"把它看成"疙瘩"的。

雪域是神灵居住的地方,地表草地是神山的衣服,草原是"逐水草而居"的藏族牧人赖以生存的场所,因而,不能随意触犯。(据伦珠旺姆、昂巴《神性与诗意》)

藏族同胞认为冬虫夏草是山神的肠子,绝不敢挖来吃的。我想,那些对自然没有敬畏热爱之心者,却指望靠吃冬虫夏草一类的"补品"来养生,岂非荒诞?没心没肺、无肝无肠者能长寿,怕是没这样的天理吧。

为了双赢的适度妥协

说到"妥协",我们的思维与行动定势是不分青红皂白地、毫不犹豫地"毫不妥协"!

和谐的社会中当然也难免利益的冲突,但和谐的社会是以"建设性的友善"为终极旨趣的,所以在其间即使有利益冲突也应该是超越你死我活的。所以专家说:

> 如果说民主是灰色的,那么,妥协就是金色的,它不仅是美的,也是善的,真的。得到的是共同需要的东西,而将各自不想要的东西搁置一边,因此妥协各方都是胜利者,没有失败者。在社会的两极之间,存在着一个非此非彼、亦此亦彼的中间地带,或者可以称为模糊地带。一切矛盾冲突都在这个地带通过交流、对话、较量、互相渗透、融合、转化。这是一种合力作用的结果,谁也没有被吃掉,谁也没有被清算,可以说,中间地带就是促进妥协的地带,促进合作而不是分裂的地带,中间地带越扩大,两极地带越缩

小，社会也就越稳定，越安全。妥协实现之日，民主就诞生了。（何家栋《灰色的民主和金色的妥协》）

"妥协"有时是一种能够控制局面的自信、一种更有力量、更智慧的表现。积极的"妥协"还是顺人而不失己的，是庄子所说的"外化而内不化"，因此它是以退为进、友好而富有建设性的姿态。

人需要学会妥协的艺术，是因为我们都是同胞，我们根本的利益没有冲突；人需要学会妥协的艺术，是因为我们需要化敌为友。适度的不失原则的妥协是双赢乃至多赢的。

如果没有朱镕基总理当年建设性的妥协，中国加入世贸肯定会推后。此故事从略，有兴趣请上网了解。

同情地理解

超越单一、片面及孤立地看问题是基本的开明精神。

中世纪（5世纪—16世纪初）曾经被视为野蛮、愚昧、压抑人性的时代，但现代人已逐渐看到了它迷人的一面：纯洁、执着、精神化。

哲学奇书《苏菲的词典》认为："在中世纪，事实上并不是所有的都是黑暗的：比如博爱这样一种理念就应该是在中世纪中期被发现的。"这也是从阴阳共存的角度所看到的历史真相。

遇事进行开明而同情地理解，这种教养可以帮我们摒弃先入为主。可以先同情、先理解（或了解），必要时再批评甚至批判。如果对中世纪永远持单一片面的看法，一来对中世纪"不黑暗"的那一面不公平，二来我们除了收获褊狭固执、不宽容外，什么也得不到。

当我们是少数人的时候，就是考验我们的勇气的时候；当我们是多数人的时候，就是考验我们的宽容的时候。处在多数人位置上时，正需要更多开明精神来对待少数人。

史学家陈寅恪有"了解之同情"之说，认为这是"真了解"古人学说的不二法门："凡著中国古代哲学史者，其对于古人之学说，应具了解之同情，方可下笔……所谓真了解者，必神游冥想，与立说之古人处于同一境界，而对于其所持论所以不得不如是之苦心孤诣，表一种之同情，始能批评其学说之是非得失，而无隔阂肤廓之论。"（《冯友兰中国哲学史上册审查报告》）

持"同情之了解"的还有哲学家贺麟。在贺麟看来，汤用彤《汉魏两晋南北朝佛教史》"似乎多少采取了一些钱穆先生所谓治史学者须'附随一种对其本国已往历史之温情与敬意'的态度。他只是着眼于虚心客观地发'潜德之幽光'，设身处地，同情了解了古哲，决不枉屈古人。既不抨击异己之古人，亦不曲解古人以伸己说"（《五十年来的中国哲学》）。

贺麟又在《儒家思想的新开展》中说："在我们看来，只要能对儒家思想加以善意同情的理解，得其真精神与真意义所在，许多现代生活上、政治上、文化上的重要问题，均不难得到合理、合情、合时的解答。"贺麟谈及思想的三种方法，一是"逻辑的方法"，二是"体验的方法"，三是"玄思的方法"；而所谓"体验的方法"，即是"用理智的同情去体察外物，去反省自己"，"要了解一物，须设身处地，用同情的态度去了解之"。

通俗地说，想要拥有玫瑰的人，则必须同时尊重它的刺。这种尊重就是"同情地理解"。

理解和爱永远先于批判与恨

（一）

笔者在本系列书《优雅蓝典》里有几篇小文，批判了时下国人对奢侈品消费的疯狂，似乎痛心疾首，恨他们对奢侈品疯狂的姿态让中国人没脸。但是这个态度存在褊狭处，此文作一检讨。

复旦教授孙时进说："一个普遍炫耀的奢侈品消费，说明存在一个普遍的、需要被尊重的人群。"

孙教授这句话让我明白，原来"普遍炫耀的奢侈品消费"是一种普遍的心理疾患，是普遍没有得到尊重的另类的弱势群体的一种行为反应。对他们的疯狂进行必要的批判是必要的，但还应该同情他们的处境、理解他们的心理需求。他们只不过以此方式表达希望被尊重的诉求，对这方面我们应该理解并有适度的尊重。这个"人群"首先是值得可怜、悲悯的，我们不应首先恨他们对奢侈品疯狂的姿态让中国人没脸。

自然了，用消费奢侈品的方式获得他人的尊重的确是太昂贵了。让人通过尊重我们的钱再来尊重我们，这也太绕了。买几只LV包、瑞士表也就打住吧，接下来学着拿出一些成本低甚至不需要成本的行动，直接让人尊重我们，才是摆脱奢侈品奴隶身份的正途。让人生整体上有格调、有品位，才可获得有质量的尊重。

当然，奢侈品本身也不是万恶的，许多奢侈品之所以是奢侈的，是因为其大部分是手工产品，里面饱含人性与美学价值。这种具有永恒的人性与美学含量的东西也需要有人支持，当然不是以疯狂、弱智的方式支持。对奢侈品应持一种理性与优雅的态度。

感谢孙时进教授，通过此事，笔者觉得在开明的路上，又前行了一步。

（二）

我的经验是，对那些平常大家一致赞扬或一致讨伐的问题重新客观地检视，不仅能更客观了解它们，还更能提升我们的开明境界。

提起印度的种姓制度，大部分人的"一致"的第一反应都是"万恶的"。让我们还是先同情地理解它，再客观地批判。印度文化的独特魅力靠什么体现？为什么印度能够成为世界软件业龙头老大？印度人为什么普遍对物质的欲望不高？同情地理解了种姓制度，就能回答以上问题。

《三联生活周刊》主笔袁越说："这个制度保护了印度社会的多样性，使得印度能够更好地适应各种情况。比如，印度自古以来就有一个庞大的商人种姓，其成员中有很多优秀的商人，一旦放开管制，他们的能量就如火山爆发一般释放出来，带动了整个国家的经济发展。生物多样性的最大优点就是能够更好地应付突发情况，种姓制度也是如此。比如印度的婆罗门种姓一直是四体不勤，五谷不分的典型，他们蔑视体力劳动，只会读书，经常被当作书呆子。但是这个种姓的人擅长思辨，为印度培养了一大批善于钻研抽象问题的知识分子。上世纪末期开始的计算机和互联网产业大爆发正好撞在了这批人的枪口上。"（《国民性与民主制度的纠结——骄傲的印度》

就是说种姓制度有万恶处，但也有它的一些优势与价值。印度文化传统的基因基本在种姓制度中，没有了种姓制度，印度文化的独特性也就没了。这种等级制度为维护社会稳定也起了重要作用。由于让普通人相信一切都是神的旨意，于是印度人在物质上的需求甚少，对提高生活质量的欲望也不高。它没有把每个人的贪欲都激发出来，让他们整日为自己不够富裕焦虑痛苦，这恰是对普通百姓的一种仁慈。肯定种姓制度的优势与价值，并不妨碍我们对它的万恶进行批判，反而能批判得更到位、更少情绪化。

《苏菲的词典》中说："印度教没有宗教创始人，它认为自己是'永恒的'。它信奉很多神、很多幽灵和很多圣者。世界和生物虽然复杂多样，但都是按照严格的等级制度已经被安排好了的。在这种等级制度之上，有一种更高的正义（"梵天"）管理着这一切。任何一个人来到这个世界，都是为了履行某一种神秘的职责，所以在他降生之前，他在这个世界上的位置也都早已被规定好了。因此，现世的争吵和抱怨都是没有用的。"

这段话当然应该一分为二地看，不过其中提到印度教认为"任何一个人来到这个世界，都是为了履行某一种神秘的职责"倒是一个很有意思的世界观，虽然世界不一定真是如此，但人如果以这样的观念定位自己的世界，倒很可能在任何位置上履行好自己神秘的职责。

有人说，每当你发现自己站在多数人的一边时，你就该停下来思考了。因为一阴一阳之谓道，多数人持A面阳性看法时，你就需要思考一下B面阴性看法。这才是一分为二，有时甚至还需要一分为三，持第三方观点，即中庸的观点。这在开明而同情地理解中很重要。

遇事先理解它、先试着从正面挖掘它的价值，必要时，还需要先去爱它，这样就不至于让偏执、偏见成为我们的日常素质，也能更合理地对待世界上的一切。先理解甚至先带着爱，再进行批判也会批判得正点，而不会连靶心都瞄不准。

比如，咱们可以不爱美国，但许多人批判美国，其所失就是一点都没打算先去理解美国，只是带着仇恨为批判而批判。这除了让自己更像小丑，什么也得不到。开明是必须的，它让我们更平和、也更平衡、更超越。

苹果之红、香蕉之黄都是外表现象，许多事也都需要去了"皮"才能看真切、看完整。理解和爱永远先于批判与恨。

超越个人趣味看问题

"我个人是不喜欢成功学的，但是对不喜欢的东西也要了解，否则就变成情绪化了。我们了解喜欢的东西叫偏爱，我们了解不喜欢的叫雅量，喜欢不喜欢都了解叫见识。"（袁岳）这个见识就是开明的见识。

世俗之一大"俗"在于看问题往往要么人云亦云，要么局限于个人的利益、立场或趣味。

对于"超级女声"，处于高雅文化圈的人（比如大学教师等）可以作为"个人"表示自己的不认同。但如果作为大学教师在课堂上向学生谈及"超级女声"时，则应理性地"按下自己的好恶不表"，而相对客观、心平气和地分析她们的存在在文化上意味着什么。

没有必要拿一把"纯艺术"的尺子度量"超级女声"，因为它不属于这个范围。也即是说不必苛求她们唱得不够"专业"、欠缺"深度"。但"超级女声"的遴选过程据说很"民主"，这正是可以换个角度"欣赏"并肯定她们的理由之所在。

有人批评余秋雨给李宇春颁奖，余秋雨的回答颇显知识分子看问题的水准：

"你没有改变歌唱,你也没有改变音乐,但是你改变了中国普通民众表达自己审美爱好的方式。中国的普通老百姓、广大民众,不必要老是在无数的奖项和无数的专家点评的笼罩下来完成自己的审美。"这种姿态就是知识分子特有的超越与深度,甚至是一种人文风度与深度。

超越个人的趣味好恶看问题,甚至有时还需要超越个人的利益、种族等,不带私心偏见地看问题。因为如果你习惯戴灰色眼镜,便不要期望这世界看起来晴朗。

苏格拉底被雅典城邦以莫须有的罪名判处死刑,但他在法庭上却超越对个人命运的计较,对审判者申明自己作为一个思想家是怎样一个人,充分显示了一位贤哲的超越风度。

在开明的路上,尼采有段话值得记取:"人们必须去掉这样一种坏的趣味:想与许多人保持一致……凡是相同的东西,总是只有很少的价值。最后,情况必定像现在和过去一样:伟大的事物为伟大的人保留着,深渊为深刻的人而保留着,柔和的东西和震颤的东西为精细的人而保留着。总而言之,一切少见的东西为少见的人而保留着。"(《论道德的谱系》)趣味与格调总是独特、不可复制的。

我们既要避免两个美女相轻的情况,但同时也需要防止两个美女"美"成一个规格或风格。就好比两个美女一旦撞衫,其美立马打折。

读书不可有找碴之心

徐复观曾是国民党少将,40岁才开始研讨中国传统文化。而在他治学过程中,曾受到大哲学家熊十力的痛骂。

据张新颖《起死回生的一骂》说,有次徐复观请教应该读什么书,熊十力说王船山的《读通鉴论》值得好好研读。徐复观说早年已经读过了。熊十力很不高兴,说:"你并没有读懂,应当再读。"

当徐复观再去见熊十力,历数对书中的异见。没想到熊十力怒声斥骂:"你这个东西,怎么会读得进书!像你这样读书,就是读了百部千部,你会得到书的什么益处?读书是要先看出它的好处,再批评它的坏处,这才像吃东西一样,经过消化而摄取了营养。譬如《读通鉴论》,这一段该是多么有意义;又如那一段,理解得多么深刻。这些你记得吗?你懂得吗?你这样读书,真是太没有出息!"

"这对于我是起死回生的一骂。"事后,徐复观感激地说。读书如果只看坏处，就算你看得都准确正确，于自己有什么所得呢？培根也说过："读书时不可存心诘难作者。"

读者并非永远不应该反对作者的观点或指出其谬误，而是无论他表示什么态度，他的动机只能是追求真理、捍卫真理。如果我们只是为了虚荣而炫耀博识，为了与人对抗而反对他人的观点，除了等于向人强调我们不够宽和厚道外，再不会给我们带来任何"好处"。

被过度批判了的科举制

对遭到普遍诟病的科举制进行重新审视也能有助于我们的开明。

隋代那个谥为"炀"（逆天虐民、好大殆政曰炀）的皇帝，却创制了一个科举制度。正是这个制度，让中国的帝制有了世界上最完备和发达的官僚结构。史家许倬云认为"科举制"是中国传统文化的三原色之一，而法国史学家布罗代尔则惊叹，中国那么原始的帝制，怎么有一个现代化的官僚制度相伴？

科举作为传统社会的"抡才大典"（指当时的选官制度），从隋炀帝大业元年（605）创立，到清光绪三十一年（1905）废止，它在中国历史上存在了整整1300年之久，对中国社会产生了深远的影响。今日重评科举，确实考量我们对待历史的智慧。近一个多世纪以来，科举作为封建时代的糟粕，几与当时的鸦片、缠足、纳妾等丑物相类近。

重评科举，有两点社会影响值得注意：

第一，以反科举为主旨的《聊斋志异》《儒林外史》和《孔乙己》等小说的影响。蒲松龄、吴敬梓在科场上止步于秀才，虽曾多次参加乡试，最后皆名落孙山，其感受与金榜题名者自然不同。小说创作的技术要求，如虚构、夸张、典型化等也使它与现实本身存在着相当的距离。显然不能把这些小说的倾向看成是对科举的至公评论。

第二，清末士人废科举的言论影响。晚清以降的中西对话，中国处于劣势，随之而来的洋务、维新和新文化运动的思想基础便是士人阶层感到中国在器物、制度和文化方面的不足，体现着他们对国家及自身命运反思的深化过程。科举制的最终废止表明维新思想在这场博弈中的胜利。

科举制的存在确实制约了新式学堂的建立，但最根本的原因是传统的伦理规范知识已经不能适应社会转型对实用技术知识的需求，科举被废止体现了历史的必然。当时维新人士的言论甚为激进，这作为一种斗争策略是必需的，但是在科举被废百年之后，当我们重新审视科举在历史中发挥的功用，还把这些言论看成是对科举的至公评价就有失偏颇。

宽容的心态，客观中立的立场，再加同情之了解，对历史上的人和事都应秉持如是理性。从对"科举"与"八股"的客观态度中，我们正可以获得相当的开明与理性。

（陈尚敏／文）

影响了英国文官制的中国科举

那么，科举的价值究竟是什么？

首先，科举实现了将权力资源向整个社会的开放。前科举时代，无论是西周的世卿世禄制，还是两汉的察举制，以及魏晋南北朝的九品官人制，都是被少数贵族所垄断和操控，贵族存在的前提其实是在对这种社会政权资源的占有方面具有或直接或间接的优势。一般认为在宋代，伴随着科举制度的完善，中国社会实现了庶民化，国家政权支撑的"门阀性"贵族不复存在。

科举实现了将权力资源向整个社会的开放，不仅为统治赢得了广泛的社会基础，而且以才学为选拔标准的理念显然优于血缘、道德和门资，它使中国较早地进入了文官政治时代。科举被废之后的民国时期，军阀当道，社会秩序失范，这也是与后科举时代未能及时建立适应社会发展所必需的选官制度有着直接关系。近代西方的文官制度的建立也是深受超越时空的中国科举制度的启发，而亚洲一些国家竟然还存在着军人政权，由此看来是多么"腐朽"。科举是一种制度的创新，是中华文明的重要组成部分。

其次，科举制的实施所带来的上升性流动激发了整个社会的向学热情。科举提供给读书人的是一种权利资源，"万般皆下品，唯有读书高"；"书中自有黄金屋，书中自有颜如玉，书中自有千钟粟"；"朝为田舍郎，暮登天子堂"……蒙学教材中充斥着这样的语句，科举制吻合了儒家"学而优则仕"的社会理念。中国曾是一个文化大国，科举时代整个社会拥有较高的识字率，这两者之间是有必然联系的。

再次，科举制维护了社会的公平和有序，表现了一定程度上的政治清明。科举制首先解决了由谁来享有社会政权资源的问题，它鼓励的是勤奋和努力，营造的是积极向上的社会氛围，摒弃的是恶性竞争和暴力夺取。它面对社会每个读书人，通过层层选拔，将懂得儒家经典的人不断纳入体制，使社会保持活力。科举在实施过程中严加防范，这同样是为了体现公平和有序。

今日批判高考，甚至废高考的呼声时有发生。其实"文革"十年废高考之举，实在教训深刻。适应社会发展要求，应该不断丰富选拔形式，使其多元化，但高考作为基础阶段的选拔尚未过时。

让我们对八股文也顺便有个开明认识。八股文是明清科举考试最重要的文体，它和科举一样备享骂荣。骂者多是从文学性的角度指责八股文，而忘记了八股文首先是一种考试文体，对它的考察应首先从是否适应考试来评价，它的应试功能才是最重要的。科举考试的目的是选拔政府官员，而非文学人才。

八股文内容限定在"四书""五经"。八股文作为考试文体，其理念设计确有高明之处。如何诱导天下读书人都成圣人，在他们看来唯一的方式是长期浸淫经典，达到潜移默化，八股文"代圣立言"就是要求读书人去这样做。如若出言不正，语含驳杂，必遭黜落。

八股文的程式化也是考试本身需要客观评价、避免判卷随意性以及快速阅卷、减少成本的制度操作要求决定的。

（陈尚敏／文）

懒有懒的好

奋斗是好的，但奋斗过度就不好了。为了防止大家奋斗过度，这里平衡一下，开明地讲讲"懒有懒的好"。

据说，不少发明是又懒又浪漫的家伙整出来的。他们懒得老老实实、懒得循规蹈矩、懒得按部就班、懒得劳神费力地做很多事，所以懒劲一发作就会或想出个省心的招数，或造出个省力的劳什子。有个CEO常常派公司里比较懒惰的家伙做一些工作，理由是：懒人总能找到最简单的办法把工作完成。

中学时，纯粹出于懒，笔者写作文，字数总是能省就省，结果老师的评语是："言简意赅。"这个评语"骇"得我不仅从此更懒，还大彻大悟：原来

"懒"也不赖呀,懒有懒的好。

既然有时会"懒"出"好"来,那么,太"勤勉"有时也会出问题。这叫辩证地看问题,也是开明地看问题。人们总是用"勤劳勇敢"夸奖劳动人民,但是从"无为"的角度来看,不该勤劳时勤劳是哪儿出了问题的结果。至少说明智商、情商都还没有达到"勤劳者"自以为是的高度。

余世存《老子传》感叹曾经的年代:"人们不担心来年,人们知道,山前有路,水穷云起。人们生产什么就享用什么,人们从自然中猎获什么就受用什么。大部分时间不是用于寻食、用于劳作,人们靠天生活,依天依道,人们多半在游荡,在静观,在吟诵,在祭天祭地,在取悦天地间的神灵、大道。""不必压榨地利,而是天牧天放,而是用于想象、敬畏、祭祀、欢乐……"

是否有过这么个"天牧天放"的时代,暂且存疑。但时代的进步与人类的劳累成正比却是无疑的事实。许多精耕细作的劳作,无非是像榨汁机一样榨取大自然,当然同时被榨干的还有人类自己。

过度使用农药,把蝴蝶蜜蜂都毒死了,只好勤劳地人工授粉;过量施化肥、精耕细作,导致土壤板结,更没法节约体力了,如此导致人民"勤劳"。不知只需浅耕直播,虽产量低些,却不但省大力,还出产的是绿色食品。勤劳并不总是美德,也可见所谓的科学种田其科学性极其有限,因为它的产品不"绿"。

还有一荒诞是,北方许多城市绿化种植大量不耐冻的植物,到了冬季还要费人工、费防风布防冻。而被防风布包裹的植物冬天落满灰尘,反让城市很难看,真是费力费钱不讨好。

匆忙急迫、焦头烂额的勤劳生活并没有充分的理由,天地间的悠悠大道并不支持这种生活姿态。本来挣一百就够花了,非要勤劳地挣二百五,就很不像正常人的正常行为。太"勤勉"往往是贪名之心膨胀或贪利之欲爆发的主要症状。

因此,适度悠闲甚至懒一点即使不能说是"气节",至少也是有某种"节操"的象征。

得病之妙

得病的坏处不消说,得病之妙是什么呢?

多少人都是一病才发现健康至贵,爱与亲情无价,功利更是轻如鸿毛。大概因为得病仿佛一个黑色的背景，一下子衬托出健康、爱及亲情等的灿烂价值来。

"因病得闲殊不恶，安心是药更无方。"苏轼病中游祖塔院时，如此夸赞病中之乐。平常我们适当地"感"一下"冒"可以增强免疫力，否则一朝得病，很容易旦夕之间一命呜呼。

从阴阳的角度看不幸也是积极的，是有意义的。叔本华的经验是"每个人在任何时候存在一定的焦虑、痛苦、烦恼是必要的——如果航船没有压舱物，就不能保持平稳，也不能行驶。正是工作、忧虑、劳动和烦恼，构成了一个人漫长的整个人生。如果人的全部愿望在刚出现时就得到满足，人们就在世间不会有什么作为。倘若世界是一个豪奢而安逸的伊甸园，一块流溢乳蜜的田野，每个少男毫不费力就能得到他心爱的少女，人们就会因厌倦而死，或自缢身亡。"

两个人从牢房的铁窗里望出去，一个人看到了泥土，一个人看到了星星。"一阴一阳地看问题"就需要既看见泥土，又看到了星星；将世界尽量看得完整一些、全面一些，就是解脱。

有人说，以高的角度测量那"煊赫伟大"的，则认识它不过如此；以深的角度窥探"平凡渺小"的，则发现它里面未尝没有宝藏。既阴且阳地看，就是上上下下、左左右右多角度地扫描、透视。

既阴且阳地看问题，更是需要一种发展的眼光。今天的眼光不能简单地用来去看明天，此处的态度不一定适合彼处。

文捣八代之乱

埃及的阿斯旺水坝始建于1960年，它将泛滥了几千年的尼罗河洪水终于掌控在埃及人的手中。然而与洪水泛滥俱来的"好处"也荡然无存了。

虽然建坝之前常常令百姓流离失所，但也正因了泛滥，两岸的土地始终是肥沃富饶的，也才有了埃及几千年的辉煌文明。但现在虽有效地治理了泛滥，也"成功"地制造了土质的严重退化。

在江水河流上随便筑造高坝已经证明了是人类一种过分有为的冒失行为。如果从整体性、结构性及系统性的角度看问题，或许我们可以避免这种冒失。

韩愈发起的"古文运动"曾被苏轼评价为"文起八代之衰"。"八代"是指东汉、魏、晋、宋、齐、梁、陈、隋。古文运动崇尚先秦及西汉那种单行散句的古文，而反对东汉以来的文风，特别是骈体文，认为这"八代"的文风是衰颓靡弱的。"古文运动"因此功勋卓著，苏轼的"起衰"之说是成立的。

然而，从整体的角度看，"古文运动"显然不免弊端。清代学者王闿运说"古文运动"是"文捣八代之乱"。"捣乱说"的基本意思是"古文运动"对骈体文精致华丽的意义进行了过度消解与批判。"起衰说"与"捣乱说"恰恰是"古文运动"这枚硬币的两面，这是从整体的角度看到的完整的历史真相。

陶渊明家的"五个差生"

当"白发被两鬓，肌肤不复实"时，一生老不顺溜的陶渊明又碰上了所有中国家长都最上火的事——"虽有五男儿，总不好纸笔"。

当然，这五个"差生"的情况也不尽相同。"阿舒已二八，懒惰故无匹"，这十六岁的老大懒劲也是冠军。

"阿宣行志学，而不爱文术"，《论语》说："吾十有五而志于学"，所以阿宣快到十五岁了，可这小子却没一点有志于学的迹象。

"雍端年十三，不识六与七"，雍、端是两个家伙，可能是双胞胎，岁数老大不小也十三岁了，竟然对"六"与"七"表示不认识。

最小一名"差生"虽尊名"通子"，也快九岁了，可此"子"却什么都不"通"，唯通一样——"但觅梨与栗"，只知道满世界找好吃的。

这是陶渊明《责子》一诗的基本情节，但要是望题生义，以为陶渊明在责备诸儿不争气，那就无趣了。黄庭坚对《责子》诗的读后感是："观渊明之诗，想见其人岂弟慈祥，戏谑可观也。俗人便谓渊明诸子皆不肖，而渊明愁叹见于诗，可谓痴人前不得说梦也。"

是说局面如此难堪，但陶渊明却不上火，虽然在调侃儿辈，但整首诗又句句透露着和乐平易、慈祥旷达之情。俗人不懂就别瞎猜什么倒苦水，强者从不倒苦水，只开苦水的玩笑，不把苦水当一事。自嘲使自嘲者居于自己之上，也居于苦难之上。

所以陶渊明终究大别于普通望子成龙的中国家长，面对现实，尊重事实，陶渊明的做派很是现代。顺乎自然，乐天委分。所以《责子》诗结尾就是"天运苟如此，且进杯中物"！

既然拥有"五个差生"是上天的意思，上大学是没戏了，我还是省点上补习班的钱喝酒吧。从容地把不顺溜的事给整得平顺光洁，这洒脱靠的是超级旷达。一般人学不来，但却值得效仿。

《围城》差点成为一流作品

陶渊明诙谐的《责子》诗绝不是打油诗，而是真正的上品诗。

美学家提醒我们要分清："同是诙谐，或为诗的胜境，或为诗的瑕疵，分别全在它是否出于至性深情。理胜于情者往往流于纯粹的讥刺。讥刺诗固自成一格，但是很难达到诗的胜境。像英国蒲柏和法国伏尔泰之类聪明人不能成为大诗人，就是因为这个道理。"（朱光潜《朱光潜美学文集》）

的确如此，从没见人把打油诗写成一流杰作。存心要讥刺，为讥刺而讥刺，就总是少了点什么，少的是"至性深情"及为人的厚道。

朱先生的话令人想起小说《围城》。《围城》中的幽默太有学问了，甚至可以说是太聪明了。书中各色人物几乎都是被作者用放大镜扫描过的，浑身毛病的凡人谁架得住这等透视？

专家说："我们读《围城》时，借助那无所不在的讥刺之光，看到的是一个无所肯定的世界，毫无前途的阶层以及盲目地生存在其中的一些空虚无聊的人物，过着一种荒谬无意义的生活；我们感受最深切的是一种无所不讽而毫不留情的讥刺意向，一种全面否定而一无保留的否定精神，一种普遍怀疑而又无所适从的悲凉心态，一种整体批判而又不给出路的厌憎情绪。"（解志熙《人生的困境与存在的勇气——论〈围城〉的现代性》）

就是说，《围城》中的讽刺是带有攻击性的，欠缺人文精神的。"那种凌厉的讽刺——批判意向和强烈的否定——怀疑精神"在《围城》中，"既是总体特征和主导风格，又是根本的艺术思维和艺术表现方式，还是基本的情感态度和哲学态度"（同上）。

佛祖不应有恨、无限悲悯的精神启示的是，对人世也好，对世人也罢，"厌憎情绪"无论如何都不是以"人文精神"为底蕴的高级情绪。这并不是说佛祖不了解人世的悲惨情况，他老人家知道永远存在着"毫无前途的阶层以及盲目地生存在其中的一些空虚无聊的人物，过着一种荒谬无意义的生活"。但他更能超越地认为所有可恶的人无非是可怜人而已。依此对人生的定位，佛祖的爱就是大乘级的普度众生，而非单挑长相可爱、品行端正者才救度他往生彼岸。

无论对现实还是对艺术来说，其真实性品质从来都不是甜蜜与苦涩、善与恶的截然二分，而是对它们神秘的混合。但丁《神曲》中的地狱因此就不是一往而黑暗、天堂便一水儿光明的景象，而是杰出地表现了"善与恶神秘的混合"。

过于理性，或过于情绪化地看世界都会得出歪曲的结论。《围城》似乎属于"理胜于情"，少了"至性深情"。钱先生若能配副"悲悯"的眼镜，那《围城》绝对是真正一流作品。

缺少对生命的爱与深广的同情，幽默作品就不能达到上乘。这是否与学问那么大的钱先生的身份有些不相称呢？做什么事，少了爱与深广的同情能做好呢？犀利的批判绝对必要，但应出于悲悯与爱。如果我们不是因为爱世界、爱世人而批判批评，那我们的批判批评就不是建设性、上档次的，挺多是泄私愤，还是省了吧。

对丑的表现在艺术中不应占有过大的比重，更不能为表现丑而表现丑，这样，"我们的舞台上就会减少一些冷酷的嘲讽，我们的音乐中就会减少一些不和音，我们的诗歌和小说就不会那么热衷于人生中肮脏的、残酷的、令人厌恶的东西。那么多的当代艺术，就是因为对丑的病态追求而被糟蹋了"（李斯托威尔《近代美学史评述》）。

艺术本质上是让人们更热爱生活的，而不是更怨恨的。过于爱好再现或表现丑的事物会使人生趣味不正。

感恩所遇到的一切

笔者有位学生李君，工作后遭同事嫉恨，故意安排他的班打扫学校的卫生间。但他让学生把卫生间打扫得很干净，许多老师都夸赞，这反而为他赢得了良好的声誉。

教师一般都不愿上公开课，似乎也是为了整他，同事又安排他去上公开课。碰巧校长也来听课，评价讲得好，并推荐他到县上去参加讲课比赛，结果得了第二名。

世上永不缺小人，但小人自有小人的用处，善待小人，小人就变成"逆菩萨"来助我们。我们只需要把小人扔过来的砖头稳稳地垫在脚下，总有一天，小人会后悔当年亲自为你的成功添砖加瓦的"善举"。

即使有人取笑我们、怀疑我们，也将成为我们超水平发挥的动力；乔丹曾经就是这么做的。

有人说得好："有三个人是我的朋友，爱我的人、恨我的人以及对我冷漠的人。爱我的人教我温柔；恨我的人教我谨慎；对我冷漠的人教我自立。"（J.E.丁格）"朋友们"这么给力，谢都谢不过来，哪有工夫恨？

记住世界是运动的，只要不静止、不固化地看待一件倒霉或不幸的事，超脱豁达地对待，它就会向相反的方向——向着升华我们的生命、成就我们的事业的方向转化。

漫画家蔡志忠说："人生就像橘子，有的橘子大而酸，有的橘子小而甜，一些人拿到大的就会抱怨酸，而拿到甜的又会抱怨小。而我呢，如果拿到小橘子我会庆幸它是甜的，如果拿到酸橘子我会感谢它是大的。"

无所不宜，无可无不可。当拿到酸橘子感谢它的个大时，人生的解脱感便如风一样飒然而至，我们亦如风一样自由。

Give thanks for everything that happens to you.——感谢所遇到的一切，便是彻底的以不变应万变的姿态。

贫者，士之常也

世上追求精神的人一般较贫困，我认为原因是上天认为一个人"乐道"本身是一件极幸福、极享乐的事，要是再"既富且贵"那就福享得太多了，这样不公平；上天有责任保持世界的平衡。

"安贫乐道"绝非一种消极的精神。其基本含义是贤哲们为了"乐道"而"安贫"，因为他们有自己的"富贵观念"："岂须荣华然后乃贵哉，岂待积敛然后乃富哉？"（嵇康《答难养生论》）

贤哲们不以世俗意义的富贵为富贵，不以世俗意义的贫贱为贫贱。当然只有为"乐道"而"安贫"才更有意义。

这些贤哲们绝非喜欢过苦日子，他们不认为在"乐道"的生命追求中不得已而过物质上相对匮乏的日子是苦不堪言的。当然有条件从正当的渠道获得物质丰足的生活时，他们并不会矫情地拒绝。从孔子到陶渊明都是如此，前者说："富而可求也，虽执鞭之士，吾亦为之，如不可求，从吾所好。"——富贵如可求，即使赶马车那种职业我也愿意。如不可求，还是走我喜欢的路吧。后者说："岂忘袭轻裘，苟得非所钦。"——难道我不喜欢穿又轻又软的裘皮大衣？但取之无道便不是我所稀罕的。

《孟子》说："贫者，士之常也。"当我们以"乐道"为生命追求、以精神的升华为生活的至高享受时，也许会不那么富裕、显贵，但要意识到，这已是在享受人生极乐，困窘一点是正常的，安然接受吧。

何况，"至贵不待爵，至福不待财"（《淮南子》）。尊贵的存在与世俗的爵位没有关系，幸福的生命也无须一定仰赖财物。

心净土净

僧问："如何是解脱？"师曰："谁缚汝？"问："如何是净土？"师曰："谁垢汝？"问："如何是涅槃？"师曰："谁将生死与汝？"（普济《五灯会元》）

不够解脱，不知道生活中净土何在的原因完全是主观自己。是什么将我们绑住了？是什么使得我们的生活现场不是净土？对生活不够达观、超脱的态度使我们心迷眼盲,对现世的意义与价值没有能力认识与把握,而常误以为净土、极乐世界一定是在彼岸。

美国诗人艾米莉·狄金森有一首小诗:"谁未能在下界发现天堂／也不会找到,在天上／因为天使总是赁屋和我们比邻而居／无论我们迁往何方。"

天使总是租房子住在我们隔壁,天堂净土的抵达只能在人间,因为心净土净。

足乎己无待于外

苏轼的潇洒劲也应该是古代诗人里数一数二的,据说他是贪生不怕死,爱钱不滥取,结党不营私。

面对接连不断的坎坷磨难,东坡以超脱的精神表现出对生活的挚爱。贬黄州时,他不仅写出了《念奴娇·赤壁怀古》和前后《赤壁赋》,而且吃出了一道传世名菜"东坡肉";再贬惠州,他乐滋滋地表示:"日啖荔枝三百颗,不辞长做岭南人。"更远贬至海南儋州,他竟然吟唱:"九死南荒吾不恨,兹游奇绝冠平生!"而且认定"海南万里真吾乡",在苗黎蛮邦的天涯海角,找到了自己安身立命的家园。由此苏轼成为中国古代士者的精神样板。

苏轼所追求的是一个可以"无所待于外"的生命的完成,就是不依恃环境与处境的自由超脱的生命境界。"'无待于外',这正是中国结合了儒道两家的思想。客观上不得意,还能不落迂腐消极,能够有积极的生活志趣,有持守的一种修养,这是苏东坡所以了不起的地方。"(叶嘉莹)

此类了不起者,苏东坡之外,还有陶渊明、刘禹锡等等。"达能兼善而不渝,穷则自得而无闷"(嵇康),就是他们超凡的能耐。

君子有守恒的人格精神状态,他们不做环境的奴隶,在任何处境中都能保持清明的理性与积极的生活追求,甚至还能做到审美的"诗意地栖居"。

有楹联赞曰:"子厚过柳州山水益著,东坡游海外文字愈奇。"意思是柳宗元、苏轼的贬谪经历恰恰成就了他们的文学成就。

把孤独变成情人

人生常常是月圆人不圆,孤独是必须面对的。

与自己的"孤独"搞好关系了没有?本文教你一招,不仅从此可不怕孤独,还能把孤独变成"情人"。"单身?不,我只是在跟自由谈恋爱。"(Single? No, I'm just in a relationship with freedom)人生的某些孤独状态也是与自由谈恋爱。

子曰:"群居终日,言不及义,好行小慧,难矣哉。"一个人时待不住,非要扎堆,阔谈言不及义、自以为聪明的废话,如此若能打发掉孤独也行,可是,回家发现孤独这家伙伴着一盏孤灯还在痴痴地等着咱们,一副不离不弃的样子。

长久之计是与自己的孤独现在就和解并搞好关系,甚至发展成"情人"关系。不怕孤独并善待孤独,能在孤独中得到灵性的升华,也可有销魂夺魄的体验。

既然"贫贱是耐久之交,处得它好,它益你反深"(《菜根谭》)。那么也可说,孤独最有情有义,与之相处的好,它不会薄待你,至少永不"背叛"。这后一点品质,可不是一般情人都有的。

孤独是最忠实的、也是最给力的情人。每个真正有力量的人都来自孤独这个超级教练的秘法训练,他们都是与孤独共舞出生命的华彩的。孤独之花其色幽蓝——沉静和美、优雅高贵。

每个灵魂优雅的人,也一定都有过孤独的体验。一波一波的寂寞之浪打来,不过是帮你的灵魂塑形,并锻造它的强度,紧致它的密度。

孤独寂寞还有种过滤功能,滤掉那些喧嚷、芜杂以及浮沫、浮躁,人由此清明澄澈起来。人生大清明的境界一定来自孤独中生命的升华。经过过滤、沉淀的生命之水,如山泉之清、如湖海之静,自然别具优雅风致。孤独有助优雅,从内在的生命到外在的——此是孤独这"情人"最具建设性的价值。一般的情人只能让我们一半在海水里玩冲浪,一半在火焰中被烧被烤。

作家余杰说:"孤独就是篱笆。有了篱笆才能有自己的园地。"作为篱笆,也是孤独的良性品质。孤独之篱,围住一方心田,任天上云动,地上风吹,只是安静地出自己的苗、抽自己的穗。

"我们相会于邮局,于社交场所,每晚在炉火边;我们生活得太拥挤,互相干扰,彼此牵绊,因此我想,彼此已缺乏敬意了。当然,所有重要而热忱的聚会,次数少一点也够了……"梭罗发现,与人相聚过多,会彼此牵绊,并失去相互的敬意,由此导致相互轻慢,谁都不再把谁当回事。所以没事少与人扎堆,坏处太多。

若实在一时没本事把孤独发展成情人,也别沮丧,与孤独谈恋爱对素质的要求稍高一点。深呼吸,慢慢来吧。

若实在还是怕孤独,想想下面两句妙语,很能提神的:

"上帝是孤独的,——可是魔鬼就绝不孤独;他看到许多伙伴,他是要结成帮的。"(梭罗)

"大侠都是一个人,只有喽啰才扎堆。"(韩寒)

人文性孤独

"孤单是一个人的狂欢,狂欢是一群人的孤单。"某首流行歌曲如此唱道。

能把孤单或孤独变成一个人的狂欢,那孤独就有了价值,也就不再孤单。高素质者的孤独可能就是"人文性孤独",孤独对他就是一个好东西,他能对孤独进行"享受"。能"享受孤独"的人必然是有极强的精神力的人,他神经坚强、精神世界丰富。

在孤独中,一个人对宇宙自然、对社会人生才能有真正细致深刻的思索与体味。有人说,孤独是件深奥的事,只有思考的人才会遇到。

在孤独的时候,是我们与世俗、甚至那些物质性的存在拉开距离的时候,这种距离使感觉沉静而敏锐、使精神自由而纯粹。因而孤独的"时空"最有可能使精神升华、最有条件产生创造性的精神财富。作家陈世旭《何妨孤独》讲自己最早所领略的孤独的美好,是在小学要毕业时,去南昌市人民公园。当打算回家时,下起了雨。他避雨时听到高音喇叭播送小说,当时的气氛深深地打动了他:

> 独自一人,面对着一片无声的迷蒙的雨,一片无声的闪亮的浓绿,听着一个动听的声音讲述着一个悲凉的故事,心里面涌起一种莫名的淡淡的却是幽深的忧伤。我的嘴角感到了咸涩,我知道了在脸上流淌着的并不只是雨水,还有泪。那是没来由的泪,就像一股不知从什么地方冒出来的泉水,汩汩的、颤颤的,仿佛在洗我的心灵。我多么希望那一刻成为永恒。我觉得在那一刻里,我已完全长大成人,我明白在那种早熟的美丽的忧伤中间,我告别了少年。我相信是那阵雨最早地滋润了我的文学情愫的田园。

从那以后，因孤独而"长大成人"的陈世旭对生活里的许多孤独开始有了一个自觉的体验，而那是许多人都有过的类似经历，但只有艺术家、哲学家们才会"自觉"地细细品味它，并将它们进行精神升华："它留下了弥足珍贵的记忆，那是一笔巨大的精神财富。"（陈世旭）

生活事实上为每个人都准备了这笔"巨大的精神财富"。只是太多的人没把它当"财富"，因而它也没能发挥"巨大"的作用。

人文性孤独是一个人跳的生命华尔兹，没有体验过这种高品质的孤独，一个人几乎不可能长大。孤独时人特别理性，对人生的体验也会更深入。

太热闹了，容易不知天之高地之厚、不知自己是谁，从哪里来，要往哪里去，不能在纷乱的现实中理清自己、摆正自己，同时也不能更充分地体验人生的妙味。

何妨孤独，不怕孤独。

有酒学仙无酒学佛

作家汪曾祺曾书写过一幅清代钱大昕的对联："有酒学仙，无酒学佛；刚日读经，柔日读史。"

"随遇而安"与"安贫乐道"甚至包括"玩世"等等人们向来以为只是一些消极人生态度。而古今中外伟大的超越者们，却将随遇而安、安贫乐道与玩世过出了自由的、乃至诗意的境界，是有境界地随遇而安、安贫乐道甚至玩世。

人生之所以能够随所遇而安者，是因为上天安排的是一个平衡的世界。"天薄我以福，吾厚吾德以迓之；天劳我以形，吾逸吾心以补之；天厄我以遇，吾亨吾道以通之，天且奈我何哉？"（《菜根谭》）自由是每时每刻都可以自由选择的，如果你的心是自由的。

"当了一回右派，真是三生有幸，要不我的生活就更平淡了。"随遇而安的汪曾祺如此调侃自己的右派生涯。

不幸的不幸是把不幸当成了不幸

什么是人生的"不幸"呢?看看那些不同凡响的说法:

"不幸的不幸是把不幸当成了不幸。"有人如此给"不幸"下定律。还有人总结出失败定律:"成功只是一个讲师,而失败则是一位教授。"

更有人干脆说:"没有经受过任何苦难的人,是世界上生活得最悲惨的人。"理由是:"顺境之中成长的人,往往不如逆境之中成长的人更能正视一切事情。仁慈而又理智地统治着世界的上帝,如果你不想让苦难成为幸福的发源地、美德的守护神、智慧的训练场、耐力的磨炼所、桂冠的代价和荣耀的通道,那么,你自己就不会经受如此之多的苦难,也不会让苦难降临世界,特别是降临到那些品德最为高尚、意志最为坚强的人身上。"(塞缪尔·斯迈尔斯《品格的力量》)

同样,美学上的"悲剧固然使人恐惧,但在恐惧之中,却使人思考和成熟,使人性变得更完整和更深刻。朱光潜说得好:'一个民族必须深刻,才能认识人生悲剧性的一面,又必须坚强,才能忍受'"(叶朗《美在意象》)。

最玄的关于"不幸"的认识是"一个人如果从来不曾阅读诗歌,应当是人生的一种不幸"(王干)。从不阅读诗歌,就不能懂得人生最"实在"的是什么,就会活得飘忽、活得不真实。所谓像"人"一样活着的尊荣、自由等等与他是无关的,人生不幸惟此为大矣!

"沉舟侧畔千帆过"的潇洒

826年冬,刘禹锡由和州刺史任上调回洛阳,他曾被命运弃置在"巴山楚水凄凉地"前后二十多年。

途中刘禹锡遇到白居易,未免彼此感慨,白当场吟成《醉赠刘十八使君》一首,"亦知合被才名折,二十三年折太多"一句大有为知己愤愤不平之意。

刘禹锡也酬诗明志:"巴山楚水凄凉地,二十三年弃置身。怀旧空吟闻笛赋,到乡翻似烂柯人。沉舟侧畔千帆过,病树前头万木春。今日听君歌一曲,暂凭杯酒长精神。"(《酬乐天扬州初逢席上见赠》)

时值冬末春初,万木欣欣。"沉舟""病树",皆诗人自喻,"千帆""万木",指新进之辈。你为我"二十三年折太多"而悲叹,而我则觉得这一切没什么。

顾农有文《是真名士自风流》,文中劈面说:"自己老了,世界并没有老,生活仍然奔腾向前。把这个道理说得很清楚而且很有味道的一首名诗,就是唐人刘禹锡的《酬乐天扬州初逢席上见赠》。"

从诗人二十二岁开始,经历二十三年被贬生涯,"但诗人认为这些都没有什么,世界不可能让自己完全满意。有人比自己活得好是正常的,让他们活得更好些吧。如果自己像一艘沉船,江湖上仍然会有千帆竞发从自己身旁驶过;如果自己像株病树,大地上仍然会有万木欣欣向荣,春意盎然。这些都是正常的,没有什么牢骚可发。'病树'应当有自己的生活。这也许寂寞一点,但它仍然有意义;树总是要病的"(《是真名士自风流》)。

一般人一生所遇问题一般严重不到刘禹锡的地步,若能有如此开明的态度洒然应对,也可以像真名士那样风流一生的。

理性看待社会公平与公正

《中国青年报》曾载一位贫困生"小颗"的文章《人穷,怎么就会是一种病呢》,开头说,我是一个贫寒的农家子弟,从拿着助学贷款进入大学的那一天起心里就充满了"不公平"之感。

为什么呢?别人有名牌衣服,住一人一间的大学生公寓,动不动就去"肯德基""麦当劳""星巴克",而我却要为上大学举债,要将我家里的"贫穷事迹"张贴在学校的公告栏里供全校师生评判、"欣赏"。

"小颗"的问题是普遍存在于学生中的。不单与当事人的素质有关,其中还反映着当事人在此前所接受的教育中缺乏某些理性内容,即对社会公平与公正的理性态度。

"小颗"怀着对他所认为的"不公平"的压抑、愤怒,开始进行他的"雪耻"计划:"第一步是搞好学习,我要拿一等奖学金,让所有的同学都自愧不如。第二步是参加各种活动,培养自己各方面的能力,我要当学生会主席,让所有的同学都对我高山仰止。第三步是和一个漂亮聪明的女生谈恋爱,我要让所有的男生都羡慕我。"

他的这三步计划,如果我们只看其前半截,如"搞好学习""参加各种活动，培养自己各方面的能力"及"和一个漂亮聪明的女生谈恋爱"，都是在校大学生正当而积极的追求。而他每个计划所要预期达到的目的却十分荒唐："让所有的同学都自愧不如""让所有的同学都对我高山仰止"以及"让所有的男生都羡慕我"。"小颗"所期望的这些目标最后都没有达到，却让自己活得十二分狼狈。

走出困境的办法，就是首先接受这种古往今来永远都会存在的社会现实，人类最终只能尽量缩小贫富之间的"间距"，而不可能彻底消除它。更要理性地懂得也不应该彻底消除这种"间距"，因为那将会造成新的更大的"不公正"——不劳而获或多劳不能多得。

告诉自己该忍耐的还得忍耐

当宋美龄的一个晚辈向她抱怨生活不公正时，宋美龄反问："谁告诉你生活是公正的？"这一反问对笔者产生过很大的震撼。

我们都想当然地要求生活"应该、必须"公正，而这种过度的期望一旦在社会现实面前，比如当"不公正"亲自降临到我们头上时，我们除了愤恨失望，不能拿出积极的应对姿态。觉得生活不应该是这样的，它不应该对我不公正。然而我们需要慢慢地理性起来，接受这个"不公正"的事实，然后再看能否去改变。

某导演在女儿成人礼上说："亲爱的女儿，现在你要开始接触到真正的人生了，生活有时候，并不像你想象的那么公平，世界上没有完美的事物，你爱的人也许不爱你。这所有的一切，单纯如你，会了解接受吗？来之前我想了很久但想想又释然，聪慧如你，自会慢慢了解如何应付。学着面对一切真实，接受一些不完美，承担一些责任，自己做一些决定，孩子们，十八岁的你们，是时候了。"

大学生应是在精神境界上"高人一等"的人，不应把自己混同于一般民众，应有较高的见识与理性地对待社会的能力。判断生活的出发点经常应该在超越物质的层面，甚至个人的立场境遇。应学会在哲学的达观角度观照社会人生，如此进行一番"扩胸运动"，就可以较容易地忍受自己应该也必须忍受的一切。

一个理智、达观的人会渐渐地懂得，对生活不能期望太高，对自己身边的人与周边的环境也不应期望太多。只要能与别人和平相处，他就会容忍和克制。即使受到了"不公正"的对待，一个受过高等教育的人也更懂得，这决不是我们可以放纵自己，采取激烈的言辞与行动方式进行对抗他人与社会的理由。

告诉自己该忍耐的还得忍耐。

复归于婴儿

"大人者,不失其赤子之心者也。"(《孟子》)

老子说:"复归于婴儿。"老子还说:"我愚人之心也哉!沌沌兮!众人昭昭,我独昏昏;众人察察,我独闷闷。"——我真是愚人的心吗?混沌无知无识啊!众人都很精明,而我偏昏聩;众人都很明察,而我偏懵懂。

不要误以为老子就是在宣扬反文化、反对一切知识,只要求人们"纯粹"回到愚笨无知的婴儿状态。

"《老子》教人复归于婴儿,教人做愚人,其实不是做真正的婴儿和愚人,而是超越了知识领域的高一级的婴儿或愚人,也就是超越了主客关系模式的天人合一的境界。"(张世英《新哲学讲演录》)

这里把"复归于婴儿"与做"愚人"的哲学高度与意义揭示了出来。"复归于婴儿"与做"愚人"就是拥有赤子之心。

尼采曾主张精神三变:首先精神由能忍辱负重、不惧荒漠的骆驼变成敢于否定传统、超越传统的狮子,可是由于狮子太具破坏性,因此还须变成代表新价值的"婴儿"。这是尼采《查拉图斯特拉如是说》中的观点,与老子英雄所见略同。

大智者从复归于婴儿开始。

许三多的"神性"

《士兵突击》中许三多的笑容很干净,他是中国版的阿甘。许三多干净的笑容来自他那不会耍小聪明、玩小计谋的纯净的心灵。俗语说,傻人有傻福,上帝不难为头脑简单的人。

世界最不缺聪明而精明的人,毋须担心因为"许三多"们太多了,世界就不发展了。因为我们的问题永远是许三多式的人太少了所致,而非相反。良好生活的诀窍本就是"不抛弃、不放弃,做有意义的事",我们太聪明了,反而没把这"价值原点"当回事。

天真的人更能活得真实,甚至轻松。他们因为"不够聪明"而不会为自己制造生活的枝枝蔓蔓、沟沟壑壑,不会人为地让生活复杂不堪、困难重重。他们因智商不够高也就不会给自己或别人下很多套，不会和自己过不去。美国的阿甘与中国的许三多皆如此。

天真的人往往是有神性的人。他们往往靠天然的善良、友好与执着而逢凶化吉、遇难呈祥；这就是他们的"神性"。他们天然具有道家"无为"的能力，因而避免了过度"有为"而招致的烦恼甚至灾难。

学到如愚乃是贤，养成大拙方知巧。

不算计的美丽

"魏晋风度"的意义在于那种超功利、超道德的"无所为而为"，只为了生活的纯粹意味而活着，是一种"唯美"的活法。

令人感怀的是王徽之那"吾本乘兴而来，兴尽而返，何必见戴"及"尝暂寄人空宅住，便令种竹"的超逸的生活趣味，呈现了一种完全摒弃算计、不计成本的生活的自由与美丽。

"乘兴而来，兴尽而返"式的洒脱也完全来自于忘却得失、不计成本的赤诚，而这又是一种活人的成本最低、收益最大化的活法。

不计成本的美丽在那个时代并不是孤本，再如南郡庞士元十分钦慕司马德操，从南郡到颍川去见他，两地相距"二千里"。心期而赏，不远千里而往。再如："（嵇）康与吕安善，每一相思，千里命驾。"（《世说新语》）如此率真地表现深挚的友情，这在掂斤播两、锱铢必较者看来也许是不划算的。

王徽之算不上一个称职的官员，他也本不屑于此。但应该感念的是他能放下功利心，悠然潇洒地享受颇有韵味的生命过程。那是精神对生活的照亮，是精神可以从过分功利的泥潭超拔的见证。

情必近乎痴而始真，才必兼乎趣而始化。魏晋风度的真境，自然就是生命化境，大有行云细起、回雪轻飞般洒脱空灵的风致。

不争故天下莫能与之争

世上凡是需要争抢的都是价值与意义不大的东西，因此道家的智慧就是不争、处下，行事保持低调，总称"无为"。

即使我们一时侥幸抢到了某种东西，它并不一定因为在你怀里而就"一定"属于你。最典型的例子要属阿根廷与巴西争夺伊瓜苏瀑布的事。原来伊瓜苏河是阿巴两国界河，两国曾争夺更多的瀑布所有权。后来巴西让步，最美的那部分瀑布被划到阿根廷一方。阿根廷人一边欣喜若狂，一边承担起保护瀑布的巨大责任，每年需投入大量资金、人力和物力。可是虽然瀑布最美的部分在阿根廷，但观赏它的最佳角度却在巴西，极其可观的旅游收入也就属于巴西了。

世间的得失如寒来暑往、似月落日升。从长远来看，没有谁能够永远占着便宜，而反过来说，也没有谁永远倒着霉，那种无谓的竞争是无聊而愚蠢的。

所以道家说："朴素而天下莫能与之争美"，"不争故天下莫能与之争"。

有能力活在现在

人们常常因为忙于顾念自己内心中的欲望，因此丧失了对于当下的感知。

懂得物质以外大有其趣，就会收回因追逐物化生活而纷乱的视线，并归拢被物欲切割成碎片的灵魂；也就能安然地将心放平了开掘、享受当下生活的价值、乐趣。

美国弗雷德里克·S·珀尔斯博士创立了格式塔疗法：一种自己对自己疾病的觉察，此疗法能对自己的所作所为有觉察、体会和醒悟。该疗法有十项原则，我发现其中五项理念可用来助我们活在当下：

一、生活在现在。不要老是惦念明天的事，也不要总是懊悔昨天发生的事，把你的精神集中在今天要干什么上。

二、生活在这里。对于远方发生的事，我们无能为力。

三、停止猜想，面向实际。当遇到领导或同事的时候，你向他们打招呼，可他们没反应。如果你因此而联想下去，他们为什么要这样对待我？这个人是不是对自己有意见？是轻视我吗？其实，他可能心事重重，情绪不好，没有留意你向他打招呼罢了。很多心理上的障碍，往往是想当然以及多虑、过虑造成的。

四、暂停思考，多去感受。人们整天所想的，就是怎样做好工作，怎样考出好成绩，怎样搞好和领导与同事的关系等。容易忽视或者没有心思去观赏美景，聆听悦耳的音乐。格式塔疗法的一个特点，就是强调在思考基础上的"感受"，感受可以调整、丰富你的思考。

五、接受不愉快的情感。愉快和不愉快是相对而言的，同时也是相互存在和相互转化的。当有不愉快的情绪时，请坦坦接受它。

用格式塔疗法可以解决不少"今天"的问题，特别是清除"今天"精神上的自我设障，中止和自己过不去的情绪或行为，从而开始有质量地活在"今天"。

清风朗月不用一钱买

"人不快乐，不外乎三个原因：妒忌或羡慕别人；觉得别人对自己不好或对不起自己；对自己及别人太'认真'。假如能解决这三个关键，你将省去人生95%的烦恼。"香港立法会议员端木幼麟如是说。

人生还有一个关键性的不快乐是，偏执于只有拿钱买的东西，特别是大价钱买来的东西才快乐。若不把眼光固定在那些令人不快的事物或昂贵的东西上，稍稍挪开一些，天地原来很宽。

"与谁同坐？明月清风我。"（苏轼《点绛唇·闲倚胡床》）苏州拙政园有亭名"与谁同坐轩"，缘于此。

"惟江上之清风，山间之明月，耳得之而为声，目遇之而成色，取之无禁，用之不竭，是造物者之无尽藏也。"（《赤壁赋》）苏轼在提醒人们"快乐的资源"取之无禁，用之不竭。

清风朗月不用一钱买。（李白）

清风明月本无价。（欧阳修）

盘点幸福存量

如果不按别人的曲调跳自己的生命之舞，比如按世俗的物质性标准来衡量自己的幸福度，那么，每个人的幸福存量都是足够多的。

幸福多数是毛毛雨状的，不要只枯等那种"成块"的幸福。

当杰勒米·泰勒丧失了一切——他的房屋遭人侵占，他的家人被赶出家门，流离失所，他的庄园被没收了的时候，他的反应是："我落到了财产征收员的手中,他们毫不客气地剥夺了我的所有财产。现在只剩下了什么呢?让我仔细搜寻一下。他们留给了我可爱的太阳和月亮,我的温良贤淑的妻子仍在我的身边,我还有愉快的心、欢快的笑脸,他们无法剥夺我对上帝的敬仰,无法剥夺我对美好天堂的向往以及我对他们的罪恶之举的仁慈和宽厚;我照常吃饭、喝酒,照样睡觉和消化,我照常读书和思考。"(《崇高的生活》)

只要心态像杰勒米·泰勒如此"崇高",生活就还在,就并没有消失。你根本的财产,谁都无法剥夺。生活中有的东西是可以失去、可以被剥夺的,但仁慈的上天总会给我们留下一些永恒的,比如太阳、月亮、宽厚、乐天的精神等等这些足够使我们振作起来、面向明天的东西。

民国元老于右任一生饱经沉浮,却淡泊自安。常有人问及他高寿之道,他总是指指客厅墙上高悬的字画,笑而不言。

那是一幅写意的莲花图和一副对联:不思八九,常想一二。横批:如意。

常想一二,是感恩珍惜人生中那如意的一二,而不去纠缠不如意的八九。盘点幸福存量,常想一二,少思八九;便是如意自在。

相忘于江湖

我是天空中的一片云,/偶尔投影在你的波心——/你不必讶异,/更无需惊喜——/顷刻间消灭了踪影。 你我相逢在黑暗的海上,/你有你的,我有我的,方向。/你记得也好,/最好你忘掉/在这交会时互放的光亮。(徐志摩《偶然》)

减少过度交往,提高交往品质。随缘而不攀缘,人人轻松自在。

"相忘于江湖",像鱼在大海中各自畅行,无需无谓的关系粘连。当鱼在大海中彼此表现兄弟般情谊,当需要"相濡以沫",需要相互用口水润湿而活着时,大海已经是"非正常性"存在了。

"与人无爱亦无憎",苏曼殊此言透着大智慧。因为有爱必有憎,还是不免狭隘。老子曰:"天地不仁,以万物为刍狗。"这才是超越,是天地与万物的自由自在状态。

相忘于江湖的生命是自然而安全的,也是自由而优雅的。

精神极致风景

世上有些人创造了精神的极致风景,我们虽不能至或不易至,但应明白人生有这样的极致风景意味着什么,在这里可以触摸人类精神的极致。

你在85岁时会做什么?说实话,本人肯定首选"等死"。可冯友兰先生在这个岁数开始重新撰写《中国哲学史新编》,一直到95岁,完稿4个月后,他就去世了。他用自己生命的最后十年完成了150万字的中国哲学史上的"长城之作"。

陈寅恪被称为百年中国学术史上教授中的教授,他在各国留学18年,但却没有任何一所名校的文凭。当然不是拿不到文凭,而是他读书纯粹是为了学问。哪有学问他就到哪里去。"独立之精神,自由之思想",与其说这是陈寅恪在评价王国维的人格,还不如说是陈寅恪在阐释自己作为一个学人的理想人格境界。

当代有学者曾为陈寅恪深为惋惜,认为他晚年浪费自己非凡的史才,竟为两位"婉娈倚门之少女,绸缪鼓瑟之小妇"(指清代才华与志节俱奇的女子陈端生与柳如是)张目作传——《论再生缘》《柳如是别传》。

然而余英时《陈寅恪史学三变》一文指出:"合两书读之,他晚年治史不仅不是为考证而考证,也不止于为史学而史学。他是要通过史学来维护平生持之极坚的文化价值,独立精神与自由思想便是其中最重要的两大项目。他写《论再生缘》与《柳如是别传》,表面上似言有清一代只有柳、陈两个奇女子最能体现这两大价值,但弦外之音应包括不满意或指斥当时已放弃自由与独立的'男旦'式的人物。"

萝蔔白菜的全滋味

萝蔔者,萝卜也。什么是"萝蔔白菜的全滋味、真滋味"呢?

作家夏丏尊有一回去看弘一法师李叔同,碰上法师正在吃俗极了的"萝蔔白菜",可他吃的状态却是超凡入圣——吃得很香甜、很享受,直把"萝蔔白菜"吃出了大师的水准、大师的境界。

于是夏丏尊大大地感慨:"萝蔔白菜的全滋味、真滋味,怕要算他才能如实尝得的了。对于一切事物，不为因袭的成见所缚，都还他一个本来面目，如实观照领略，这才是真解脱，真享乐。"

以参鲍燕翅为人生至味是不折不扣的世俗偏见，更是一种野蛮与不自由。能吃出"莱菔白菜的全滋味、真滋味"恰是人性自由、道行高超的表现。这是极高明而道中庸的境界：对生活有极高的"觉解"（觉悟理解），并"道中庸"地过常人的日子，却过出非常人的境界。

所谓真解脱与真享乐，就是以极高明的人生修养在人世间做最平凡的事，却抵达不平凡的结果——真正享受到了生命的全味与真味。

常人一生吃萝卜也许只吃到了萝卜皮，只吃出了萝卜的一小部分味道。只有对生活有通透觉解的贤哲才能品尝到萝卜心。总之，素质低者连萝卜白菜都吃不出全味和真味，更遑论生活的全味和真味。

以救难超越受难

"5·12"汶川地震后的一两个星期内，是大家都很恐惧的时刻。笔者在学校值班，看到许多学生不敢回宿舍，就睡在操场上。

难道除了恐惧，我们就不能有其他的反应吗？此时是否应该有一些超越的姿态呢？大学生遇事的反应终究不应该和普通民众一模一样，应在精神层次上"高人一等"才不枉是"大"学生，否则，何必上"大"学呢？

为了缓解学生们的恐惧，也为了让他们的精神得到升华，笔者决定到系里每个班去讲几句话：在灾难发生的第一时间，我们可以像一般民众那样害怕。但在第二时间，我们应该尽快镇静下来，让自己的情绪正常，理性面对变故。而在第三时间，我们如果还活着，还有能力，那就应该让自己成为志愿者，去救援别人。而这正是超越恐惧、升华生命、显示力量的绝佳机会。人与人的区别是从这"第二时间"与"第三时间"中看出来的。如何超越苦难，最终还是要靠我们自己的心灵觉悟与奋斗。

旅美学者薛涌《以救难超越受难》一文，讲的就是这样的"心灵奋斗"。他发现一般美国家庭在处理丧子之痛时，有非常不同的反应模式。比如，一对夫妇的孩子死于癌症。这对夫妇不仅自己捐钱，也号召其他人捐款，以自己孩子的名义建立癌症研究基金，使其他的家庭不再重复同样的悲剧。

薛涌还提到，加州大火，许多民宅被烧毁。记者采访一位受害者，问她如何能忍受这样的损失。她说，一辈子积累的家当被付之一炬，实在难以承受。但当自己开始救援他人时，痛苦减轻了许多。从帮助别人中感受到自己的力量，这样痛苦最能有效地减轻到最低的程度。

以救难超越受难，说明的正是老子"非以其无私邪，故能成其私"的智慧。

以救难超越受难，为人是可以如此开明的。开明不正是为了光明的生活？谚语说，生活是块磨石，有人被磨碎了，有人被磨亮了；而磨碎还是磨亮，这取决于你自己。

法显与玄奘

环顾周围，发现似乎人类中的一个"物种"已经濒临绝种了，那就是自然"探险家"。

越来越听不到那些挑战自我、挑战环境的无畏之举了；更多的人宁愿在城市的物质与金钱之间冒险，在物欲与肉欲间奔突。现代人出门必可乘车的方便，导致了体力的普遍孱弱，而体力的孱弱又直接源自精神的矮小化与精神力的衰退。

常人多津津乐道于"猴哥"的谐趣及本事，却已不大有人在意"唐僧"的真身玄奘当年涉险历难的壮举：他曾如何于漫漫黄沙戈壁九死一生而无畏前行，他曾如何在抵达犍陀罗前穿越腾格里山、帕米尔高原、兴都库什山。这些山脉即使现代人携带专业登山装备也不易攀登。

成为唐僧玄奘西行动力的是晋僧法显，他比玄奘还要早二百多年到达这里。法显先是穿越了塔克拉玛干大沙漠，然后也是翻过帕米尔高原到此。他比玄奘更令现代人汗颜的是，玄奘翻越帕米尔高原时30岁，而法显已经67岁！法显回国时已经79岁，从80岁起，他开始翻译带回来的经典，并写作旅行记《佛国记》，直至86岁去世。悠悠苍天，彼何人哉？

文化的辉煌，国力的强大，首先是国民精神素质里具备那些伟大、非凡的元素。多些远足旅行，少些一站路也要坐公交吧。

何必获奖

这是一个评奖大潮空前汹涌的时代,我们已被各种名目的评奖骚扰得更浮躁、也更不易自信了,要想在此狂潮中站稳实在难度太大。

获奖的目的无非也就是让我们更加既富且贵,而古人有"何必富贵"的自信,那么我们也来个"何必获奖"岂不潇洒?做了事非得别人或社会来按"确认"键才算快乐,岂非大俗?这一是对自己所做之事的意义与价值缺乏自信,二是没有享受到所做之事本身的快乐,因此才需要获奖。本文并非宣扬大家什么奖都不要去争取,而是觉得如果所有的奖我们都要不顾一切地"扑上去"才有问题。心里储存几个相关的超脱故事也许会让我们稍稍淡定一些。

故事一:2007年瑞士人伯纳德·韦伯一手策划世界"新七大奇迹"的全球投票评选活动,拥有长城的中国人与拥有金字塔的埃及人的反应大相径庭。许多国人对长城入选"新七大奇迹"热情空前,急于证明它的存在、地位和影响力。

但埃及人却断然拒绝参加此次评选活动:"金字塔早已是世界人民心中的奇迹,没有必要再进行投票角逐世界奇迹。"他们带着自尊和深沉的情感自信于金字塔的意义。金字塔静静地矗立在沙漠里,它不争故天下莫能与之争。

与参与投票的狂热又适成相反的,长城保护现状极其堪忧。长城上不但垃圾很多,而且城墙破坏严重。明长城有较好墙体的部分已不到20%,墙体和遗址总长不超过2500公里。文物丢失严重,有的城墙已经成为当地村民的猪栏羊圈。

故事二:布提亚·辛格是印度一个5岁男孩,他4岁半就成了马拉松神童。他的教练打算让他从印度的布巴内斯瓦尔跑到加尔各答,全程约500公里。可是印度政府调用大量的警察封锁了辛格的长跑线路。虽然对此抗议者很多,包括辛格的父母,印度政府不为所动。理由是,国家可以不要神童,但有责任保护一个孩子的身体健康。此事表明印度政府的负责以及自信与开明。总是拿获奖来证明自己的高低长短、大小快慢是不是也太累了?

故事三:作家萧伯纳曾拒绝接受声誉很高的英国勋章,他说:"我已经自己给自己授予这一荣誉,不必多此一举。"

故事四:哲学史家汤用彤得知其所著《汉魏两晋南北朝佛教史》获大奖时,竟很不领情,说:"多少年来都是我给学生打分数,我的书要谁来评奖!"

何必获奖!

民主的制度比王位更重要

2007年3月18日,不丹爆出特大新闻:现年50岁的国王吉格梅·辛格·旺楚克正式宣布,他准备于2008年退位。

届时,不丹将结束旺楚克王朝的集权统治,通过举行首届民主选举,施行民主宪政。而推动这一重大政体变革的却不是国民的呼声,正是不丹国王旺楚克本人。旺楚克是继华盛顿总统之后又一例对权力保持纯洁态度的国家元首。

旺楚克国王提出过著名的"国民幸福总值"(GNH)的概念。深谙佛教精义的旺楚克指出,人生"基本的问题是如何在物质生活和精神生活之间保持平衡",国家政策制订依据应考虑"在实现现代化的同时,不要失去精神生活、平和的心态和国民的幸福"。

旺楚克与儿子走遍了不丹,向臣民们反复宣讲,要保证长久的幸福,就需要进一步推行民主制,他说:"我可以努力做个爱民的国王,但我无法保证不丹代代都有好国王,为了不丹人长远的幸福,我们必须推行民主,一个有效的制度比王位更重要。"

不丹从上世纪80年代末开始推行"全民幸福计划"。它虽有丰富的旅游资源,但每年严格限制入境观光人数。并立法规定国土的森林覆盖率,目前不丹国土面积的74%为森林所覆盖。如今不丹不仅在人均GDP方面也领先南亚,而且国民的幸福感更令其他国家难以望其项背。

民主的制度比王位更重要。

大学人文小品读本
DAXUE RENWEN XIAOPIN DUBEN

秋篇(下)·创意

广义的创新

创新首先应是一种生活态度与生活方式。创新的要义是刷新生命、刷新生活。

本书所言"创新"不单指一项发明、设计或一个具体的创意，而主要关注"道"的层面的生命创新，是将创新意识当作人生观、世界观来讨论，因此通常所谓"创造术"的内容将占较小比例。"术"永远是治标不治本的，但在讨论创新之"道"时，本书也将提供一些适当的、有人文内涵的"术"。

工作事业中的创新不是朝夕可办的事，人类也不仅仅是为了工作或事业才追求创新，那不是为人主要的或唯一的目的。创新首先应是一种生活态度，是对更具人文内涵生活的追求，显示的是较强的生命力和新的生命存在姿态。如若很急功近利地追求创新，便不可能形成较有意义的、可持续进行的创新格局，所创新结果也是零敲碎打式的，所创新的东西还可能是恶形恶状、甚至是反人类的。

创新与繁荣文化首先需要保守民族文化传统，在民族文化传统这棵老树上发新枝、开新花，而非背弃传统文化的大本大根另植新树、别开异花。因此创新若不以体现人文精神为基准，不在人文界面与平台上进行，不追求美感，不为人类和平安宁的生活带来建设性的帮助，那它将会走向歧途，甚至带来灾难。

广义的创新，意味着心态开放、开明，能在系统中对问题进行结构性思考、能一阴一阳地用"太极思维"看问题并解决问题。

广义的创新，意味着移风易俗，改变粗糙、鄙陋的生活习惯。

广义的创新，意味着超越凡俗，提升趣味、改塑情调。

广义的创新，意味着在生命处于逆境时超越困境，刷新生命。

广义的创新，目标不仅仅指向具体的物质性创造，虽然这也很重要，但更意味着主动而激情地开拓精神性生存空间。

警惕唯"新"主义

如今"创新"一词成了世界特别是中国社会生活中的中心语词，上下左右的人们都在高频地使用这个词，并进行着创新的实际行动。

然而，在多数情况下，"创新"已成为我们新的偏执。以为一切旧的皆需要破掉再立新的，以为只要"新"就万事大吉，以为"新"就是最高价值，以为"新"就是进步、就是发展。这种理念不仅是庸俗肤浅的，也是潜藏祸端、贻害无穷的。中国亟须警惕唯"新"主义！

笔者曾想在《老子》的智慧里找到对"创新"的支持性话语，终于发现，老子不仅从不提倡"创新"，反倒有句明确唱反调的话，即第十五章末句"蔽不新成"——宁守旧而不趋新，倡导"因循守旧"。到底是老子"老"糊涂了，集迂腐顽固落后之大成？还是我们在贪新逐异、在乱喊"创新"，夸大了创新的范围与必要，在偏执地把"创新"庸俗化了呢？

某人住某酒店，设施先进。洗浴时发现水龙头长相甚奇，可是拧它不出水，便往下按，也不出。又向上提，还是不出水，气急之下，踹它一脚，水倒是终于出来了，但喷了一身水。

在水龙头专卖店里，四面墙上都是水龙头样品，品种之多足够你头晕加眼花的。水龙头的花样真的有必要无限翻新吗？人类把时间、金钱还有资源、生命都耗在以水龙头为代表的各式用品的无休止更新换代上，是愚而非智的。因为这和幸福快乐的生活没什么必然关系。

随便创新其害其弊大矣！它破坏生态、扰乱心态。破坏生态是说贸然于创新会加剧资源浪费、环境恶化。扰乱心态是说偏执于创新会更加助长社会浮躁、人心浮动。人类社会的大多数方面真正需要的是在一定的时空中保持相对的稳定，而不是时时"被创新"。每次创新都是一次平衡的打破，当新的平衡点没有建立起来时，这种随意的打破便不可能成为建设性的创新。

对于社会的绝大多数成员来讲，真正有意义的、能为自己也为社会增加福祉的是把自己平凡的生活过得有格调、有意义。或者说是把自己平凡的工作做好、做精致乃至做成传奇。

当然，无论是创新还是传承，都是为了把事情做好，做精致。因此，以为只有创新才能把事情做好显然就犯了偏执的病。如今中国人最需要觉悟的是超越越来越粗鄙粗糙的生活与工作状态，中国社会更需要一种由认真踏实、平和耐心、善良诚信等等共同构成的温润优雅的环境氛围。

《菜根谭》说："阴谋怪习，异行奇能，俱是涉世的祸胎。只一个庸德庸行，便可以完混沌、召和平。"多数情况下，人类最需要的是保持一种平常的德、平常的行才能真正促进社会美好和谐。庸者，平常也。举凡平常一切真善美的品质与行为皆属"庸德庸行"。

许多事情如今做不到位，并不是因为创新不够，而是传承老经验不足。而这也是大革文化之命的最直接后果之一。中国如今的最大问题之一恐怕是：新的文明秩序没有建立起来之前，我们就已把旧的传统几乎彻底颠覆、抛弃了。

一个有价值、有意义的创新一定是对人生活得适度方便、相对快捷有建设性帮助的，并能保证人更有尊严、更有美感、更健康、更人性化地生活。而这需要创新者在人文素养方面有相当的积淀，能在人文这个底线与平台上进行创新。

越不保守文化越不自信，越不自信，越要唯"新"，越爱折腾，真正的文化传统因而越被忽视、被破坏，完全陷入恶性循环。正像越老越爱穿红戴绿一样，有时越老往往越爱"维新"，在此意义上，"维新"反而成为社会无真正活力的表现、成为某种老态的粉饰遮掩。

有效与建设性的创新首先应基于对文化传统的充分尊重，应是在已有人类文化传统的平台上的创新，否则一切创新不仅不是进步、不是发展，而可能成为某种反人类、反人性的东西。请先强调真正传承文化传统，再谨慎地谈创新能力吧。文化保守永远先于文化创新，勿让创新遮蔽了对良好传统的传承。

警惕唯"新"主义！只有警惕了唯"新"主义，我们才有资格开始谈有建设性价值的创新。

个性自由意味着积极创造

最爱高喊"张扬个性"的现代人反而最缺个性，为什么呢？

当一个人与别人一样追逐时尚，并且别人所爱好的一切关于衣食住行的趣味就是他的趣味，他只能喜欢自诩为"时尚"的人们所喜欢的一切，那他就决无个性可言。

俗众又容易把"个性自由"理解成"为所欲为"，而精英才知道如何把"个性自由"落实为"积极创造"。而最高形态的创造则应该是艺术的创造、思想的创造。

个性自由如果只表现为"为不同而不同"的标新立异，那是绝大的误会。个性自由如果只是无限地解构、抛弃传统与经典的价值，更是愚不可及。

当我们有能力、有勇气发展创造以人文精神为底蕴的"新的生活趣味"时，才可以自由地拥有建设性的个性。

新的诗行生成于新的思想

要一行"新"的诗行出现,还得依赖一种"新"的思想生成。这是美国诗人威廉斯·卡洛斯·威廉姆斯的深刻见解。

无论杰出的艺术作品还是伟大的建筑,如果它们都是可以矗立于苍天之下、值得众生仰望的,那么,无论它们在外观上如何迥然不同,都会有一个共同:它们都是某种伟大的思想甚至情感的产物。

北京天坛之美是中国"天人合一"思想之美;中国园林是从中国哲学中"升起"的风景……

现实主义者永远是单纯的观察者,而象征主义者、理想主义者却是思想家。正是理想主义者主要发挥着对世界的批判与推陈出新的创造作用。

摄影家的竞争最后是思想的竞争

世界的危机永远都是世界观的危机,当今国人创新能力的危机也是源于世界观的危机当是不错的判断。缺乏深度的人文思想修养,带来的就是精神的萎缩与创新能力的退化。

《南方周末》报道过一个曾是婚纱影楼老板的摄影家卢广,他业余还喜欢搞一些诸如艾滋病等社会问题的拍摄。记者和他之间有一个极有意思的对话:

记者:摄影到了一定境界,是不是技巧要退到次要地位了?

卢广:应该是这样的。先是对器材的迷信消失,其次是技术和经验也变得不再那么重要。摄影师的优劣,到最后可能成为思想的竞争。

一般人"玩"摄影,会有一个偏执的意念:好的摄影首先得置办最好的摄影器材,如果不是昂贵的摄影器材就不可能拍出上档次的摄影作品来。

摄影器材等固然重要,然而更重要的还是摄影器材后面的头脑与心灵世界所起的作用。你如何选材、如何选取角度,以什么样的方式拍摄、你想表达什么意念等等,都需要某种思想与情感的支撑。而这又不仅是摄影艺术如此,所有的艺术乃至一切作为,如果想要进乎道,达到"道"的高级境界,都需要以人文精神为底蕴的思想指导去完成,那些属于"术"的技巧与经验等毕竟是次要的。

一个人若想当记者的话，他最明智的选择应该是上中文系或历史系，而非直奔主题地上新闻系。道理很简单，要想对采访对象提一个有深度、有新意的问题，仅靠采访技巧是远远不够的，必须有深厚的人文修养，必须具备思想力。而国内各大媒体的骨干大多正是毕业于中文系、历史系，而非新闻系。

若干年前有个"秦池"酒，曾斥资亿元在央视做广告，一时间名满天下，但今天几乎被人们遗忘了。有人指出，秦池酒高层领导人缺乏"思想力"，导致了它不能可持续发展的悲剧。的确，靠贷款做广告瞬间可使一个企业膨胀到天上去，但总有一天它就会气泄完蛋。

"思想力"或"精神力"听上去最虚，但从辩证法的角度看，它们是最实在的存在。人类社会没有一种存在的状态能超越人的思想与精神的状态。

因此，人世间所有的竞争都是思想力、精神力的竞争。

汪曾祺诗意而空灵的《复仇》

好的作品应该帮助人们走出心灵的迷误、超越人性的黑暗，而不是更加陷溺于其中。

汪曾祺小说《复仇》正是这样一部作品。不是某个偶然的契机，笔者绝想不到一篇标题如此庸碌的小说，竟然是超越的——"复仇"也能写得那样空灵而富有诗意。冤冤相报、无穷追杀难道是唯一的"复仇"方式吗？对此我们从来不曾反思。但汪曾祺笔下的复仇者，最终不仅放弃了复仇，且与仇人共同开凿一条能"透过另一线光"的路。

小说中"复仇者"的心性气质，更像个诗人，他与普通"复仇者"的精神状态几乎是绝缘的，其所遇到的一切自然与人境中的声光影色都能让他有诗意的触动，作品随处都是散文诗般的笔调。这正是汪曾祺此篇小说的超凡处，让小说中"复仇者"的生命充满爱与深情，从而用这爱与深情所铸成的"利剑"斩除那所谓的"世仇"。

《复仇》从庄子的"不怨飘瓦"之说出发，表现了一位对复仇不上心的少年，虽然肩负复仇的使命，但他一路上的主业却是对自然与人境的诗意关注，几乎毫无复仇心地走来，并最终把复仇的包袱彻底扔掉了。

《复仇》写作的背景是抗战时期，但汪曾祺却和当时许多作家不同。有人指出："对这场民族厮杀，中国作家多数是愤激的，出于民族大义，他们都表现了相当的复仇心态。'渴血复仇'成为时代文学的最强之音。老舍宣言'我就是一个抗战派'，郁达夫写下了'匈奴未灭家何恃'，'留取吴钩拼大敌'的悲壮诗句，茅盾写《参孙的复仇》，借用了《圣经》中大力士参孙与仇敌同归于尽的故事，表达了誓死复仇的信念。郭沫若写剧本《高渐离》，以复仇为第一要义，突破了传统的忠奸之辨，指鹿为马的赵高竟然成了一个忍辱含愤的义士。田间的短诗《假如我们不去打仗》，异常截决地否定了和解的可能性。不和解，不宽容，有仇必报，成为那个时代复仇行为的主导精神。"（一苇渡江《和解的寓言：解读汪曾祺〈复仇〉》）知此背景，也就知道了汪曾祺的超越是什么。

这种人性与审美的超越不也是一种生命的创新？汪曾祺小说《复仇》的人文价值正在此。

第五代导演的先天不足

中国第五代导演无论怎样在国际上得奖、怎样风光无限，但他们的共同致命弱点制约他们成为真正的国际一流大导演，这就是作品中"思想的缺席"。

在他们的电影中，一切精致与前卫的手法技巧都玩过来了，但由于思想的苍白，人文关怀的缺乏，作品的意蕴与价值就大打折扣了。这也就使得他们即使碰上可以做思想意蕴上深度开掘的题材，他们也没有能力将它们开掘到所应有的深度。

动辄耗资上亿美元的大片不等于艺术片，但在思想深刻的导演手下，这种大片照样能具有极高的思想与艺术价值。学者许纪霖说："我们知道即使是西方与好莱坞商业大片，许多也是严肃地立意甚高、视界不俗的，如《辛德勒名单》《沉睡者》《英国病人》，其中的思想深度与人文关怀赫然耸立。基于同样的原因，我们甚至可以看到传统的'商业片'与'艺术片'的界限也不再那么绝对。"

从中国电影的整体来看，又不仅仅是第五代导演有这种"思想缺席"的先天不足。

创新与回到精神的原点

北京某博物馆门前的台阶很有意思,无论您腿脚多么利索,走在上面一定呈跛脚状。这个效果它是怎么整出来的?很简单,那台阶让您一步迈一级太长,两步上一个太短。

好像是北欧某国有个叫蓝厅的建筑,里面的台阶的建造过程是:设计师让自己的妻子穿上曳地长裙,一遍遍从台阶上飘然而下,直至台阶的高度与间距调整到能让妻子飘出仙女下凡的优雅味道来。

事实上那种让人跛脚的台阶在如今大量的建筑里都存在。给人的感觉是,设计师们似乎没见过几个经典台阶,完全由着自己胡乱造的。台阶这个简单的东西几乎无需创新,直接从中外传统建筑里拿来就能用。很喜欢那种最低几级造成圆弧形并稍宽的台阶,既有美感又走着舒坦。

这种类似的蠢笨例子还有很多。笔者所居城市相比较属于凉爽型的,可是在天还不太热时进到许多没有开空调的大型卖场或大楼里,竟然比露天还热。原来它们都没有窗户,或有也被封死了。想想小时候许多电影院即使炎夏也没这么闷热的,都有长绳子控制的高窗调节温度。

创新并非是永远眼光朝向未来,传承传统与文化经典也是创新的一个极重要的维度。让精神不断地回到人类传统与文化的经典,从传统与经典中寻找灵感,汲取智慧,获得创新的人文底蕴。传承传统与经典永远先于创新,否则创出来的新就是让人跛脚尴尬的东西。应该记住一个基本的常识,不管造什么,请先研究一下既有的良好做法再动手做事或创新吧。

"古典,某种意义上是传统的替身。这传统在美术中非常有趣地提供了一个原点,一个画家似乎总要不断地回到的地方。"(甄巍《与经典相随》)

建设性的创造必须是人类精神"原点"的延伸,延伸基于"真、善、美"的纯正的生活趣味及雅正的生命方向,延伸勇气与智慧等一切伟大的人性元素。真正可靠的物质进步必须也同时是精神回退到原点的结果。

"不断的物质进步与不断的精神回退是两个并行不悖的过程,可靠的进步必须也同时是回退。这种回退,需要我们经常减除物质欲望,减除对知识、技术的依赖和迷信,需要我们一次次回归到原始的赤子状态,直接面对一座高山或一片树林来理解生命的意义。"(韩少功《在法国国家图书馆的演讲》)

人类一切的行动应该每次都是从那共同的原点出发的,万勿忘记这一点,尤其是在打算创新时。

机器制作的面包不准叫"面包"

　　法国面包行业有一个行规,就是机器制作的面包不准叫"面包"。这是对传统手工制作面包的保护姿态,也是法国文化的一种优雅讲究。

　　英国的劳斯莱斯车之所以昂贵,是因为它的部分组装及内部装饰是手工完成的。德国的"保时捷"轿车,当年标价上百万美元,也因为它是纯手工打造的。

　　手工毛衣、手工地毯等等手工产品绝没有机器制作的那样柔顺平整,但那份经过人之手、带着人性、人情的特殊质感,那种独一无二的不可重复性等品质却是机器"制作"不出的。有什么优雅考究的物品是在机器流水线上飞速装配的、毫无二致的东西?

　　最震撼过笔者的、有关手工魅力的故事出自王迩淞《技艺的心》:

　　　　在距巴黎一个半小时车程的村庄里,住着一位75岁的乡下老太太,她独自一人过着种草养马的田园生活。不过,每年时装发布季之前,她都会接到香奈尔公司派专人送来的布料,请她为高级定制礼服制作织带配件。……老太太从没见过(设计师)卡尔设计的服装款式,她只要看到送来的面料,就知道织带该做成什么样子。她会先把面料的经纬线抽出,再把不同颜色的纱线重新组合,最后用她自己发明的一种木制织机做出独一无二的织带。

老实说,香奈尔时装虽是世界顶级品牌之一,以往笔者也就把它当作一种奢华生活的象征,再没别的感觉。这回才发现它居然是有境界的,是有"心"的人文产品:

　　　　每当卡尔的裁缝们打开送来的织带,都会由衷地惊叹。一眼看去,这从面料衍生出的织带就像是面料生出的女儿,与那件优雅的礼服摆在一起,既有一目了然的血缘关系,又有另一个新生命的迷人风采。

据说,老太太从1947年就开始手工生产织带,迄今已有60余年。她具有非常重视手工技艺的人推崇的"技艺的心"。当年,香奈尔见到她的手艺后,就指定由她来制作织带,并成为公司的传统延续至今。

　　现代性社会追求机器化、电子化,而"后现代文明"有一个关键性的价值观，就是对传统的、手工制作产品的重新重视。看来，享受手工产品才是永恒的时尚，才算是真有品位。

如果你是女孩子，请学会自己织毛衣。如果你是男孩子，请学会基本的木工活儿等手艺。——只为保存基本的人性与人性温度。

讲这个故事无非是想提醒，创新并非一切制作皆由机器代劳，也并非是什么都需要创新。我们首先需要的是生活格调，而不是创新。

创新是新组合

君子不可"折腰"、不能"染指",自古如此,却非千秋必然。

因为"折腰何惜为浇花,染指不妨因涤砚"。将"折腰"与"浇花"、"染指"与"涤砚"妙合一体而推陈意、出新联,无妨君子之高节,反彰君子之雅趣。

没有新的元素,只有新的组合。创新往往就是将旧的元素重新组合的结果。博闻多识是这种新的组合的基本前提,胸怀开阔是这种组合的基本条件。

创新就是对已有事物的重新组合,通过将常人不以为意、很难看到关联性的、了不相类的事物重新排列、再行组合而成一新事物。葱宝与爷爷聊天,东拉西扯向来是葱宝的长项。爷爷说:"你说的是两码事!"葱宝坦然回答:"我把它们说到一起,它们就是一码事!"葱宝是哲学家,更是天然的创新人才。

创新本就是一种将两码事、三码事"说到一起""整合到一起"的本事。而热爱生活、对许多事物感兴趣、敏感的人,心中没有无谓的条条框框的人,像孩子一样纯粹的人,更易有这种本事。

塑料血

创新往往是将旧元素出人意料的新组合。

塑料袋用来盛血浆,这不是塑料与血浆"出人意料"的组合,而将塑料变成血浆才是创新,国外科学家已经研制出了"塑料血"。

某本谈创造力开发的书中,提到构成创造性的素质,主要有:"感知敏锐,善于发现问题,提出疑问;感知全面、客观、善于获得各种信息,存储丰富的信息;具有独立性,有自己的独立见解;思维流畅,善于把握事物内在联系,不追求唯一答案;思维灵活,不受事物原形象功能束缚,不循规蹈矩,善于及时变换思路;宽容各种设想,接纳各种文化,具有浪漫精神和超现实感,善于从对立、相反之中发现新价值;富于想象和幽默、视觉表象丰富,善于略去细节抓住实质。"(《点燃创新之火》)想创新,就挨个拥有上述素质吧。

许多发明创造与诗性的比喻类似。诗性比喻用黑格尔的话说则是"尽量在貌似不伦不类的事物中找出相关联的特征,从而把相隔最远的东西出人意外地结合在一起"。

比如杜甫晚年诗句:"钩帘宿鹭起,丸药流莺啭"。"钩帘"动作与"宿鹭"飞起之间,"丸药"动作与"流莺"啼转之间是有一些相关联的特征的,杜甫把这"相隔最远的东西出人意外地结合在一起"了。杜甫诗相对多些曲折与顿挫,这正是杜甫诗读来有别于李白诗的酣畅过瘾处。

德芙巧克力的广告创意,也是一次出人意料的结合:光洁、柔滑的巧克力色丝绸幻化成德芙巧克力。画面优雅蕴藉,令人十分享受,看了就想买。

所谓创造性认知素质多属于情商,而支配我们抉择的力量大部分正是情商,而非智商。当然了,提高情商最良好的途径就是接受深度的人文教育。

创新与高度的敏感

对生活敏感不仅是天才的特质,也是重要的创新素质。特别是对生活与生命细微、微妙处的敏感。

> 水在阴影中的颜色像宝石那样蓝,而且还有神秘感。
> 我发现了阴影中的奥秘,它不是一整块蓝,而是由不同的蓝色组成的,里面有深蓝、普鲁士蓝,还有钴蓝,甚至还有一两点红色,那是岸边的花在水里的倒影……

这说的是一个孩子在河边画画时的"敏感",对色彩层次的细致入微感受。

卡尔·威特是19世纪德国的一个著名天才。9岁上大学,14岁获哲学博士学位,16岁获法学博士学位,成为柏林大学的法学教授。但他从小被认为是有些痴呆的孩子,仰赖父亲教育有方,这种教育方式就是名著《卡尔·威特的教育》一书的内容。

那个对河水处于阴影下的色彩感受极细微的孩子,就是卡尔·威特。是否足够敏感,将决定能否充分地创造。

破执才能创新

"庄周梦蝶"抑或"蝶梦庄周"是说不清楚的。当然硬要说清楚也不是办不到,可是当带着弃智(抛弃过度的聪明)的慧心而承认说不清楚那一刻,人却可能进入了另一个混沌不分、富有意趣的审美空间……

把生活中的上下左右、东西南北,或者桃花红、柳叶绿,蚂蚁小、泰山大等等分得太清楚有时会造成一种封闭或对有机生命世界的限定,生活的无趣与僵死以及不能创新就是这样造成的。

慧心感受世界就是看见一树白玉兰花,会同时认为那既是落了一树的白色鸟,也是我们生命中的"洁白"在开花……

孩子的创造力常常大胆得令人吃惊,因为他们头脑里没什么条条框框,对世界的态度是天然超越限制的。因此"稚语"常常能发出"灵光"。比如,葱宝叠被子向来只是对折两下摊床上了事,葱宝妈要求叠小些。"叠16开,还是32开?"葱宝捣蛋地问。

破执就是创新,破除自我中心主义、人类中心主义,具备一些庄子"齐物"的精神,天地万物间人为的界限就消失了,并凸现一种新的存在关系。

创新所需要的情商

创新所需要的精神力,就是创新情商。情商较低,比如不够勇敢善良,比较疏懒、冷漠的人将与创新生命甚至把握时机无缘。

笔者某次课间对学生说:"哪位同学的字比较好,请上来帮老师抄一段资料。"可没有一个同学上来。"没人愿意帮一下老师?"我又说,这才有一位同学走上前来。

结合此事,我向同学们讲了王军霞的故事。当年马俊仁到王军霞所在的体校去挑运动员,因天较冷,敲门半天,别的姑娘们都缩在被子里懒得起来,只有王军霞出来开门,马俊仁就把王军霞带到省队,并把她训练得"举世闻名"。这是偶然还是必然?

再问同学们,刚才为什么不上来帮老师?"您不是说字好的上来?"原来,同学们让我给误导了。不仅仅是同学们对自己的字不自信,重要的是对把事情做好、对把握机会没有敏感与自信。事实上，那位"勇敢"的同学，字写得一般，可他没有被老师的误导所限，这就是素质，成功者的素质。

创新还需要快乐的心作为情商配置。上海的哥臧勤因为善于规划工作，每月收入超过了8000元，他的经验是："我常常说我是一个快乐的车夫。"有人说，你是因为赚的钱多，所以快乐。他说错了，是因为我有快乐、积极的心态，所以赚的钱多。他曾被微软公司请去给员工们讲了一堂MBA课程。

既要有激情，也要心气平和，心灵纯净，尽量去除急功近利的心思。心胸狭小、目光短浅、心气浮躁的人，总惦记着创新会给自己带来什么现实好处与利益（如挣大钱、获大奖）的人，不会达到创新的高境界，更不会有高质量的创新。

增强文化底蕴，提高美感意识也是创新的前期素养。许多产品积压难卖，并非质量不好，很多时候是设计上的问题，缺少精神文化含量，式样恶俗，形制欠雅，甚至使用不便。总之，缘于制造者情商不高。

重获第二次天真

"只有长大成人并保持童心的人，才是真正的人。"德国作家凯斯特纳如是说。

艺术家与常人不同的是能保持充分的童心童趣，孩子的幻想与想象能力是最强的，这是童年天真的魅力。

童心对演员很重要。鲍国安的体会是："搞艺术的人，如果不能尽量保持一颗童心，一颗爱心，那么，在创作中恐怕有很多东西难以完成，童心，即对一切都保持好奇；爱心，即把许多东西都包含到自己的内心情感世界中，当你接受一个角色时，你才会从自己内心情感世界的仓库里面把应该有的东西焕发出来。"

"保持童心"是人们自由超越的一种心理基础。马斯洛发现那些"自我实现"的优秀人才"既是非常成熟的，同时又是很孩子气的"。他称之为"健康的儿童性"或"第二次天真"。

儿童之可贵在于超越功利，在于对世界始终抱有一种新鲜的眼光。这使他们能一个心眼地去发现事物的美好及其丰富的意趣，而不去考虑它有什么实用价值，也就不会用一个功利的筛子恰恰将生命意趣给筛掉。这和精神虚静将使人与实用事物暂时绝缘同样道理。

保持赤子般的天真对创新至关重要。大人需要重获第二次天真，不仅是为了创新工作与事业，也能带来生命的刷新。

养成良好创意的诸多习惯

你会"说人话"吗？你养成说话做事尽可能地富有建设性、追求新鲜且具美感的做派了吗？

如果所说所做的总是老套的、没有新意的、缺乏真情的，那种话、那种事也最好能免就免吧。

不再俗得让肯德基、火锅店等成为自己或亲朋过生日的首选场所，能设计并尝试以新的方式度过。比如远足，将自己尽量装备得"很专业"，选择一个从未涉足的绝对新鲜的地方，义无反顾地"驴"行而去；或者找个石头，毫不客气地把它折腾成准艺术品，尽管自己从未学过雕刻；还可以瞄准一个山头、狂奔上去把自己会唱的歌全吼一遍……

苹果从来只是干吃，试着给苹果浇点各种汁，并愉快地享用（"愉快"很重要，象征心态开放）；或给苹果来个不俗的造型。吃饺子的蘸料里放点糖，这叫有品位。我的邻居就是这么吃的，爱好新奇的我愉快地引进并四处推广。

一个人家中的陈设、家具的摆放若几十年如一日，从不变换，此人的生活定然是无趣的。变换家具摆放位置既可以变换心情状态，又表明热爱生活，没事有力气就常换换吧。创新最需要破执精神。

如果照相的姿势呆板无趣，就需要时常留意杂志、书籍里的人物摄影图片，从中找些灵感，看人家是怎样"pose"（摆姿势）的。演艺明星们最擅此道。

凡是一经某种形式的变换而能使现有一切更好、更有趣就应积极去变。不愿顺着惯性生活，经常保持建设性的"出轨"意识，有益于创新。

创意的本质也许在于它是对生活重在过程的真正实现，它并不是把生活意义的宝押在明后天的结果上。养成创意生存的诸多良好习惯，尽量在许多生活细节上追求创意、讲究新意便是在追求生活质量的真实提升。顺着这种良好习惯，就可以顺势在工作或较大的事业上延展、迸发我们的创新能力了。

天高任你飞，海阔凭君跃。

想象力比知识更重要

成龙说:"在荧屏上痛打一个人是很容易的,而围绕武打设计出舞蹈动作则需要更多的创造力。"爱因斯坦说:"想象力比知识更重要。"而直觉和想象力的培养,不能靠智育,只能靠美育。

一位清华校长指出,"方正"出在北大,而不是出自清华,是有道理的。其中最关键的原因是,北大文理兼修,而清华则是纯粹的工科院校。"方正"的核心技术激光照排,原是北大文理科诸多教授通力合作的结果。该校长的结论就是,没有强大的文科,清华永远不可能成为真正一流大学。

学者陈平原认为:"在一个没有文科背景的校园里,精神生活会相对干枯。精神生活的干枯,会影响到师生们的想象力和创造力。我相信,大科学家和能工巧匠就是不一样,前者对想象力和创造力有很高的期待。纯粹的工科院校,容易培养出动手能力很强的能工巧匠,但这还不够,创造性思维和丰富的想象力,有赖于文科思维的激活。"(《当代中国人文观察》)

法国数学家庞加莱说:"逻辑是证明的工具,直觉是发现的工具。"逻辑推不出新的东西。许多大科学家都体会到,在科学研究中的新发现不是靠逻辑的推论,而是靠一种直觉和想象力。

人文艺术教育有助于提高直觉和想象力,并使其转化为全面的创造才能。艺术又是最浪漫、最个性化的产物,而浪漫化、个性化又是创新能力的基本前提。个性化、浪漫的人往往不能忍受太多的现实中常规化、俗滥化的存在,随时谋求改变现状就成为他们的情感需要与生活习惯、生活方式。据说,发明创造多正是那些拥有直觉和想象力并生性浪漫的人捣鼓出来的。亦步亦趋、因循守旧、太实际、太功利的人决不可能在创新方面有什么贡献。

当荧屏上战争场面只是制造人血四溅、刀起头落且满地乱滚的画面时,便与艺术无关,因为它缺乏起码的艺术创造和想象力,更遑论其人文内涵与审美价值。

突破人死不能还魂的"窠臼"

可以说,不敢突破人死不能还魂的"窠臼",明代汤显祖的伟大剧作《牡丹亭》就不可能诞生。

"天下文章所以有生气者，全在奇士。士奇则心灵，心灵则能飞动，能飞动则上下天地、来去古今，可以屈伸长短，生灭如意，如意则可以无所不如。"（汤显祖）

《牡丹亭》的成功是因汤显祖本人就是一位心灵飞动的奇士，是能够任精神自由屈伸的奇士。《牡丹亭》之奇则是它表现了一种使"生可以死，死可以生"的"至情"，这是对人死不能还魂这种"老套"观念的突破。不如此，杜丽娘与柳梦梅的爱情就不可能给人带来"至情"的感动。

激情地呈示并渲染令"生可以死，死可以生"的"至情"是《牡丹亭》的人文魅力，其意义在于："这种情感至高无上的状况可以生，可以死，可以扭转一切，所以这个情感已经不是一般的情感，它是带有巨大目标性和深沉哲理内涵的，能统摄人为什么要活在世界上这个基本命题。"（白先勇《白先勇说昆曲》）

由于这是"至情"，任何观众都会被它感动，而不会去较真它使杜丽娘"还魂"的情节设计之怪诞与不近情理。这就是《牡丹亭》有"生气"（生命力）的原因，心灵飞动则可冲决常理、常情。爱至深则"生可以死"，爱至极则"死可以生"，不如此，其"情"何可言"至"？！

《牡丹亭》的成功遵循的是"至情"本身的逻辑，这是"奇士"汤显祖勇敢而智慧的艺术创新。

精心做事也是创新

精心做好每件事就是创新！

这是一本谈创造力开发的书写在封面上的话，当时不理解，而笔者偶然遇到的一件事为此话作了注解，才明白它是至理。

"往前来，往前看！"初春的集市上，一个卖可将萝卜切成各种花样刀片的南方小伙子吆喝着：

"轻轻往前推，香港澳门都回归。轻轻往前推，菜皮掉下一大堆。它只削菜皮不削菜，节省时间速度快。要多长有多长，轻轻松松下厨房。要多长就拉多长，一拉拉到太平洋，可惜萝卜没那么长。"

他的吆喝出口成章且趣味横生："中国搞开放，我们吃个萝卜也要讲花样。刀片尾巴有波浪，专门用来切花样。先切个一二三，再来切个三二一。横竖一交叉，萝卜就开了花。"真是神了！没见过卖个平凡小器具却如此精彩绝伦的。悠悠苍天，彼何人哉！

"轻轻按，慢慢推，就像大雁往南飞。三下五除二，要多快有多快，好像姑娘小伙谈恋爱——它都没这么快！最后七八个，卖完就下课！"一轮说下来，人们都被他的广告词迷倒了，纷纷解囊买他的刀片，然后有人散去，有人却不肯走，继续饶有兴味地听他吆喝……

简直疑似天使，天使卖东西大概就是这种架势、派头吧。他肯定是上帝派来昭示人们：事在人为。任何事，只要肯下功夫，那它肯定能被做得出神入化。

这位"艺术化地卖刀片"的小伙子个性十足，他不仅让人感到生活的无限魅力，而且还证明了工作真的不分高低贵贱。只有心灵卑贱、精神委顿者才会将一切工作做得没有品位、不上档次。因此创新是一种生活态度、生活方式。很多令人提不起精神的工作或事情，一旦融入创意，带着诚意与激情精心去做，它就会开创一个意想之外的生命的新天地。

不仅精心做好每件事就是创新，而且还请注意：只有精心做好了每件事，再谈创新吧。

不要闲置自己的"神性"

日本的"二郎"神是专做寿司的,那种"职人"态度令人生敬。二郎在梦里都在琢磨做寿司,一做寿司就意气风发,十分自信自豪。他是米其林三星厨师,他能做出让世人惊艳的寿司。

他手下的徒弟需要用十年的功夫练习煎鸡蛋。他亲自上市场选用最好的食材,他相信食物都有它最美味的一个时刻,他整天琢磨怎样才能拿捏住那个时刻。他已经做了七十多年的寿司,一点也不想退休。

食客坐在二郎对面食用现场制作的寿司时,吃到的是和体温一样温度的、味道丰富有回味的寿司,而不是人们印象中的凉饭团。这就是神啊!

日本人把十分敬业并且十二分精业的人叫"职人"。所以当二郎的徒弟十年"寒窗"煎蛋成功后,师傅叫他一声"职人",他能激动得想哭。

二郎也没有做大做强,他的店只有十个座位。做美就足够了,不为做美的做大做强,最后只能是"做没"了,这种例子太不少见了。

看了影片《寿司之神》后,想到:每个人在自己的位置上都可以变成神的吧,只是我们一般都闲置了自己的神性。

越成熟越远离大众时尚

法国导演埃里克·罗麦尔说:"一个人追求现代,就是说追求时尚的时候,就很容易过时,很快就会消亡。"所以他自信地说,好莱坞抢不走我的观众。

盲目追逐时尚会被动地生存,会以奴隶的身份过二手生活。真正有个性、有品位的人,往往是与时尚保持一定"车距"的人。

保罗·福塞尔《格调》书中特别指出美国上层精英形象是:"它要求女人要瘦,发型是十八或二十年前的式样,穿极合体的服装,用价格昂贵但很低调的鞋和提包,极少的珠宝饰物。""男人应该消瘦,完全不佩戴珠宝,无香烟盒,头发长度适中决不染发。"

胖乎乎是中下阶层人的"标准"身材,它和烟酒无度、珠光宝气、时尚新潮等等都象征没有节制、缺少格调的生活方式。而这些都是美国上层精英内心十分拒斥的东西。

并且中产阶级以上的普通美国男性一般认为，衣着得体意味着，你应尽可能让自己看上去像老派的英国绅士。在美国，英国崇拜是上层品位中必不可少的因素，从服装、文学、典故、举止做派、仪式庆典等等，都要有英国风味。

事实上，在许多方面的保守性正是美国社会的重要特点。无论表面上美国文化有多么喧嚣、夸张怪诞的表现，在根本的价值观或精神深处，美国是保守的。如果不是内心深度服膺英国文化的保守精神，美国上层精英也就根本无需让自己附庸英国式风雅，无需有意让自己与时尚保持落后几十年的时间。

一个民族越成熟，时尚越多元化；一个人越成熟，越远离大众时尚。而不追逐时尚，同时又正是一个民族、一个人自信高贵的表现。太过追逐时尚说明的是：浮躁轻浮、没有灵魂并欠缺高级生命追求。

美国教育十分注重培养学生多元开放的文化视野与胸怀，为此有扎实并科学的方法帮助学生熟悉并热爱经典，比如《伊利亚特》《埃涅阿斯纪》《哈姆雷特》《罪与罚》《红字》《理想国》《独立宣言》，甚至《共产党宣言》……

而受良好的经典教育以及多元文化教育的孩子将会有较高级的、多元化的人生趣味，能比较自然地超越时尚和欲望，能为自己的生命格调与方向做主。

不为追逐时尚而创新，所创之新才能避免浮躁庸俗之气。因此，每次创新时，就需要问我们自己：这是否是为了贪新逐异？是否是为了掩饰怕落在时尚之后的恐惧？事实上，许多创新只是为了遮盖自己的某种不自信而已。

超越人人皆商的趣味

太功利是创新的大敌。

或许是对中国传统上长期重农抑商的历史性反弹，这是一个商人比任何时候都多的时代，几乎人人皆商，但毕竟走得太远了。欲光闪闪的眼睛让处处都是发财之地，事事皆要发掘商机。

活得纯粹一些，淡泊一些，更利于建设性而富美感的创新产生。苏格拉底说："一无所需最像神。"第欧根尼说："一无所需是神的特权，所需甚少是类神之人的特权。"还有比神更富有创造能力的吗？

只急于将自己的一点本事拿去兑换成现金的姿态，社会也许会发展，但那种发展必然是不可持续的、缺乏人文价值的泡沫式膨胀。

美国人有时也挺俗，据说在亚特兰大奥运会结束后，商业化的惯性使得美国人连广场上的地砖都要标价当纪念品出卖。可是同样举办奥运会的雅典人则低调多了，没有我们这种档次的运动会所常有的彩旗到处招展、气球满城飘扬。美国比希腊富多了，还要能卖的就卖；希腊人比美国人穷多了，能不卖就不卖，活的是一份安闲自在，真正古风犹存。到底是谁更"富贵"呢？

美国的这种俗劲我们也有了。如今那种几乎人人皆自为商贾的状态，让我们仿佛不曾"文明古国"过。如果不顾脸面性命，不要自由与尊严，而像饕餮一样扑向富贵，这就是《庄子》说的"不仁之人，决性命之情而饕贵富"。走得七扭八歪，不成形状还自以为样子潇洒、姿态稳当。

许多国家的人民发财的欲望绝没有像我们这么强烈的，有时甚至是麻木的。他们宁愿将时间花在与亲朋相聚或更多地享受精神层面的生活乐趣。

作家鲍尔吉·原野到某国访问，周末发现街头行人寥寥，问当地人："人们怎么不出来购物？"回答是："只有你们中国人、日本人和韩国人才在周末出门购物，而我们要在家看着亲人的脸。"

超越人人皆商的趣味，创新的趣味才会纯正，否则难免恶俗的创新结果。

品种齐全的白领奴隶

本书《冬篇·智慧》提到"金字塔不是奴隶建造的"，言内之意就是一个人若不摆脱奴隶身份与心态，他不可能有本事创造辉煌。

然而，今天的奴隶却不是少了，而是更多了。并且现代奴隶比古代奴隶的"优越"还体现在花色繁多、品种齐全上。开豪车、住豪房却是十足的"奴隶"，这就是现代人的新身份，什么房奴、车奴、卡奴、孩奴以及名奴、利奴等等。

热衷于当各种奴隶，使我们情绪更坏了，脾气更大了，目光更短浅了，觉也更睡不着了……恶质生活的种种必要元素似乎都已彻底凑齐了。从本质上看，只有不停地拥有那些欲望中的东西才会安心、舒心还是因为生活不自信、生命缺灵魂。拥有的更多的了，享受的更少了；我们被自己所拥有的东西拥有了，所以沦为奴隶了。去掉奴性就是去掉俗气和庸碌，从而增加生活风韵、重获人性的自由。

世界是平衡的。"天道无私，一个个体的能量是个常数，如果你只花了三年时间就得到了一生才会有的金钱或名望，那你肯定在别处恶性透支了。"（胡真

《列子现代版》）因此，指望靠贪婪取得人生的幸福，就应算好账，看自己在哪里透支了，值不值得。

白领奴隶经常制造错位景观。上班不骑车，买个昂贵的自行车，下班回家原地骑。有电梯决不走楼梯，然后开车去健身房健身。活得很神经不是？不讲究饮食健康、营养，专吃没营养、不健康的垃圾食品与饮料，绝对放纵自己，却要花时间、花钱忙于减肥。

雨果说："黄金做的枷锁是最重的。"我们太舍得给自己套上这枷锁，甘愿为奴，不如此不能显示自己有用。什么事做了备感空虚、无聊，就专挑它去投入全部的自己。

摆脱为奴的身份，做生命的主人，这是刷新生命的第一步。

听从内心召唤的英雄

扬州医学院2007年入校的一位大一新生十分特别，因为他25岁了，因为他入学前曾月薪7000元，因为他已上过一次大学。

而此次入读医学院，却只是为了圆自己的医生之梦。有人为他算了一笔账，五年大学他的直接经济损失将达50万。但他却觉得这样做很值。当年想学医的他，因家人不同意，勉强选择自动化专业。工作几年后，他终于毅然听从了内心的召唤。

这种按自己的意愿生活，做真实的自己的勇气，在我们的社会氛围里是十分稀罕的。太多的"聪明人"会认为"划不来"，可太多的"聪明人"却日复一日、年复一年地过着自己并不情愿的殚精竭虑、七上八下的日子却无法自拔，谁到底更聪明呢？

无论他以后能否做出"成绩"都已不重要，重要的是现在他迈出的这一步人文含金量很高。因为我们努力的结果有时真的不是很重要，重要的是追求目标过程中的姿态，特别是能听从自己内心的声音。

听从自己的内心，很多时候就是跟着自己的爱好与兴趣走。据吴兴人《为爱好而工作》一文说，哈佛大学曾对美国1500名学生进行过一项调查，询问他们选择自己的专业是出于爱好还是因为赚钱。1255名学生回答是因为赚钱，245名学生表示是出于爱好。

这项调查累计进行了10年，目的是了解为了金钱和因为爱好而努力奋斗的两种人，他们最后各有多少人成了富翁。结果显示：10年后，245名学生中，因为爱好而奋斗的人中有100人成了富翁，而在1255名学生中，为了金钱而工作的人中，只有1人成了富翁。

1255比1，这个成为富翁的概率不过是比零多个1而已。因此，即使为了顺利地成为世俗的富翁，也需要为自己的爱好与兴趣而学习、工作。而直奔赚钱的主题恰恰最容易离题万里。

精彩人生是具有虚构魅力的人生

创新生活应该向艺术借鉴一些技巧，比如艺术的虚构能力。

作家号称"写实"未必能写得了"实"，虚构却往往可能激情地触摸到真实，这是艺术的逻辑。故事进行下去的动力就是虚构；人活下去的动力也是虚构。只追逐物质那种"写实"的活法，最后不仅事事皆虚，还可能恰恰活得不真实。这是良好生活的逻辑。

在观赏绘画或阅读小说的初级阶段，常人总是以"像""不像"来左右自己的观看趣味的，内容的真假仿佛就是小说的好坏。但是小说是"真实的谎言"，拉美作家略萨直截了当地说："确实，小说是在撒谎（它只能如此）……人们不满意自己的命运，几乎所有的人（无论是穷人、富人、天才、庸才、名人、凡人）都希望过上一种与现状不同的生活。为了（哄骗式地）安抚这种欲望，虚构小说诞生了。小说之所以写出来让人看，为的是人们能拥有他们不甘心过不上的生活。在任何一部小说孕育的过程中，都有一种不肯妥协的东西在翻腾，都有一种欲望在跳动。"（《真实的谎言》）

略萨关于小说是"真实的谎言"的说法，最终指向的是小说"撒谎"（专业术语叫"艺术虚构"）对人生具有伟大的意义。

生活中有这样的悖反情况：纪实风格或者纪录片手法的电影，它们看起来越像真的，其实就越虚假。这种追求真实的方式本身有它的局限。

小说家朱文对虚构的意义说得很到位："很多影片让我觉得所追求的'真实'毫无意义，有的其实是作者藏拙的方式。我觉得所有的叙述艺术有一点应该是共同的，最好的叙述应该充满虚构的魅力，它越虚构，从某种角度说它越真实。在这里纪实与虚构不是对立的。故事正在进行，它进行下去的动力就是虚构。我曾经说过，人活下去的动力也是虚构。如果你能从那么多条条框框中出来，没有那么多必须，没有那么多宏远目标、人生规划这样的东西，你就能感受到虚构，它是无处不在的。并不因为我是小说家，所以用这种角度看问题，而是'虚构'确实触及到人某种本质的内核。"（《面对面和艺术发生关系》）

这"精彩人生就是特别具有虚构魅力的一种人生"，是因为"虚构"确实触及到人生某种本质的内核。为了让人生精彩，就得虚构一个精彩的活着的理由，然后一心一意地按这个理由去精彩人生。

真实与虚构的逻辑关系就是：没有良好的虚构，就没有真正的真实。

现在就踏上你梦想的第一个台阶

良好的创新源于良好的"成功"定位。

什么是成功？美国摇滚歌手鲍勃·迪伦认为是："一个人早上起来，晚上睡下，干着自己喜欢的事，并且不愁衣食，就是成功。"其他几样人们一般可以成功做到，而干着自己喜欢的事对多数人来讲难度系数不小。

澳大利亚有几位老人，退休后想自己造一艘船玩。虽然对造船纯粹是外行，但这并不影响他们的热情，一切从头开始学起。十几年后，一艘漂亮结实的船从他们的梦想里驶进了现实的大海。

"做你喜欢做的事，上帝会高兴地帮你打开成功的门，哪怕你现在已经80岁。"日本作家渡边淳一在他快30岁时对自己的工作很厌倦，可下不了决心改变，就写信给摩西奶奶请求指教。于是摩西奶奶说了上面的话。

什么时候都可以开始去干自己喜欢的事，无论自己正在做着什么工作，也无论自己多大岁数了。如果你有梦想，那么就不要客气，就请现在迈开腿，踏在那第一个台阶上。

原来不需要做到100分

笔者早知道练瑜伽能身心双修，提升气质。

可一想起那些需要极柔软的身体才能做到位的姿势，不由得胳膊腿就先痛起来，由此却步，也由此对瑜伽敬而远之。直到一次与曾练过瑜伽的同事赵桐华闲聊，才发现自己又偏执了。

她说，瑜伽老师告诉学员们，不要太在意自己是否能练得很完美，重要的是持久地坚持学习做那些姿势，慢慢地就能接近到位。即使最终也没有做到完美也没关系，只要平心静气地练习，就能身心双修。

原来我们都是有梦的，但只有少数人实现了梦，障碍圆梦的最大问题有时是对完美结果的偏执，自以为做不到100分、90分或80分，然后就放弃了努力。人生最重要的不是每次成绩达到80分以上，而是勇敢大方地迈开前行的步子，哪怕最后得分是20分、30分，不也比从未尝试的0分有意义太多了吗？因为我们已超越了自我，走在自己喜欢的路上。

北京有一些已过不惑的人，其中不乏男士，在如此"高龄"的情况下，竟然热衷于练芭蕾。他们不可能达到很专业的境界，但只要练着芭蕾，他们就与无所追求的凡俗之人有着云泥之别。专业不专业，完美不完美并不重要，而选择一种自己心仪的生活方式，哪怕在那条路上走得笨笨的，又有什么关系呢？

有位叫威利·舒梅克尔的人说："我始终认为一个人如果有一点点能力，有一点点勇气，还有亲历亲为的渴望，那么他就能成功。"

做事最大的障碍是，还没尝试，就已为自己找了八箩筐理由，退了八丈远。

Try一Try（试一试）

浅尝辄止，还没怎么尝试，就说自己不行，就往后退缩，就轻易放弃。这种"素质"使得我们一事无成。凡事"Try 一Try"，也就是"试一试"，就很有可能成功。

清代画家金农50岁后才开始画画，由于不是"美院科班"出身，他以一种"外行"的笔法创作人物肖像，用笔十分笨拙，却在布局构图上心裁别出，意境超俗。这固然是得益于他学问渊博、修养高深，但他不顾50岁的"高龄"而毅然拿起画笔的勇气则更值得人们效仿。毕加索曾说他用一生的时间向儿童画画的状态修炼。

1968年墨西哥奥运会上，美国选手吉姆·海因斯在100米决赛中跑出了9.95秒的新世界纪录，他嘀咕了一句话。1984年，记者戴维·帕尔在回放资料片时想，这是人类第一次突破10秒大关，海因斯一定说了句不同凡响的话。

他找到海因斯，海因斯说："我说：'上帝啊，那扇门原来是虚掩着的！'自杰西·欧文斯1936年创下10.3秒的百米赛纪录后，医学权威们断言，人类的肌肉纤维所承载的运动极限不会超过每秒10米。但我想，即使无法突破10秒，我也应该跑出10.01秒的成绩。当我看到自己9.95秒的成绩后，我惊呆了。原来10秒的这个门不是紧锁着的，它是虚掩的。"（据郑一群《原来门是虚掩的》）

而到2008年北京奥运会时，牙买加名将博尔特，以9.69秒的成绩打破他自己保持的世界纪录。原来最重要的是要认定一个道理，那就是只要是值得追求的，就应该把一切不利于达到目的的权威理论、说法或质疑统统搁置起来，不受它们暗示的影响，直奔我们的目标。

别说"门是虚掩着的"，即使门是紧锁的，或哪怕根本就没门，只要我们努力的火候到了，也没什么能拦住我们。

Try一Try也不妨理解为"踹一踹"，那就试着"踹一踹"吧，没准就会踹开你需要踹开的门。

让灵魂复位

走慢些，请等一等灵魂！印度人与印第安人都有这么一句。

无论为名为利，奔突得太久，灵肉便不复相亲。纵使不能彻底（也不必）断名弃利，那么即便为了能可持续地追名逐利，做一些让灵魂及时复位的趣味之事也十分必要。

> 喝茶当于瓦屋纸窗之下，清泉绿茶，用素雅的陶瓷茶具，同二三人共饮，得半日之闲，可抵十年的尘梦。喝茶之后，再去继续修各人的胜业，无论为名为利，都无不可，但偶然的片刻优游乃正亦断不可少……（周作人）

此种茶趣令人养成谐和的心境，易于让灵魂及时复位。周作人散文作品的价值或许在于他强调人生的某种永恒的趣味，求和谐、求安稳的趣味。

"它是人的神性，也可以说是妇人性"，张爱玲对这种人生"素朴的安稳"极为推崇。保持人性中的妇人性是符合老子精神的，因为实践以雌性特点为象征的自然无为的原则，有利于社会的自然和谐与维护人类与大自然的和谐。

保持人的神性或妇人性，人生才开始不仅安稳，也会开始生趣。而趣当然讲究品级，很多人所尚之趣根本就是无聊、无趣。只有将我们导向和谐生存的趣味才可以令灵魂复位。

人生若无"趣"的追求，"便被乌纱诱、被金钱美色诱，弄得心中忐忑，自秽自惭；若遇时机，便成官场中小走卒，钱场中小仆役，肉场中小掮哥"（凸凹《游思无轨》）。

人生这些"小"角色，统统都是活得无趣、无灵魂、缺乏"创意"的恶果。

想办法活得讲究一些

擦皮鞋的工作怎么优雅呢？

《环球时报·大家拍世界》栏目，2007年12月6日是《土耳其擦鞋摊，讲究》（裘行洁文并摄影）。文中说土耳其擦鞋摊的特点是"'设备'十分齐全，黄铜的擦鞋柜特别亮，鞋油颜色有数十种之多，一种颜色配一把刷子，绝不会把你的皮鞋擦花"。

从图片上看，那黄铜擦鞋柜的形制颇显艺术性，制作十分考究。尤其那位擦鞋的土耳其爷爷，雪白衬衣搭配黑色金饰马甲，优雅温和，风度翩翩，气质倒很像一位伯爵，看着很让人爽目舒心。

记者还特别提到他们并不吆喝，而是静静地、微笑着等生意自己送上门来。这也是一种优雅吧？优雅总是伴随自信与安静。即使是在做平常的事，也都会呈示一个人生存的态度与质量。世上只有没意思的人，没有没意思的事。

生活创新的目标应指向生命的质量提升，应让生活更讲究，更具高贵的气质。

形式美提升生活

生命需要一种"形式美"！君子的生命之花需要开在或华美、或清雅的"容器"里，这容器就是"礼"。

将所有的约束都解开就是放肆，所以相当程度的约束与克己复礼是十分必要的，这是振拔自己生命的必要修养。

诗的格律是文字对思想与情感的节制，是防止诗的散文化的芜杂与松散的一种羁勒。而"礼"就是生命的格律，让生命状态平仄谐韵、抑扬顿挫，进入节奏化、音乐化，令生活具有一种形式美的高雅。

谐和的人格是中年以后的歌德所唯恐失去的，他说："生活愈丰富，形式也愈重要。"形式不但不阻碍生活，限制生活，乃是组织生活、集合生活的力量。老年的歌德因他生活内容过分的丰富，所以格外要求形式，定律，克制，宁静，以免生活的分崩而求谐和的保持。

讲究形式美，正是为了组织生活、升华生活，可镇浮去躁并涵养出静定和谐的人格。

必要的形式主义是必要的

生活的乐趣有时在于将一件事分解成许多步骤、程式，甚至将它变成一种仪式，一步一步慢慢来，享受那形式化、精神性的精致过程。

《环球时报》记者青木在德国的体会是，形式主义扎根德国人生活。他常常吃惊于德国人的隆重，参加一个送别会，如同奥斯卡颁奖典礼。"请帖两个月前就已收到，还要写回执。聚会那天，只见屋里摆满了鲜花和绿色盆栽，点点烛光代替了灯光。特别是桌子上闪着耀眼光芒的名牌刀叉杯盘，更增添了一分'豪华'。喝了一杯水，吃了一小盘沙拉，主食便是面包和奶酪。"

似乎一共两三道菜，但竟让作者有享受皇帝的晚餐之感，这效果是怎么出来的？若是上二三十道菜反而显得老土。中西餐的区别越来越是内容与形式的区别。中餐是"吃内容"，吃那丝溜片炒、煎蒸炖炸的鸡鸭鱼、参鲍翅；西餐则是"吃形式"，准确地说是"吃"那些由"闪着耀眼光芒的名牌刀叉杯盘"及"摆满了鲜花和绿色盆栽，点点烛光代替了灯光"所构成的优雅的环境氛围以及情意的形式化、正式性表达。

所以更让人开眼的是接下来的"形式主义"程序：女主人郑重地打开礼物、致谢，大家鼓掌称赞。礼物大都只是一本书、一瓶酒或一盒巧克力。让记者最吃惊的是在这样的私人居家聚会上，当大家上前发言时竟然都打了草稿，无论是"领导"还是"群众"，都照本宣读。在他们的意识中，讲话照稿子宣讲是一种非常重要的形式，更能表达对人的尊重。书面形式要比口头形式更正式、更可信。许多形式美正是通过礼仪性的过程来表现或实现的。

吃"形式"表明的是已经把饭"历史性"地吃饱了，才会把心思花在对"形式"的摆弄讲究上，把吃的过程变成精神性的甚至是艺术性的，把吃的重点放在享受吃的过程。这种情趣与格调是人有尊严地生活以及精神性而有美感地生活，象征着人性的丰富与升华。

马克思似乎说过，同是饥饿，但用刀叉和用手来解决的饥饿，却是不同的饥饿。其实，性爱以及许多事情也是如此。凡事直奔主题的人正是在这一点上需要较为充分地进化。

必要的形式主义是必要的，具有形式美才显得是有灵魂的人在生活，而不是生存苟活。

世人所难得者唯趣

你是个有趣的人吗？

"世人所难得者唯趣。趣如山上之色、水中之味、花中之光、女中之态,虽善说者不能下一语,唯会心者知之。"(袁宏道)

明代袁宏道很崇尚人生之趣,对趣的体会颇深:"夫趣得之自然者深,得之学问者浅。当其为童子也,不知有趣,然无往而非趣也。"他觉得看小孩子那种面无端容,目无定睛的活泼是人生至乐。

既然童子天生就有趣,那么又何来"世人所难得者唯趣"?袁宏道总结导致趣味消退的原因是:"迨夫(等到那)年渐长,官渐高,品渐大,有身如梏,有心如棘,毛孔骨节俱为闻见知识所缚,入理愈深,然其去趣愈远矣。"岁数、官位及功利的心、过度的知识是令我们无趣的主因,导致沉重的肉身不再能让生命随时飞扬。

整个人类今天都面临着这样一个过度成熟与世故的尴尬。儿童会不会既是人类最早的艺术家,又是人类最后的艺术家?尤其在人类越来越功利化、越来越整体成熟的今天,但愿这是杞人忧天。

请记着像孩子一样找回天真,以恢复我们对世界的最初热情。有一首题为《我相信每一件事》的诗可助我们现在就开始恢复:

> 我相信每一件事,从长翅膀的牛蛙到六条腿的独角兽/我相信我知道的每一件事,从会飞的大象到会跳舞的脚趾头/我相信我听到的每一件事,如一只不会说话的鞋子正与梅花鹿争吵不休/我相信我说过的每一件事,如怪异的魔鬼忽分成几个,一会儿又圆溜溜地滚着走/我相信我感知到的一切,无论是风的呼吸气息还是蜜蜂和鲜花的亲切交流/我相信我所写下的一切,因为我的想象本身就是真的,找不出有什么不相信的理由(玛丽·吉尔伯特诗,王秀英译)

无趣的人虽生犹死,请把"活得有趣"当回事、当成功吧。

颓废的点心

"总觉得住在古老的京城里吃不到包含历史的、精炼的或颓废的点心是一个很大的缺陷。"周作人在《北京的茶食》中慨叹。

点心"精致"能想象得出,点心"颓废"什么样呢?可以肯定的是,吃着这种"精致而又颓废的点心"的老北京人所代表的一种特别的生活情调已成一种恒久的经典,虽然它已隐在历史的云烟里,但那别具风味的"旧"总令人难以忘怀。

"可怜现在的中国生活,却是极端地干燥粗鄙,别的不说,我在北京彷徨了十年,终未曾吃到好点心。"这是周作人对生活太日新月异的厌恶:"我对于二十世纪的中国货色,有点不大喜欢,粗恶的模仿品,美其名曰国货,要卖得比外国货更贵些。新房子里卖的东西,便不免都有点怀疑,虽然这样说好像遗老的口吻,但总之关于风流享乐的事我是颇迷信传统的。我在西四牌楼以南走过,望着异馥斋的丈许高的独木招牌,不禁神往,因为这不但表示他是义和团以前的老店,那模糊阴暗的字迹又引起我一种焚香静坐的安闲而丰腴的生活的幻想。"(《北京的茶食》)

吃不到"包含历史的精炼的或颓废的点心",因为那还是活得太高亢的征兆,是不大对劲的。"难道北京竟是没有好的茶食,还是有而我们不知道呢?这也未必全是为贪口腹之欲,北京的朋友们,能够告诉我两三家做得上好点心的饽饽铺么?"

正如好色的"登徒子"有品级之分,古今中外的"颓废"也决非一个模子里倒出来的,不仅形式表现多样,而且档次内涵有别。颓废的美也是生活或艺术一景,不必多,亦不可少。至少为了多元生活或艺术生态的平衡,颓废美的存在都是有意义的。一个国家真正的革命性、先进性,都离不开一种宽容的文化趣味。而不宽容的文化氛围,才是病态的,才是最需要革命的东西。

学者孙郁曾对周氏兄弟的差异作了意味深长的对比:"晚年的鲁迅身边集聚着许多新的青年面孔,搞文学的,美术的,都有一些。查书信和日记,每年都有新雨旧朋相聚,而新识者为数是众多的。但八道湾的周作人的身边的人依然如故,永远是那一类的学者,或者是气味相近的几个弟子。对比两人身边的文人可发现一些有趣的现象,鲁迅那里野气的、挑战气的人多,所以他能有萧军、萧红、瞿秋白、胡风、冯雪峰式的朋友是可以理解的。在周作人那里,必然会有废名、俞平伯式的学生,如果废名每日出现在鲁迅那里,我们就会觉得有些不对了吧?鲁迅周边的人真的又喜欢搞乱,似乎是向上的太阳,喷吐的是热的气浪。而八道湾那里如日暮屋下的茶舍,是袅袅的茶烟,散出清而浓的诗味。彼此的差异,很让人思之再思的。"(《周氏兄弟的里与外》)

"颓废的点心""八道湾那里如日暮屋下的茶舍"等等,都引起我对一种焚香静坐的、安闲而丰腴的生活的幻想。

让生命情调化

人与动物最大的区别应该不单是会否制造工具的问题，而是"人的生活是一种有情调的生活"，是能创造情调的生活。

学者曹文轩认为文学为人类提供良好的人性基础。除了道义感、悲悯情怀外，那良好的人性基础还包括"情调"："情调使人类摆脱了纯粹的生物生存状态，而进入了一种境界。天长日久，人类终于找到了若干表达这一感受的单词，比如说静谧、恬淡、散淡、优雅、忧郁、肃穆、飞扬、升腾、崇高、朴素、高贵、典雅、舒坦、柔和等等，这都是一些情调。文学似乎比其他任何精神形式都更有力量帮助人类养成情调。比如我们来念一个短短的诗句，说'寒波澹澹起，白鸟悠悠下'，就这样一个非常短的句子，文学能用最简练的文字，在一刹那间把情调的因素输入你的血液与灵魂。"（《文学为人类提供良好的人性基础》）

艺术家有一种神秘的能力，这使他们可以将很多单纯而又具有普遍性的体验，转换为某种"形式"性的存在，也就是给那些体验赋予一个特别的"形状"——艺术就是为生活"赋形"，而这便是一次创新，并为生活贡献一种新的生命情调。

越瓯荷叶空

艺术为日常生活"赋形"最集中体现在技术美上，让各种工业产品与整个生存环境具有美感。技术美追求产品的实用功能与审美功能的统一，功能美是其核心。

"日常生活审美化"已不仅仅指用审美眼光看待生活世界或是追求人生的艺术化，而是在现代大审美经济时代，产品在适应人的物质要求（产品的使用价值）外，还应适应人的精神需要（产品的文化价值、审美价值），并且后者越来越重要，本质上它是一种情调。

这也再次体现出"世界是精神的"，人们在满足了自己对产品实用要求之后，便主要享受产品功能美带来的情调体验与享受。比如一些用青瓷质感或高档木材制作外壳的手机等就是为了满足这种需要。

一些外观形式很顺眼很美的产品，使用起来也往往很方便，很顺手。外观有缺陷、不美的产品，其功能也会受影响而有缺陷。审美设计的目标就是为产品

"赋形",即为产品的功能寻找合适的形式构造。

古代杰出的产品都是"赋形"成功的产品。如唐代越窑青瓷茶具,"形式极美,而这种美就是功能的体现。这种青瓷胎骨较薄,施釉均匀,釉色青翠莹润,像玉,又像冰,衬托了茶色之绿,增加了人们饮茶时的情趣"。

诗人们在享用这像玉又像冰的越窑茶具后赞叹:"蒙茗玉花尽,越瓯荷叶空"(孟郊);"九秋风露越窑开,夺得千峰翠色来"(陆龟蒙)。"这些诗句抒发了诗人在饮茶时畅快的心情,它不单单是茶水的清香带给人的味觉和嗅觉的快感,而且由于青瓷茶具高雅的色泽,优美的造型,光润的手感使人感到使用的舒适和审美的陶醉。"(叶朗《美在意象》)就是说,越窑青瓷形式的美完美地与其功能性融为一体。

很遗憾,由于社会整体精神与审美层次的局限,当代许多瓷器产品远不如古人的制作。进了瓷器店,看到虽"满目"却不"琳琅"的瓷器,总让人心痛——我们在最无文化的时候,却制作了最多的瓷器,也浪费了大量不可再生的原料。

收藏春天

"寒雪梅中尽,春从柳上归。"(李白)

春来了,她有十分的韵致,你感受了几分?请眺向原野、树梢,那里正有原版的青春。

情调愈丰富,生活愈美满。情调生活不可缺少的是收藏趣味,当个收藏家是必须的。一提收藏,不必立马与富商大贾挂钩,真英雄从不会被一文钱难倒,况且英雄本就是常常囊中羞涩的。不花钱或少花钱也能办事,才是英雄本色。收藏一下春天如何?这不大花钱,花点心思即可办到。收藏春天,为了尊享对春天十分的体味。

当"沾衣欲湿杏花雨,吹面不寒杨柳风"时,就开始行动吧。应和着春天的节拍,在收藏中与春天来一次真正的邂逅。只要关于春天的诗、文、画、乐,皆可收藏。

"清明"的意思是,到了这一天万物清洁明丽。请在清明扫墓之外,还记得这层含义。"春到人间万物鲜",春天的藏品自然也讲究个"鲜"字。

"春山半是云。"(宋代赵师秀发现,春天的山一半由云构成)

"万山青到马蹄前。"（从袁枚《随园诗话》中发现的）

"花落春仍在。"（清代俞樾几乎就是靠这一句中的进士）

"一春梦雨常飘瓦，尽日灵风不满旗。"（李商隐《重过圣女祠》中最漂亮的两句）

"一川晚照人闲立，满袖杨花听杜鹃。"（满袖杨花的郑协，于春流平岸的野渡边来这么一个闲立，告诉你什么是正宗的风流）

"细数落花因坐久，缓寻芳草得归迟。"（王安石示范了一个春天里不可少的风雅动作）

"寂寞空庭春欲晚，梨花满地不开门。"（被梨花簇拥着的春怨，让我看来只是无尽豪华）

"自在飞花轻似梦，无边丝雨细如愁。"（一个正常的人，在春天必有这份轻轻的寂寞与淡淡的哀伤）

收藏春天时，应注意藏品资料的完整。比如还应连同那些专家对经典诗句的经典感觉一起收藏。

诗人废名说："因为'一春梦雨常飘瓦'，我常憧憬南边细雨天的孤庙，难得作者写着'梦雨'，更难得从瓦上写着梦雨，把一个圣女祠写得像《水浒》上的风雪山神庙似的令人起神秘之感。"（《论新诗及其他》）我感觉这两句诗也含蓄地传递着被贬谪人间的仙女的一些个人信息——柔弱清雅的气质、好风不满的情感幽怨……

少年是生命的初春，也是"收藏春天"这种雅趣最佳的开始时机。直到有一天，这种雅趣没准既可做享受生活与拓展生命境界的方式，也能够成为某种创意生存的手段，比如创设一个"春天典藏馆"，将趣味变成一种事业，不也是可以考虑的创业方向吗？并非只有卖土豆片、洋芋条才是正经事业；我向来佩服开纸火铺者那超强的神经与独特的"趣味"。

"蕴藏着无量的美，——无量地烂漫的将来。你尽管慢慢地开，我底纯洁的蔷薇啊！"（修人《含苞》）这是春天，也是少年！

对于"十分的春天"，我们至少应有八九分的体味。如此才可既不辜负春天，也对得起自己。还是那句话：现实者生存，浪漫者生活。

没钱也能"富贵"

曾听朋友说,美国有钱人家的孩子一般在大学所选的专业是艺术、宗教、历史、哲学等等,而将那些计算机、土木工程及MBA等功利性前景较强的专业"让"给了亚洲、非洲来的留学生。

曾留学美国的吴迪《富家子弟读什么专业》一文也佐证了这一说法。看来人"穷"了,美国大学里那些"不实用"的专业也不是可以"浑"学的。当作者兴冲冲地奔到美国准备学社会学时,一下飞机就遭到"过来人"的棒喝:"学这个干吗,你家很有钱吗?那都是有钱人家的孩子上的,出来找不到工作的。至于我们,甭管你原来是学什么的,男的一律改IT,女的全都学accounting(会计),毕业了才能混碗饭吃。"

在欧美,有钱人家的子弟学什么呢?社会学、哲学、人类学、文学、历史、地理、艺术、神学、戏剧……总之,什么"不实用"学什么,而且学越不实用的越高贵。英国王子们从查尔斯到威廉,学的都是艺术史和地理。

中国家长让孩子蜂拥到计算机、金融等超实用的专业因此也就明摆着我们真是太"穷"了。笔者还听说,某年中山大学地质专业有个班的学生,只有一位是第一志愿"自个儿"喜欢才学的,其余全是没得选才选的地质专业。

毕竟一下子富起来,不是朝夕可办的事,那我们为什么不能来个反向运动。甭管咱家富不富,咱偏要学个"不实用"的,这不光可以没钱冒充有钱,还能像美国人、欧洲人那样证明自己比一般人"高贵"。艺术,让人成为人。若等某天咱家富起来,咱们再"成为人",上那个"人"的档次,显然是指望不上了,那咱就直接越过家庭资本的"原始积累"阶段,来个"跨越式发展",啥"不实用",就奔啥去。

事实上,那些所谓看上去"不实用"的专业最实用。富贵的人们怎么富贵起来的,靠的就是这种超常规、超长远的超功利眼光。

吴迪还感慨:"如果某家公子专攻八股文研究,那叫牛!"事实上,谁都可以现在就这么"牛"的。

什么也挡不住日子"山明水秀"

笔者并不提倡过苦行僧式的日子。

而是主张必须要有这样的勇气与智慧：即无论此生有钱没钱，钱多钱少，无论处在怎样的环境，我们都能借助文化的智慧与力量，选择一种优雅从容、平和大气兼善良勇敢的生活，随时随地都有本事把日子过得山明水秀。

如果世界是一个仅仅用物质性的东西就能满足人存在的全部需要的话，那么我们真是大大误会了世界。如果生活的情况是这样的：第一，有钱就能把事情办好；第二，我们都一定会有钱。那我们谈文化的智慧和力量就将毫无意义，但历史与现实的经验告诉我们，这两条显然都是不存在的。

以为有钱就定能过好日子的想法是天真的、幼稚的；只有有钱才能过好日子的做派也不见得就是一种真本事、真能耐。"古之得道者，穷亦乐，通亦乐，所乐非穷通也。"（《庄子·让王》）得道之人的快乐与其境况好坏没有关系。

什么是贫穷与富贵呢？林清玄《清凉菩提》中说："人的贫穷不是来自生活的困顿，而是来自在贫穷生活中失去的尊严；人的富有也不是来自财富的累积，而是来自富裕生活却不失去人的感情。人的富有实则是人心灵中某些高贵特质的展现。"

《论语》说："君子穷于道谓之穷，通于道谓之通。"更明白地阐释了真正的"穷"与金钱物质没有关系，而是指精神追求方面若不能达于"道"的境界对君子来说才是"穷"，反之就是"通"，就是富有。

据说网络时代人的八个愿望是：户外运动、手写书信、情人节的真玫瑰、荷塘月色、乘凉和取暖、相思病、好好吃顿饭、睡八个小时无梦的觉。这些都是今天生活中的"奢侈品"，但这些愿望的实现，又显然不是和金钱成正比的。每个人都有实现的可能，只要不再去纠缠那些世俗意义上的"穷与富"，这些愿望的实现就是唾手可得的。

什么也挡不住日子变得"山明水秀"。

何必富贵

创新生活是为了过上好佳的生活，但创新不一定是要抵达温柔富贵之乡。

能富贵当然好了，但它最大的问题是不能解决我们人生的主要问题，并不能让人身心安适安顿，富贵并非法力无边。而且富贵还算不上是人生唯一的快乐。所以登山临水，邈矣忘归；谈虚语玄，忽焉终夜。惟以烟霞自适，非复簪缨是求。说的是古人一种无需"簪缨"（富贵）便自足自乐的低成本"自适"生活境界。

在世俗的成功之外，还有其他的"幸福模式"："把臂入林，挂巾垂枝；携酒登巘，舒席平山。道素志，论旧款，访丹法，语玄书。斯亦乐矣，何必富贵乎？"（祖鸿勋《与阳休之书》）斯亦乐矣，何必富贵？最是人生破的之言。

"年忘小大，傲天地于平生；志混荣枯，得林泉之意气。"（王勃《秋日宴洛阳序》）人能在岁数大小、得失荣辱间"糊涂"，不把它们分别得太清太楚，不也是一种幸福？斯亦乐矣，何必富贵！

"芳酒满、绿水春，朗月闲、素琴荐。梧桐生雾，杨柳摇风。眺望而林泉有余，奔走而烟霞足用。高情壮思，有抑扬天地之心；雄笔奇才，有鼓怒风云之气。"（王勃《游冀州韩家园序》）斯亦乐矣，何必富贵！

世间有种贵不须荣华地位，有种富不必等待积财敛物。"东坡居士酒醉饭饱，倚于几上，白云左缭，清江右洄，重门洞开，林峦坌入。当是时，若有思而无所思，以受万物之备，惭愧！惭愧！"（苏轼《书临皋亭》）如此美事，东坡何"愧"之有呢？窃以为只能是"愧"于这"受万物之备"的福享得有些太大让东坡有些不安而已。

并非所有的人都适合过世俗性富贵的日子，如果认定人生非要富贵，非得直奔富贵这个主题正是偏执。当无暇晨看旅雁，昏望牵牛时，既富且贵是真实的吗？

懂得了何必富贵，可将人从对世俗性富贵的偏执中解放出来，从而拥有更广阔、更丰富的生命或生活的可能。

当然也可以追求着富贵，然而却淡泊于富贵。

但是，总之，何必富贵！

火里栽莲花

"火里能种莲花吗?"有次上课,我如此"欺负"学生。

"不能!"全班齐答。

"不能,那我还说它干吗?到底能不能?"我继续"欺负"。

"能吧!"部分学生犹疑地说。

"那你给我种一个。"全班学生让我逼出了茫然无措的表情。

此类"陷害"学生的事,是我常干的。因为借如此类似禅宗棒喝的招儿,以启发学生以明白某些道理,效果不错。

如果一见"火内栽莲",立马断定是"胡说"的人,情商与智商可能有限。太聪明的人是不相信火中可以栽种莲花的,所以选择无所作为;情商高者却只想一个问题:我就要在火里栽种莲花,还要栽活!

如果认为只有视力好的人才可以当摄影家,那盲人摄影家谈力的经历则告诉你,这是偏执。谈力从小失明,长大后开了家推拿诊所。有位摄影家找他推拿,摄影家开玩笑,我教你摄影,你敢不敢玩?他说这有什么不敢玩的。后来,他的摄影技艺日益提高,作品还获得了某次摄影比赛优秀奖,并成为扬州市摄影家协会会员。

"得意处论地谈天,俱是水底捞月;拂意时吞冰啮雪,才为火内栽莲。"(《菜根谭》)"火内生莲花,是可谓稀有,在欲而行禅,稀有亦如是。"(《维摩诘经·佛道品》)

"火内栽莲"当然不可能,但生活中显示人们表现了自己极致的人性,或焕发了自己为人神性的许多事,跟"火里栽活了莲花"有什么区别呢?

让生命另起一行

昨天的太阳已经落山,又何必生活在昨天的阴影里?

坦然对待自己的沮丧、失望及挫败的情绪,它们会转瞬即逝而不会永远驻扎。无须把一天或一个月的不愉快,当成生活中的永恒状态,坏情绪总是暂时的。当遇挫败,应洒然地告诉自己:这是我们"命中该有的节目",现在它上演了，我有能力对付它。它可以在瞬间或较短的时间里影响我的情绪，但我决不让它长久地左右我的精神状态。

忍受我们必须忍受的，改变我们能够改变的。生命的"这一行"写坏了，那我就让生命"另起一行"，决不纠缠，让挫败在此定格。

人大都是自我中心主义者，他们操心自己那些七七八八的事还来不及呢，哪顾得上别人生活中的四四五五的事。所以你风光也罢，狼狈也罢，没人会帮你惦记的，你自己也不要再耿耿于怀，赶紧把它们统统放下吧。此时，让生命另起一行才是该办的正经事。

冲破生命的茧

问：如何是解脱？答：谁缚汝？

这是禅宗经典问答。束缚我们的往往不是环境，不是外部的一切，一般却正是我们自己把自己给绑牢的。

第一位连任两届加拿大总理的让·克雷蒂安从小口吃，左脸麻痹，嘴角畸形，一耳失聪。但他坚信："每一只漂亮的蝴蝶，都是自己冲破束缚它的茧之后才变成的。"他正是这样做的，不断地冲破生命中的一个又一个茧。1993年，他的"我要带领国家和人民成为一只美丽的蝴蝶"的竞选口号，使他以高票当选为总理，并有一个美丽的称号"蝴蝶总理"。

"是的，有些东西我们无法改变，比如低微的门第，丑陋的相貌，痛苦的遭遇。这些都是我们生命中的'茧'。但有些东西则人人都可以选择，比如自尊、自信、毅力、勇气，它们是帮助我们穿破命运之茧、由蛹化蝶的生命之剑。"（明飞龙《让生命化蛹为蝶》）

更豁达地看，那些生命的茧，又可能是上天所赐的最好礼物。那是给我们机会，让能够突破"茧"的我们最终有升华生命的机会。

刷新态度，就会刷新生命境况。世界就是世界观的，世界由世界观决定。

"即使在一个黑暗的角落，人们也可以跃入天堂。"（塞涅卡）

八佰伴老板的"光明日记"

永远朝向生命的光明面,就能从挫败中走出,刷新生命。

著名的"八佰伴"曾是日本最大的零售公司,老板和田一夫于古稀之年遭遇公司倒闭。他没有选择自杀与消沉,而是又与人创办了一个信息咨询公司。

和田一夫一直保持着一个良好的习惯:记"光明日记"——将每天生活中遇到的"光明"的事,不论大小都记下来。并且在每月公司的例会上,他要求部门经理们在汇报工作前,都先将自己一个月来所遇到的"光明"的事讲给大家听。这就是他在遇到生活挫败时能够安然挺过来的精神资源。

每天记"光明日记"真是光明生活的明智选择,也可以顺便盘点自己的幸福存量,提醒自己有多幸福。

当理想丰满现实骨感时

就业难也与某种恶俗的存在方式有关,当一个人无休无止地念叨的无非是自己的欲望和妄想时,他还可能平心静气地从最基层做起,甘心选择相应于自己的能力、甚至低于自己能力的工作吗?

学者夏中义说:"在生活中没找到位置的人,多半是因为还没找到自己。他要么不知自己能干什么,要么误会自己什么都行,结果什么也不行。"当一个人不能对自己进行良好的定位时,当他不能理性地面对现实并接受现实时,必然会感到理想与社会现实巨大落差,精神也就必然会失衡无疑。

过于功利化的求职观念最终导致的恰恰是不功利的结果——很难有自己满意的工作,而所谓你满意的工作却对你不满意。这就是我们经常在人才市场的招聘会上看到的悖反现象:据说一半的大学生苦恼找不到工作,而同时一半的用人单位又抱怨招不到人才。

诚然,有人认为所谓"成功就是工作与爱好的合一"。但悖谬的是绝大多数人绝不可能一次性地、一步到位地完成这样的"合一"。甚至太多的人终其一生也难有这样的"二合一"造化。面对如此窘境,我们又该怎么办?

美国心理学博士艾尔森曾对世界100名各领域的杰出人士做了一项调查,结果是其中61%的人承认,他们所从事的职业,并非他们最喜欢的,至少不是最理想的。一个人竟然能够在自己认为不太理想的领域里取得辉煌，除了聪颖和勤奋，靠的还有什么呢？

纽约证券公司的苏珊给了他一个满意的答案。如今已是美国证券业界风云人物的她，依然遗憾地说：“老实说，迄今为止，我仍说不上喜欢自己所从事的工作。如果能够重新选择，我会毫不犹豫地选择音乐。但现在我只能把手头的工作做好，因为我在那个位置上，那里有我应尽的职责，我必须认真对待。那是对工作负责，也是对自己负责。"

"因为我在那个位置上"，凝聚了她对自己所从事的工作的敬重，凝聚了她不甘平庸的理念。正是她的这种"在其位，谋其政，成其事"的敬业精神，让她获得了令人瞩目的成功。

当理想丰满、现实骨感，当理想与现实不能合一时，最理想也最现实的选择就是把现实的工作干到理想状态。这点觉悟必须有。

优雅的电梯工

开电梯谈何优雅？美国纽约地铁站有个电梯工为我们做了演示。

他把那个电梯间装扮得非常人性，有花有照片，照片一些是自己家人的，另一些则是常年乘电梯者的。在电梯升降的短短的时间里，他与乘客们轻松交谈，令大家十分愉悦。

他在几平方米大的有限的电梯空间里的工作热情与积极态度，令人产生了生命自由、生活无限的感觉。无论怎样的工作环境，最后决定你的心情的是你所持有的生活态度，而非工作本身在世俗眼中的高低大小优劣。

把心放平了，虔敬做事，自有光辉。

低就也能刷新生命

大学生就业难，原因很多，但很可能首先难在精神与心理的自我障碍上。

心胸不够宽广，眼界不够开阔，不知自己是谁，不懂生活的真谛，不清楚人生的意义究竟在何处，对自己与社会的认知与定位存在着极大的错位。以十分偏执、过度自我、非常功利的姿态踏上求职之路，心情浮躁，妄想一步到位、一跃而至一个理想的轻松体面又薪水丰厚的位置。

然而，生活是平衡的。在任何位置上都将是有得有失、有失有得的。决不存在一个只得不失，或只失不得的工作或生活位置。

有个失业者应聘一个后勤工作时，被问及"你为什么愿意接受这份与你的教育水平差距大的工作"时，他说："我不会在意大材小用，我不想坐享失业金。我目前不想过城市生活，乡里有什么便干什么，摘苹果、黄瓜我也肯干。我要精神上轻松自在，选择不会给我带来压力的工作。动手或动脑，都是操劳。工作本身是不分贵贱的，只是你干得开心或不开心而已。天生我才，不见得就得像榨甘蔗汁般榨得一滴不剩。工作与赚钱，绝对不是生命终极的意义。"

我们并非生活在赤贫的困境里，可以选择让生命放弃沉重。在择业与对待生活时，往往是不够智慧以及过分的欲望与虚荣等等把我们逼到人生的角落里。

开明一些，有时何妨低就，低就也能刷新生命。

大离开是美

真正死掉的不是我们，根据物质不灭定律，这回"俺"好像死了，下回没准"咱"就变成银芽柳、风信子，或者金翅雀、西美草地鹨又卷土重来了……

这绝非抒情，绝对是大化流衍中的真实。因此，当我们大别人生时，就不要搞得太难看，要"离开"得有品位、有格调甚至有创意。

有一篇《谈离开》（子敏）的小文，说的是人生的大离大别："离开要满足地离开，送别要优雅地送别。一个教养良好的'离开人'，通常不喜欢丑恶喧嚣的告别式。"

一位母亲要"离开"的时候，把儿子、儿媳喊到身边。她脸上平静得像退潮时候的海湾，说："这不是一件该哭的事，我们日子一向过得很好。不要披麻戴孝，不要给我准备可怕的大寿木。给我一个干净的方盒子，漆上发亮雅观的好漆。我的手不能给自己修饰仪容，你们要替我打扮整齐。屋里要干干净净，不许有一点脏，一点乱。送我到火葬场，只要你们两个就够了，不要像游行。把我的骨灰葬在土里，种好花，铺好草，修剪整齐，再带孙儿来看我。"

作者说："大离开是美，是神秘的长眠，让每次大离开都留给人间一次美的经验。让我们含笑来去，留鲜花在路上，留歌声在途中。"

亲人离去，哭得呼天抢地是一种情感的表达，但却不是唯一的表达，更非最至性深情乃至高端大气上档次的表现。因为大家不都是在哭吗？因此你再哭就俗了，可以不哭的。发挥想象力，张扬一下个性，表现一次最大的诚意吧。

而对死亡的主角来说，"害怕死亡是荒谬的"（伊壁鸠鲁）。因为在我们活着的时候，死亡尚未来临，而当死亡降临时，我们已经不存在了。

"有尊严地正视死亡是人生最后的一项光荣。"（周国平）也是最后一次表现我们创新与潇洒精神的机会，一定抓住，不要浪费。

大离开可以是美的。

用斧头擦去鼻尖上的白灰

庄子经过惠子的墓。

他对跟随者说,有个郢地(今湖北江陵)的人,鼻尖上有白灰,也就薄得像苍蝇翅膀,自个儿不用手擦纸抹,请了位匠石替他削掉。匠石很夸张地把斧头抡得呼呼生风,随随便便把白灰削没了,鼻子也好好的。

宋元君觉得这种玩法太酷了,叫匠石也跟他玩一把。匠石说:"我没问题。但我的搭档死了很久了!"庄子的意思是:自从惠子你去世,我就永失对手,我再也没有可谈天论道的人了。这是用文学手法,也就是形象与抒情的方式来表达知音或朋友之间的深度默契。

惠、庄二子曾是一对著名的拌嘴伙伴。他们曾在濠梁上讨论水中之鱼乐否,很抒情,也很哲学,千载之下,此情此景,毫不褪色!对这种高质量的知音,拿什么表达对他的深情?庄子用"匠石运斤"这个想象力超绝的寓言极大地创新了悼念朋友的方式,此事也是至真的绝品悼亡诗!它表现了最大的诚意,因为这种表达它只适合惠子一人,不是可以放之四海、给谁都可以对付着用的。

可以让悼念亲朋的方式更具有创意与想象力,更显精神化,更体现人文内涵。

顺便说一句,这几年"夸张"一词泛滥,如果你不能"夸张"到庄子"匠石运斤"的想象力水准,就再少说"夸张"吧。

移易陋风鄙俗

刷新哀悼、追念方式自然是创新生活的一个极重要方面。像庄子那样的水平,若实在做不到,但也可以有无限的创新机会与可能。

有人去世,不是一定"天经地义"地只能送花圈、送被面等等物品。可以送些富含精神性的东西,比如,一位德高望重的学者去世,可以送他一个书法作品——挽联,上写"德行动天地,著作寿山河"或"仪宇方诸朗月,文章炳于中天"。而对某位治家有道、为人真率者的挽联则可以是"传家有道唯存厚,处世无奇但率真"。

冯友兰先生给妻子任载坤的挽联透着哲学家特有的气度:

同荣辱共安危，出入相扶持，碧落黄泉君先去。

斩名关破利索，俯仰无愧怍，海阔天空我自飞。

哀悼方式还可以是更富有想象力的。魏文帝曹丕的朋友王粲去世后，曹丕率其生前好友前往悼念。曹丕对大家说："王粲那哥们活着时喜欢学驴叫，可各作一声送之！"

想想当时在曹丕的表率下，王粲的墓前一片驴叫，那份隆重的人情有多动人。那时的领导（还是中央领导）怎么那么有趣、那么可爱呢？

死神，你必将死亡

有人说，死去的人不一定都活过。

孔子说："不知生，焉知死？"但这个顺序应该颠倒一下："不知死，焉知生？"

知道死亡对每个人来说都是一个在"不远处"恭候着我们的必然存在时，对于如何"生"的问题我们就会严肃地重视起来。从未思考过死亡问题的人，是不可能有一个富有建设性意义的人生选择与行动。死亡是人类幸福必不可少的条件。"死亡不过是去酣睡，／我们已将自己的一半／托交给客观、公正的墓碑；／我们的枕头，／或是山冈，或是尘土。"（《品格的力量》）

将对死亡的正视纳入活人的生命历程中来，自觉地让死亡成为生命意识的一部分。死亡能激励、帮助我们体味生命的意蕴。死亡对人生的积极价值是考虑到死亡，就会安排好生。死亡是一个人生的提醒，提醒人活着时要珍爱活着。死亡还是一把好使的尺子，能助人衡量什么是生命中重要的。

死亡摆在那里，意味着上天怕我们总是拖延着不"生活"而以此来警示。人之间的最大区别就是如何对待死亡，一个人如何对待死亡，就会选择如何对待生命和生活。这就是自由地死，以人文精神对待死亡。

"死神，你必将死亡。"（约翰·多恩）一旦我们能够认识并坦然接受"人必死"这一点，死亡就会失去它的威慑力。因为"藉由活着，藉由经历苦难，藉由失误，藉由冒险，藉由给予，藉由丧失，我推迟了死亡"（阿奈斯·宁语，引自《艺术，让人成为人》）。

对死亡的"诗意"态度

"用诗来追悼死者,寄托哀思。诗如果写得好,传颂久远,哀思便能传递久远。这样一来,诗便是精致的骨灰瓮。"加拿大诗人Irving Layton认为悼亡诗是精致的骨灰瓮,比喻很贴切、形象。

莱布尼兹说过:"没有绝对完全的死。"二战时美军在加莱海岸登陆时,某将军临阵高喊:"我们都欠上帝一死!"

超越对死亡的低层次的悲戚,带着诗意的态度打量、思索死亡的存在,是人的超越、自由的表现,也是人对生命的彻底自信。

作家冯骥才对异域的墓地文化十分欣赏:"死亡并非凄惨,并非一片空茫。死亡也是诗,是生命化入永恒的延续。这是使我每逢到国外,路经一处墓地,必要进去流连一番的缘故。它与中国坟地不同,毫无凄凉萧瑟之感,甚至像公园,但不是活人游乐而是死人安息的地方。处处树木幽深,花草葳蕤;一座座坟墓都是优美的石雕,有的称得上艺术杰作。在德国我见过一座墓,墓石两边浮雕一双巨大的耳朵。死者长眠地下,还要倾听世间的万籁,这才叫不甘寂寞。这一双石耳线条浓厚而洗练,和胖墩墩墓石协调为一个浑厚的整体。墓碑上刻着一行字:'我带不走的只有爱。'"(《侃洋人》)

就像完整的爱情包括失恋一样,死亡是完整的人生意义中不可或缺的一部分,《庄子》说:"夫大块载我以形,劳我以生,佚我以老,息我以死。"载我、劳我、佚我还息我,瞧多完整的人生。

没有死,生命才是残缺的。

将我们的死"客观化"

我对死亡唯一的遗憾是,我不能为爱而死。
我对死亡唯一的遗憾是,我不能在自己的葬礼上唱歌。
——加西亚·马尔克斯《霍乱时期的爱情》

人生的潇洒有时可以表现为将自己的痛苦甚至死亡"客观化"。也就是"站"在自己的痛苦与将至的死亡旁边玩赏它、调侃它,并最终将这种玩赏与调侃处理成艺术品——让它变成诗歌、音乐或画作等艺术形式。

陶渊明正是如此"客观化"地为自己写过《自祭文》和《拟挽歌诗》，风调幽默洒脱。真能对死亡抱有从容智慧的人，才可为自己写祭文。单纯地怕死，死亡并不会因此而放慢最终降临的脚步。智者的态度是"应尽便须尽，无复独多虑"。啥话都别说，该走就走吧。所以，他能自由地死。

启功先生的幽默也是一流的。他说："还有一种墓志，也是一大宗。坟里埋块石头，写上这人是谁，预备日后让人不知道是谁了，挖开一瞧，人家好给他埋上。"浅水一湾的文字，调侃了某种打算不朽的墓志的荒诞。

司汤达的墓志也是自制："活过，写过，爱过。"这叫充分活过。

王阳明临终时，学生问他有什么遗言。回答是："此心光明，亦复何言！"——光明此心，吾复何言？

在葬礼上幽默，只有美国人才想得出。在前总统里根的葬礼上，几乎每个上台致词的人，都不会忘记说几句引起大家笑声的话，政要官员如此，里根的孩子们也如此。大家一次次提到，里根是怎样一个有绅士风度、大度、善良、幽默、有情趣、自尊而又谦和的人，这是美国人欣赏的人品。

冯骥才从欧洲抄来的几则幽默墓志铭也值得一阅：

  所有的事我都快乐，包括这一次。
  我是个酒鬼，现在才真醉了。

在中国的传统中，也不乏此类情趣，甚至表现得更诗化、哲学化，比如《庄子·列御寇》中说："庄子将死，弟子欲厚葬之。庄子曰：'吾以天地为棺椁，以日月为连璧，星辰为珠玑，万物为赍送。吾葬具岂不备邪？何以加此！'"庄子没有将死亡从生活中单独割裂出来，才认为厚葬多此一举。达观平静地回到天地自然中去，享受拥有天地日月、星辰及万物的陪伴，其葬再厚不过。这种葬仪的背景音乐也一定如管风琴般朴厚雄浑。

虽然离死可能还早，虽然死后不一定俗到非要立个墓碑，但闲时为自己构思一个有趣的墓志铭却是必要的，干嘛不逮着机会就幽自己一默呢？趁此拿死亡也开一涮吧，以表明活得放松。

大学人文小品读本
DAXUE RENWEN XIAOPIN DUBEN

冬篇·智慧

轴心时代

世界第一大奇迹是什么呢？我们以为是人类思想的"轴心时代"的出现。德国学者雅斯贝尔斯（Karl T. Jaspers）认为，公元前800年至公元前200年，是人类文明的重大突破时期，许多国家出现了空前的理性飞跃，可称为"轴心时代"。

在这个时期，世界各大文明都出现了伟大的精神导师，成为其文明的标志。古希腊有苏格拉底、柏拉图、亚里士多德，以色列有犹太教的先知们，印度有释迦牟尼，中国则有孔子、老子等等。他们的思想智慧塑造了不同的文化传统，也影响着至今的人类生活。然而，他们为什么会集中出现在历史的同一时期（公元前800年至前200年）、地球的同一纬度（北纬30度上下），是否可算是人类社会第一大谜？雅斯贝尔斯是这样表述"轴心时代"的：

> 发生在公元前八百至二百年间的这种精神的历程似乎构成了这样一个轴心，正是在那个年代，才形成今天我们与之共同生活的这个"人"。我们就把这个时期称作"轴心时代"吧，非凡的事件都集中发生在这个时期。中国出现了孔子与老子，中国哲学中的全部流派都产生于此，接着墨子、庄子以及诸子百家。在印度，是优婆沙德（Upanishad）和佛陀（Buddha）的时代，正如在中国那样，各派哲学纷纷兴起，包括怀疑论和唯物论、诡辩术和虚无主义都发展起来。在伊朗，左罗阿斯脱（Zarathustra）提出了他关于宇宙过程的挑战性概念，认为宇宙过程就是善与恶之间斗争的过程。在巴勒斯坦，则出现了许多先知，如以利亚（Elijah）、以赛亚（Isaiah）、耶利米（Jeremiah）、后以赛亚（Deufero-Isaiah）。希腊产生了荷马，还有巴门尼德、赫拉克利特、柏拉图等哲学家、悲剧诗人，修昔底德以及阿基米德。
>
> （卡尔·雅斯贝尔斯著，柯锦华等译《智慧之路》）

轴心时代与人生基本问题

轴心时代的思想家许多都是同代人。有关释迦牟尼生卒年的说法较多，据说全世界有60种说法，他应该与孔子同时代。苏格拉底与墨子同时代，柏拉图可能与老子同时代，亚里士多德则与孟子、庄子同时代。

这些世界各民族的伟大的精神导师所思考的，都是关于人类自身存在的永恒问题，比如什么是人生，什么是幸福，什么是智慧，什么是永恒？如何自由、超越地面对生死荣辱、得失进退等等。

尽管哲学家对它做过无数次回答，有过许多的结论，它们却仍然是问题。因为不论人类到了什么时代，哪怕是e时代，n时代，人生的基本问题都不会变化或消失，还是要面对生死荣辱、得失进退，依然要回答什么是幸福、什么是自由等基本问题。而这些问题在先哲那里已进行过充分的思考，产生了高超的智慧态度，当后人再思索它们时，自然无法绕开先哲的智慧，需要先传承、借鉴再形成自己适当的对待态度。

轴心时代的思想家体现了真正的"英雄所见略同"，他们所思考的问题如此"雷同"，有着相近的关于人与人类社会的"理性态度"和"终极关怀"，这更证明了伟大的人总会达成一致的说法。当代哲学家庞朴说："那个时候，在世界上至少有四个大的古老文明国家，以色列、希腊、中国和印度，在这个时代出现许许多多大的思想家，他们共同考虑一个问题，以色列考虑上帝，认为一切都是由上帝安排的；希腊人认为一切最后都是有规律的，一切都是由逻各斯在那里安排、指挥；印度认为是一个'梵'，就是空、无、灭；中国认为有个'道'。"（《蓟门散思》）

雅斯贝尔斯指出此期四大文明地区，对这些问题的考虑，对后来整个人类文明发展起了决定性的作用。后来各种文明是这些考虑的一个延伸、剖析、融合、发展和变化。抓住这个轴心时代，就可以认识后来两三千年的人类历史与文化。

"轴心时代"的先哲散居在那遥远的隔山隔水的地方：中国、印度、中东和希腊，竟然做到了"相视而笑，莫逆于心"，这是会心的笑。他们不约而同地在思考：人，究竟要怎样才能幸福；社会，究竟怎样才能和谐。

拿中国的思想家给我们的影响来看，易中天简约地说："读孔得仁，读孟得义，读老得智，读庄得慧，读墨得力行，读韩得直面，读荀得自强。"

"上帝"给每个人的问卷

严冬的深夜里，暴风雪在小屋外肆虐，白雪覆盖了一切，还有什么时刻，比此时此景更适合哲学思考呢？这样的时候，所有的追问必然会变得更加单纯而富有实质性。（海德格尔《我为什么住在乡下？》）

什么问题是"单纯而富有实质性"的追问呢？就是托尔斯泰那六个极严肃的著名问题：

我为什么活着？
我的存在与他人有何不同？
我与他人存在的原因是什么？
我与他人存在的目的是什么？
死亡是什么？
我分辨善恶有什么意义？

这六个问题是标准的哲学本体论问题，即是生命的根本问题，谁也无法绕开，是必须回答的。这些问题不是托尔斯泰想入非非的结果，它们是"上帝"在每个生命的伊始就发放的问卷，答题所需时间：每个生命的一生。

几乎对现当代哲学家都有影响的是康德。中国哲学家邓晓芒将康德的哲学概括为三个先验问题：一是"我能够知道什么"，这个问题是属于认识论的问题，是由《纯粹理性批判》加以解决的；二是"我应当做什么"，这是属于伦理道德方面的问题，是由他的《实践理性批判》所解决的问题；三是"我可以希望什么"，这个问题是属于宗教学的问题。而最终可以归结为一个问题，即人是什么。所以康德哲学所关注的是人性的问题，人道主义、人本主义、人性的关怀渗透在他所有的著作之中。（《康德哲学讲演录》）

托尔斯泰与康德的问题惊人的一致，又一例英雄所见略同。他们的问题也可归为三个问题：我是谁？我从哪儿来？我到哪儿去？人生绕开此问，直接的结果是：走着走着就凌乱了。

笔者并非任何教徒，本文乃至本《人文蓝典》是在以下意义上使用"上帝"一词的。"真正的信仰不在于相信佛、上帝、真主或是别的什么神，而在于相信人生应该有崇高的追求，有超出世俗的理想目标。"（周国平《真善美》）"上帝不代表任何已知的事物。他是永恒的生命、运动和自由。"（柏格森《创化论》）

向着永恒、向着自由而生存，就需要答题。只有自由的回答，才有自由的人生；只有良好的回答，才有良好的人生……有什么样的回答，就有什么样的人生。而这，就是人生。

严冬的深夜里，暴风雪在小屋外肆虐，白雪覆盖了一切，此时此景为什么更适合哲学思考？是因为它们制造了一种良性孤独，这种"孤独有某种特别的原始的魔力，不是孤立我们，而是将我们整个存在抛入所有到场事物本质而确凿的近处"（海德格尔《我为什么住在乡下？》）。

处在良性孤独时的思索更容易、也更切近地让我们理解生命存在的本质。不时为自己营造或将自己置身于"良性孤独"的氛围，是令生命更新、升华的良机。

信仰把个体和伟大的整体联系起来

云南大学学生马加爵在行刑前说："我觉得没有理想是最大的失败。这几年没什么追求，就是很失败。""有信念的人，活着才会快乐。"

学者胡晓明指出："马加爵从小语文就不好，这是一个很大的缺憾。"语文中的人文情怀没有进入马加爵的精神生命中，应该是悲剧产生的重要原因之一。

信仰或信念、理想是一个较远的人生追求，它最大的意义还不在于它能否实现，而是它的存在可以将我们只关注有限事物的视线引向远方，使人的眼界胸怀扩大。没有信仰或理想，人们就会把眼前的琐细事务所带来的烦恼无限放大，甚至误以为这就是全部人生。信仰主要起一种力量的作用，给精神以动力，并促使精神产生超越性智慧。

《环球时报》有一则域外箴言说："信仰是什么？它是把个人和更伟大的整体联系起来的东西。"问题在于：那个更伟大的整体是什么？

本人以为这整体可一分为二来说：一是那由山岳草木、河海星空组成的宇宙自然；二是由孔子老子、柏拉图莎士比亚等等组成的人类大文化传统。请以此为整体，将自己的生命与之合一，永远是那些看上去保守的东西在拯救我们。

信仰理想就是给人生的"超越"一个支点、一个定位或朝向。信仰帮一个人在实际生活中学会跳开一步、跳远一步，不让生命之水滞涩于此。我们从信念中获知的最重要信息是：什么是生命里真正伟大而重要的存在，什么是较小的、甚至微不足道的。

信仰给生命一个让一生富有意义的朝向！信仰是把个体和更伟大的整体联系起来的东西。

金字塔不是奴隶建造的

四川金沙古蜀国遗址挖掘出的金面具，有着极薄的厚度，而且那厚度之薄又是自诩为"进步"的现代人、现代技术绝对打造不出来的。

据专家解释的原因是，在打造那么薄的金面具时，人们是带着信仰的。也即是说，只有在某种非同寻常的至诚的精神状态下，那种薄度才可能达到，是精神在帮助人们将技术延展、提升到人力所不能至的精湛水准。这也许是精神转化为物质的最佳实例。

也正是在这个意义上，人们进而认为埃及矗立千古的金字塔不是由奴隶、而是由自由民在自由的心境下建造的。

瑞士钟表工艺精湛、质量绝佳，据说每只表的制作需要经过约2000道工序，极其精密。曾有位杰出的瑞士钟表匠被关进了监狱，在监狱里，他制作的钟表再也达不到原来的精度。身心不自由而无法完成只有精神纯粹专一、心情平和愉悦才能完成的工作。

宋代的青瓷与元代的青瓷在质感上几乎是两样东西，前者如冰类玉，后者胎质粗糙。这也许不仅仅是技术问题，它应该和制作者的"精神质地"有关。当然元代擅长的是青花瓷，也多极品，只是青瓷水准无法与宋代同日而论。

传世佳作之所以杰出，是因为那都是杰出的灵魂带着精神信仰创造的。因此，粗糙的心灵做出的活儿必定同样粗糙。

精神品质决定产品品质。带着超越的精神信仰做事，所做的事才能超越凡俗粗糙的状态。

人皆自修则天下治矣

"人皆自修而不治人,则天下治矣。"

这是郭象注《庄子》时所说。俄国思想家赫尔岑《彼岸书》中有段话简直就是这句古汉语的译文:"人如果不图救世,不求解放全人类,而只救自己,那反倒会大大有助于世界之得救与人类的解放!"

即使我们实在有志于拯救人类、修改世界,还是得先把自己拯救、修改好了再说。这也是先哲的心得:

> 当我年轻自由的时候,我的想象力没有任何局限,我梦想改变这个世界。当我渐渐成熟明智的时候,我发现这个世界是不可能改变的,于是我将眼光放得短浅了一些,那就只改变我的国家吧!但是我的国家似乎也是我无法改变的。
>
> 当我到了迟暮之年,抱着最后一丝努力的希望,我决定只改变我的家庭、我亲近的人——但是,唉!他们根本不接受改变。
>
> 现在在我临终之际,我才突然意识到:如果起初我只改变自己,接着我就可以依次改变我的家人。然后,在他们的激发和鼓励下,我也许就能改变我的国家。再接下来,谁又知道呢,也许我连整个世界都可以改变。

这是在伦敦威斯敏斯特教堂圣公会主教墓碑上的一段话,颇可供我们热血沸腾、摩拳擦掌欲修改世界、拯救人类时参考。

幸福是融入某种纯粹和伟大之中

"这就是幸福:融入某种纯粹和伟大之中。"(威拉·凯瑟语)融入某种纯粹和伟大之中,不仅是幸福,而是信念的确立。

"如果骑上信念的驴子,你就一路顺利;如果用两腿步行,你会发现一路碎石。"(玛丽·吉美尔)信念是助行器。信念还是一个精神上的标尺,帮我们度量人生各种存在的大大小小的价值。信念能否实现就不一定是最重要的,重要的是它给我们战胜或超越眼前烦恼痛苦的智慧与力量,不让世俗性的东西将我们轻易击垮击倒,在人生的风风雨雨中不仅站得更稳一些,也能更潇洒一些。

有了信念，当再遇到生活中的挫败时，我们不仅会告诉自己要忍耐，还能在信念给我们带来的镇定与平和中获得超越挫败的智慧与力量。良好的人生应该是生活于此岸现实与彼岸信仰之间，或者是此岸与彼岸之间玩穿越的生活。活在此岸的人需要有彼岸的情怀与追求，这将使人精神的生存空间成倍扩大。

"理智上求真，意志上求善，感情上爱美。真善美，人类古老而常新的精神价值，应该成为高贵心灵的追求。"（周国平《真善美》）"融入某种纯粹和伟大之中"，沉浸在对永恒不朽的领悟之中，陶醉于神圣之美的壮丽之中，这就是人生最高的幸福！

这种"融入"就是《庄子》所说的"吾忘我"，忘记代表被世俗性存在纠缠、束缚、陷溺的个体"小我"而将自己融入那超越性的宇宙"大我"，即与纯粹和伟大这些无限性、自由性的存在合为一体。

悲剧的是，人类已与电视机融为一体了。把人从电视机上剥离下来，其可能性是不容乐观的。坐在沙发里手中如果不握着遥控器，对于许多人来说会茫然无所措手足的。

乌托邦的意义不在于能否实现

乌托邦"存在"的意义主要不是用来变成现实的，而且乌托邦正因为实现不了才叫乌托邦，但人类必须要有乌托邦。

在一个"专家没有灵魂，纵欲者没有心肝"的时代，坚持理想，尤其是用自己的生命坚持那些抽象的形而上的理想，又有什么意义？的确，如果连思想、情感、艺术、爱情、友谊乃至人本身都可成为商品和消费对象，理想也就如堂吉诃德大战风车一般，成了一个荒诞的象征。

一提起"乌托邦"或"理想主义"，常人便认为是一个过时概念。"不切实际""无法实现"的纯粹空想是人们对乌托邦的基本印象。人类真的进化到了不需要乌托邦与理想主义的时代了吗？不，我们比任何时代都更需要乌托邦想象，更需要新的理想主义为我们确定生命的方向。乌托邦、理想主义究竟何用之有，请看哲学家的分析：

"理想"一词主要从柏拉图的"理念"概念派生而来。理想之为理想就因为它并不现实存在，而只是作为人的一种精神目标来引导、完善和改进人生，使之趋于完美。另一方面，虽然人不可能绝对完美，现实更是充满丑恶和痛苦，所以人需要有一种完美的象征以示人可以为丑恶与痛苦包围，但决不认同它们，而要超越它们。人需要这样一个象征来寄托自己的希望和所认同的价值。真正理想主义者之珍视和坚持理想，并非以为理想终究要实现，而恰恰在于理想就是理想，而非可实现或将实现的现实。（张汝伦《理想就是理想》）

一般人的思维往往比较质实，从而误认为理想就是要去实现的，而实现不了的理想就没有价值。可是"理想就是理想，而非可实现或将实现的现实"。乌托邦与理想的最大意义与价值不在于人们实现它之后才能产生，而在于它主要担当的是一种对现实进行批判的功能。它主要是一种超越、超然的态度，对我们的现实行动起着引导、提醒与纠偏的作用。

没有了乌托邦与理想主义的追求，生活将更容易变得鸡零狗碎，不再有人为我们指出生活新的可能性前景，我们将完全回到本能式的动物状态。"现代社会发展的无情逻辑似乎指向的是乌托邦的反面，但是一位杰出的社会学家曼海姆，在一九二九年清醒地看到，乌托邦的消失将使事物静止。在这种静止状态中，人只是物。"（张汝伦《理想就是理想》）

乌托邦与理想主义往往代表人类不停地思索生活与生命的意义究竟是什么，什么是人最真实、最自由的存在方式。"意识形态告诉人们：存在的就是合理的。而乌托邦则表示：存在的是必须改变的。乌托邦的一个建设性功能是帮助我们重新思考我们社会生活的本质，指出我们新的可能性。乌托邦是人类持久的理想，是一个永远有待实现的梦。乌托邦的死亡就是社会的死亡。一个没有乌托邦的社会是一个死去的社会。因为它不会再有目标，不会再有变化的动力，不会再有前景和希望。"（同上）由此，乌托邦理想的有无，正好可以用来判定一个社会的精神健康度与丰满度。

正像北斗星是用来指路的，而不是用来抵达的一样，乌托邦的主要价值也不体现在能否实现上。它是警世钟、坐标与航标！没有乌托邦的希望承诺和终极价值的动力担当，人类将会彻底失去航标，也将会陷入真正的深渊般危险性生存之中。

中庸的乌托邦

正由于审美活动作为"神圣的拒绝"的意义（这种"拒绝"也即指审美对于现实的批判性，超越性），我们需要道德理想主义、也需要审美浪漫主义的激情。若只停留在这种"理想"与"浪漫"的幻想中，又将会使我们的精神十分脆弱而走向偏执，并最终导致走向乌托邦的反面——地狱的现实出现。

学者许纪霖分析了诗人顾城的悲剧根本原因："我们需要乌托邦，以显示人类文明自我批判和超越精神的永恒价值。但我们又不得不小心翼翼地避免将这种精神的乌托邦直接还原为现实，以诗意的世界去整合世俗的世界。诗意与残忍，仅仅只有一步之遥，类似的乌托邦悲剧我们已经看到的太多太多；法国的大革命、中国的'文革'、美国的'人民圣殿教'……这次不过是在一个孤独的小岛上，一个孤独的诗人那里重演了一遍而已。悲剧的语境不一、角色不同，但性质却总那么似曾相识。"（《另一种启蒙》）

顾城的悲剧部分来自于他"直接"而生硬地将乌托邦搬到了现实中来。这个童话诗人是个怎样的人呢？"被幻想妈妈宠坏的任性的孩子"，这是他的自称；"一个不肯长大的孩子"，这是舒婷的认识；最透彻的认识来自王安忆："顾城的世界是抽筋剥皮的，非常非常抽象，抽象到只有思维。……生活在如此抽象的世界里，是要绝望的。假如我们都很抽象地看世界，都会绝望。我们不会去死，因为我们对许多事情感兴趣，我们是俗人。"（同上）

该俗还得俗，乌托邦有时也需要中庸的自然性来纠正其偏，需要超世不绝俗。

超世而不绝俗

中国文化发展最终导致审美主义的泛化，许多文人要求生活也同步变成自己心目中理想的乌托邦，如若不然，就弃生活而去，到世界那"桃源"般的角落去坚持乌托邦的信念与存在方式。

勇气是令人佩服的，但是这只限于个体的行动选择。如果要胁迫他人也来陪伴这种"坚持"的姿态，其悲剧性就必不可免了。而顾城就扮演了这场悲剧的主角。如此，中国当代的几种"理想主义者"就分出了高下：

理想主义最重要的问题之一在于意义的确证。传统的理想主义总是将意义的确证与某种终极的或具体的目标相联系，张承志和张炜也是如此。一种目的论的理想主义不是容易滑向对人性和个人的侵犯，就是因为过于实质化而走向幻灭，导致意义的丧失。当传统理想主义终于走向其反面，而留下一片信仰上的废墟时，究竟以一种什么样的策略拯救理想主义，以回应虚无主义的挑战？（许纪霖《另一种启蒙》）

作家史铁生最超绝之处在于，他看到人生意义的确证应该从执着于人生的目的转向体验人生的过程，因为人们价值关怀的眼光如果只盯着遥远的目的，就无法走出现实的绝境。而一旦转向对人生、生命过程的体验，即使"坏运也无法阻挡你去创造一个精彩的过程，相反你可以把死亡也变成一个精彩的过程"。"除非你看到了目的的虚无你才能进入这审美的境地，除非你看到了目的的绝望你才能找到这审美的救助。"

史铁生是中国当代不多的真正有思想深度的作家，虽然命运将他固定在轮椅上，但他却因此而滋生出伟岸健康的思想。更加可敬的是他的思想是有温度的、富有真正理想的激情却表现为镇定温和的姿态，超越了褊狭、偏执。

史铁生的理想主义所完成的是"华丽转身"，即将传统理想主义那种执着于人生目的而转向了对生命过程的体验。如此就不仅保留了理想主义的超然、空灵，更实质性的意义还在于它的理想的"即体即用"性对所有的人来说富有可操作性。其"理想主义"姿态因此也就是一种获得深度安足的"诗意的栖居"。

史铁生对世俗始终抱着宽容和理解的态度。他很明白这样的辩证关系：神圣是以世俗为前提的，"神圣并不蔑视凡俗，更不与凡俗敌对，神圣不期消灭也不可能消灭凡俗，任何圣徒都凡俗地需要衣食住行，也都凡俗地难免心魂的歧途，惟此神圣才要驾临俗世"（《"足球"内外》）。

只有缺乏足够的智慧与力量的人才惧怕世俗的诱惑，才会被世俗的红绿火气所烤焦，才会视世俗的存在为洪水猛兽。真正的超越的脱俗者总是在俗世又超越俗世的。超凡而不脱俗，正是一个圣者的自信和潇洒。正如史铁生所说，上帝安排了俗世，是为了考验人类，把他们放进龌龊里面，看看谁回来的时候还干净。就像放飞一群鸽子，看看最后哪只能回来。（《随笔十三》）

评论家雷达先生得知史铁生逝世的消息后说："他的小说、散文中有对生命本体的追求、对人生存在的追求，像宗教式的笃定和深刻。中国不缺作家，但唯独缺乏史铁生这类形而上的、甚至具有神性的作家。"

他是一个形而上的作家，他的作品因此总是比别人多一些神性的东西。这应该缘于他被命运"固定"在轮椅上，从而有机会"淡定"而深度思考人的命运与超越问题。

中庸是最自然的

"中庸"被长期误解，如有人说："中国人不接受一种彻底的思想方式，不习惯一种彻底的生活方式，而安于空浮、马虎、四平八稳、得过且过、自我欺骗、折中妥协的方式下过活。这种生活方式的理想化和理论（思想）形式，就是中庸。中庸并不是和谐。不是智慧的和谐，而是平庸的折中，和一种自然性的并列。这种和谐的基础，是自然性，而不是精神自由。"（张中晓《无梦楼随笔》）

但此论恰是极端的，是把中庸混同于平庸的观点。中庸绝不是平庸，中庸是无过也无不及，在人生之途上行中和之道、行自然之道。中庸是捏合生活中的两极，缩小"两极"的极端性。

"历史表明，中庸不是折中调和的中间路线，而是在不偏不倚中寻求恒常之道。君子参透了运行于人世间的天地宇宙规律，故而强调中和中道，追求不急不缓、不骄不馁的人生至境。"（王岳川《大学中庸讲演录》）

庞朴《蓟门散思》中认为应该有个"一分为三"的态度，就是中庸。

子曰："中庸之为德也，其至矣乎！民鲜久矣。"（《论语·雍也》）

中庸的英文翻译为"golden mean the doctrine of the mean"，有黄金分割（Golden Section）之意。中庸是选择活在黄金分割点上，中庸是自然的。

（一）

中庸就是衬衣每次都亲手搓洗显然太累，而全由洗衣机代劳则又难以洗洁净，那就在三次需要洗涤衬衣时，其中两次用洗衣机，一次手洗。虽非次次都能"最"干净，但想想西方谚语"最好是好的敌人"，也就大大地释然了。

中庸就是对于功名利禄，若全身心地扑上去则太累，若全然避之则太矫情，也无必要。那就拣不那么累，也无需搭上尊严与自由、甚至性命的以及成本不太高的利禄功名尽量轻松地追求它几样。

中庸就是"超世而不绝俗"。不怕世风红尘的大浸染，出入自在，却终究不把自己混同于一般世人。清风洒然、沉静执着地扛着精神的旗帜独自前行。

中庸就是懂得在解决生活问题时，主要靠的是智慧而非金钱。世界的微妙就在于有钱不一定能过好日子，没钱或钱少亦非注定过不好日子。

中庸就是能够超越人世，但不敌视人世。因为"大隐隐朝市"，需要的是冷眼看世界，热心对待世界。懂得真正"看破红尘"的唯一标志是"热爱生活"。

中庸就是既不远离生存现场，能够脚踏实地"种豆南山下"；但也不让生命之水滞涩于此，而能浪漫超然地"悠然见南山"。

中庸就是我们即使不能一下子做到佛祖与菩萨的悲天悯人，但当别人（甚至包括敌人、仇人）遭受不幸时，至少不把幸灾乐祸写在脸上。即使是为了维护自己的良好形象也应这样做。

中庸就是祈求上天赐予我平静的心，接受不可改变的事；给我勇气，改变可以改变的事；并赐予我，分辨此二者的智慧。

（二）

中庸就是明白为了双赢乃至多赢，自己活，也要让别人活；人世间不应是你死我活的关系，我们应选择适度妥协，而不是毫不妥协。

中庸就是清能有容，直不过矫。"虽然我已经觉悟，但我原谅你们的迷惑。"（《圣经》）自己清高但能允许别人庸俗，自己正直却不苛求别人的品性一定不能有弯度。不合污便是清，绝俗求清者，不为清而为激。

中庸就是不激烈得快，也不颓废得快。什么时候都拥有梦想，什么时候都不放弃追求。

中庸就是一种分寸感；当伟人失去分寸感时，他已不再是伟人。

中庸就是不把生活当表演——要么看着别人活，要么活给别人看。中庸是只做正版的自己，不做盗版的其他成功者，"兰生空谷不为无人而不芳"。

中庸就是不特别看重红色的花与金色的果。遇到挫败，会让生命另起一行，不让失败定格。

中庸就是既能沉醉于李白"黄河之水天上来，奔流到海不复回"的激情飘逸，又能从杜甫格律谨严、沉郁顿挫的《秋兴八首》中体验到另一种过瘾与酣畅。

中庸就是不完全按照别人的曲调跳自己的生命之舞，而能像动画片《数码宝贝》台词所说的"一心一意地走在自己所喜欢的路上"。

中庸就是不那么太在乎去达到人生的各种"优秀"的指标，尤其是别人定的、社会公认的指标。不是非要当一个出头的橼子，而是将目标定在实现一个"良好"的人生上。良好的体质、良好的业绩、良好的心态、良好的人际关系等等。而这岂不是优秀人生？

中庸就是懂得"事事留个有余不尽的意思，便造物不能忌我，鬼神不能损我。若业必求满，功必求盈者，不生内变，必召外忧。"（《菜根谭》）

中庸就是"团结紧张"而又"严肃活泼"。《菜根谭》说："忧勤是美德，太苦则无以适性怡情；澹泊是高风，太枯则无以济人利物。"

中庸就是"勤糜余劳，心有常闲"（陶渊明）。挣一百块钱够花，就一般不再劳心费力为挣二百块卖命。星期天一定是用来休息的。

（三）

中庸就是在人生中总有一部分事情我们能够采取"无所为而为"的态度。不把做这些事情仅仅当成手段而去达到其他太功利化甚至无趣的目的。"为无为"就是"为大为"。

中庸就是陶渊明的达观："纵浪大化中，不喜亦不惧。应尽便须尽，无复独多虑。"不一惊一乍地活着，处变不惊，宠辱不惊；喜不过喜，忧不过忧。

中庸就是"我们晓得如果我们把积极的人生观和消极的人生观念适当地混合起来，我们能够得到一种和谐的中庸哲学，介于动作与不动作之间；介于尘世徒然的匆忙与完全逃避人生责任之间"（林语堂）。

中庸就是不是一味进取而成为"狂者"，也不是一味有所不为而成为"狷者"。而能明白在人生中有时就进取，有时就选择有所不为。

中庸就是"浪漫"以明智的理性为底色，而真正的理性又能以"浪漫"为精神旨归。人皆以儒家为理性，但儒家那讲究对生命进行修饰与提升的极富艺术性与建设性的"礼乐"文化则是洋溢着生命的真浪漫。人皆以庄子为浪漫，然庄子"齐物"思想智慧所表现出的基于对世界的"大观"视角而来的万物平等精神则闪烁着卓越的理性之光。

儒家经典《中庸》说："致广大而尽精微，极高明而道中庸。"所以中庸绝不是"平庸"，只有"极高明"者才能"道中庸"。

中庸是一分为三地看问题，对待问题。中庸是自然的生命智慧，中庸是活在黄金分割点上。

以大养生

整个《庄子》说了一个"大"字!

也就是说,《庄子》的思想主旨从某种角度来讲,是围绕一个"大"字来阐释它对世界与人生的态度。此是因为心胸不够"大"是我们生活中不必要的烦恼多多的主要原因。《庄子》的旨趣是在帮助我们进行生命的"扩胸运动"。

有人生的大胸怀,大境界,大追求,自然能够摆脱对那些零星的烦恼、琐碎的痛苦的纠缠。《庄子·至乐》说:"褚小者不可以怀大,绠短者不可以汲深。"(布袋小的不可藏大东西,绳索短的不可以汲深井的水)为使世人能够"怀大""汲深",《庄子》通过一种绝对超凡绝俗的大想象为人们制作了精神上的"超大的布袋"与"超长的绳子"。

用理性的话来讲,庄子是在精神上"经虚涉旷",就是"蹈(遵循)虚守静"。不懂得人生之"虚旷"或"虚静"处,那我们在人生的"实际"处也无法活得清楚。没有对人生终极意义的追问与关切态度,所谓现实的人生就是盲目而无根的。

"知大己而小天下。"(《淮南子·原道训》)懂得什么是"大我"的价值追求,就可以摆脱"小我"的陷溺。不知道人生大道及大义之所在,就不能超越对生活中许多东西的贪恋,器宇狭小不能涵容巨大,也就没有精神力追求创造人生的大境界、享受人生"至乐"。

庄子用飞翔的想象成功地将我们引领到了这样一个"大"境界!这是一个靠超凡的"想象力"逍遥无待而存在的至大境界。大哲学家的思想都有让人胸怀扩展的功能,甚至连他们的名字都是如此。比如古希腊那个本名叫阿理斯托克勒斯的哲学家,它的绰号我们都知道是柏拉图,而"柏拉图"的意思是"宽阔者"。

英国哲学家怀特海有句名言告诉我们柏拉图的宽阔度:"对欧洲哲学的特征作一万无一失的概括即是,这一传统由一系列对柏拉图的脚注组成。"(引自罗伯特·C·拉姆《西方人文史》)

虚室生白

"虚室生白"的意思是"虚灵的心灵能生发出一片光明"。它是中国哲学与美学的重要概念,典出《庄子·人间世》:"瞻彼阕者,虚室生白,吉祥止止。"意思是:观照那空明虚灵的心,空明虚灵的心可以生发出光明。吉祥与福善也会降临这空明宁静的心。

心灵不纠缠、不停滞于物质层面,就可使人生的大美、至乐境界朗然呈现。照亮我们生命之路的光主要来自我们没有尘杂的、纯净的内心。

陶渊明《归园田居》中"户庭无尘杂,虚室有余闲"以及"白日掩荆扉,虚室绝尘想",这几句诗是"情景理合一"的。其"情"是诗人回到田园的愉快心情,其"景"则是宁静的田园生活环境,其"哲理"是庄子的"虚室生白"。陶渊明处身田园愉快心情的获得是因为他精神上"有余闲"(不忙于世俗杂务),心灵上"绝尘想"(弃绝世俗念想)。

至人能观照空灵(阕者),"虚室"代指"心灵",就是"心斋"("心斋"的意思是"心灵的大扫除"),白即是明,宛似虚宅中光明遍满,让一切大白于世,无所遮蔽,正是海德格尔所谓"真理"原意为解蔽(unconcealment)之旨。"吉祥止止",意谓一切吉祥与福善来集于此。明代董其昌则是从人居洁净的环境而致心灵纯净来理解"虚室生白":

> "虚室生白,吉祥止止。"予最爱斯语,凡人居处洁净无尘涴,则神明来宅,扫地焚香,萧然清远,即妄心亦自消磨。(董其昌《画禅室随笔》)

这虽非庄子本意,但亦可聊备一说。

让心境空明,生命中光明、伟大的时刻便会降临!

走近生命的"慧"

老子带给我们的是"智",而走近庄子,却是走近一种生命的"慧"——深刻领悟其"无为"意趣之后获得慧心睿识。这是领悟庄子的要诀。为阐明"无为"的哲学观点,庄子想象了下面这个故事:

> 南海之帝为儵,北海之帝为忽,中央之帝为浑沌。儵与忽时相与遇于浑

沌之地，浑沌待之甚善。儵与忽谋报浑沌之德，曰："人皆有七窍，以视听、食、息。此独无有，尝试凿之。"日凿一窍，七日而浑沌死。（《庄子·应帝王》）

庄子在天地玄黄、宇宙洪荒的超级开阔背景中，设想了本为"浑沌"的中央之帝与好心的儵、忽两帝交往的恶果，表明老子"为者败之"（违反自然的过分"有为"定然失败）的哲理。这种令我们的读后感是"无话可说"的寓言在《庄子》一书中多达一百多个。再如：

有国于蜗之左角者，曰触氏；有国于蜗之右角者，曰蛮氏。时相与争地而战，伏尸数万，逐北旬有五日而后反。（《庄子·则阳》）

我们见过小中见大，但谁能想象到两个蜗角之国竟然能恩怨如此呢？

南伯子綦游乎商之丘，见大木焉，有异，结驷千乘，将隐芘其所藾。（《庄子·人间世》）

谁又见过能荫蔽千乘车马的大树？

任公子为大钩巨缁，五十犗以为饵，蹲乎会稽，投竿东海，旦旦而钓，期年不得鱼。已而大鱼食之，牵巨钩，錎没而下，骛扬而奋鬐，白波若山，海水震荡，声侔鬼神，惮赫千里。任公子得若鱼，离而腊之，自制河以东，苍梧已北，莫不厌若鱼者。（《庄子·外物》）

其境界宏阔无比，鱼的声势自然惊人，像这样千里"莫不厌"的鱼得要多大的力量才能捉住它，任公子的力量究竟有多大？谁又能想象到用五十条大牛做饵来钓鱼的奇观呢？

"智"与"慧"不完全相同。"智"更多理智，似日神；"慧"更多激情，似酒神，它呈示的是一个生趣盎然的艺术化、诗意世界；这就是闻一多为什么说"他的思想的本身便是一首绝妙的诗"（闻一多《庄子》）。

哲学就是乡愁

最像哲学家的是黑格尔还是庄子?

"真正的哲学是生命深处涌现出来的有烟有泪的东西!"这是作家韩少功的体会,很深切,十分精准。

庄子哲学没有玩通常哲学那种从概念到概念、从逻辑到逻辑的游戏,也没有"一分为二""合而为一"地做哲学广播操。哲学是世界观,而世界的本质是诗意的,不带着"诗意"来"观"世界,那世界观显然会隔靴搔痒地不到位。哲学的最高境界或哲学的纯正表达方式,除了诗还能是什么呢?

> 他那婴儿哭着要捉月亮似的天真,那神秘的怅惘,圣睿的憧憬,无边际的企慕,无涯岸的艳羡,便使他成为最真实的诗人。
>
> 庄子的著述,与其说是哲学,毋宁说是客中思家的哀呼;他运用思想,与其说是寻求真理,毋宁说是眺望故乡,咀嚼旧梦。(闻一多《庄子》)

巧的是,德国诗哲诺瓦利斯也说:"哲学就是乡愁——一种回归家园的渴望。"(Philosophy is actually homesickness —— the urge to be everywhere at home)(诺瓦利斯《哲学文集》)哲学是带着诗意的乡愁眺望故乡。

"黑格尔对美下的定义:'美是理念的感性显现。'理念就是'真'。所以宗白华批评他'欲以逻辑精神控制及网罗生命。无音乐性之意境'。张世英批评他'以真的意识抑制了美的意识,哲学变成了枯燥的概念体系'。"(叶朗《美在意象》)这也许既是黑格尔作为美学家的局限,也是他作为哲学家的局限。

我思想,故我是蝴蝶

有人说,中国古代有三个半诗人,庄子、屈原、陶渊明,那"半个"是杜甫。只是"大诗人"庄子似乎一首诗也没写过。可是打开《庄子》,那只著名的"蝴蝶"翩然而出,那是一只深邃的"哲学蝴蝶",也更是诗人奇情妙想翩飞的蝴蝶。

"是诗便少不了那一个哀艳的'情'字。《三百篇》是劳人思妇的情;屈宋是仁人志士的情;庄子的情可难说了,只超人才载得住他那种神圣的客愁。所以

庄子是开辟以来最古怪最伟大的一个情种；若讲庄子是个诗人，还不仅是泛泛的一个诗人。"（闻一多《庄子》）

"庄子是一位哲学家，然而侵入了文学的圣域。"闻一多实在太理解庄子了，他《庄子》一文中那诗化的评述文字灵光四射，正像本质是诗的世界只能以诗的方式"逼近"对它的理解与把握，闻一多也用诗的形式最成功地逼近了对庄子诗化哲学的奇丽圣境的描述：

> 实在连他的哲学都不像寻常那一种矜严的，峻刻的，料峭的一味皱眉头，绞脑子的东西；他的思想的本身便是一首绝妙的诗。

闻一多此处的文字最具个性与深情，因为它是为庄子定制的：

> 向来一切伟大的文学和伟大的哲学是不分彼此的。你若看不出《庄子》的文学，只因他的神理太高，你骤然体验不到。

《庄子·齐物论》说："昔者庄周梦为胡蝶，栩栩然胡蝶也（翩翩飞舞的蝴蝶）。自喻适志与（遨游各处悠游自在）！不知周也（根本不知道自己原来是庄周）。俄然觉（忽然醒过来），则蘧蘧然周也（自己分明是庄周）。不知周之梦为胡蝶与？胡蝶之梦为周与？周与胡蝶，则必有分矣（庄周和蝴蝶必定是有所分别的）。此之谓物化（这种转变就叫做物化。意指物我界限消解，万物融化为一）。"

戴望舒有首小诗《我思想》正可作为此篇小文的结束语：

> 我思想，故我是蝴蝶
> 万年后小花的轻呼
> 透过无梦无醒的云雾
> 重新震撼我斑斓的彩翼！

两只风筝放着两个孩子

"也不知两个孩子放着两只风筝，还是两只风筝放着两个孩子。"（管管《春歌》）从生命的大本大根的大观视角来看，奔跑于地上的孩子与飞翔在天空的风筝是无主宾之分的。同样，"当我逗小猫玩的时候，天晓得是它逗着我玩，还是我逗着它玩"（蒙田《随笔》）。

只有主体虚位，才可以任素朴的天机活泼兴现，而天地与我并生，万物与我为一。以物观物，主客自由换位，或消解主客对立，就是虚以待物，就是中国美学的虚怀而物归。如此，真实的世界以及审美的世界方可自然朗现。

"当小鸟来到我的窗前，我就参与它的存在，同它一起啄着地上的砂石。"济慈倡导一种"消极感受力"：深入万物、理解万物、诗意地感受万物的能力。济慈不是在提倡无谓的稚气，而是严肃地、哲学地表述一种生命精神。

闻一多提醒："文学是要和哲学不分彼此，才庄严，才伟大。哲学的起点便是文学的核心。只有浅薄的、庸琐的、渺小的文学，才专门注意花叶的美茂，而忘掉了那最原始、最宝贵的类似哲学的仁子。"（闻一多《庄子》）

"你就把我的小雨衣借给雨吧，不要让雨打湿了雨的衣裳！"（刘半农《雨》）这种孩子的口吻最契合庄子的心思，孩子是天生的"齐物主义者"，在孩子的眼中世界正以阴阳未分、主客不别的原美的形式浑沦存在。

戴望舒、管管、蒙田、济慈以及刘半农他们是不是与庄子英雄所见略同呢？要实现荷尔德林"人诗意地栖居在大地上"的梦想，需要我们停留在不肯定、神秘感之中，需要我们停止那种无机的、令人生厌的追求真理的方式。

庄子哲学不仅最是哲学，还更是最纯粹的诗。闻一多感到："读庄子本分不出哪是思想的美，哪是文字的美。那思想与文字，外型与本质的极端的调和，那种不可捉摸的浑圆的机体，便是文章家的极致；只那一点，便足注定庄子在文学中的地位。"

这是"美"的正宗状态，美的存在也必须是物化式的。用概念一分为二地把握世界，用逻辑合二为一地归纳世界，终显笨拙，因为太活泼生动的世界不会这么"听话"。真实的世界永远处在逻辑的世界一步之外。

讲究齐物精神的庄子，其哲学是最纯粹的诗，其超越于世俗形式的"诗"更是正宗的哲学；哲学"梦"为诗，诗"梦"为哲学，岂可有分，此乃彻底的物化！庄子的哲学只能以诗的形式出场，他别无选择。

物化是在精神上与万物合为一体！物化是真实生命的回归，是精神回家。我思想，故我是蝴蝶！

哲学与思想力、开明度

思想力与开明度是一种精神力,也是真正的生产力,因为这种能力最具有建设性。

柏拉图说:"在人的'爱财富''爱荣誉'和'爱智慧'的欲求中,'爱智慧'是人的最重要的、也是最高尚的需要。""人应当尊敬他自己,应当自视能配得上最高尚的东西。"(黑格尔)

有没有哲学智慧,肯定生活是不一样的,因为你对于生活的"觉解"——觉悟与理解不一样。生活事实上是按着我们的"觉解"程度与"觉解"样式来展开的。这种"觉解"也就是通常所说的世界观、人生观。哲学智慧的获得,会使我们避免错位。不会将人生真正重要的看得轻飘,甚至视而不见,或将无意义的东西当作真实的生命去追逐、去陷溺。

从哲学那里获得的开明度与思想力可令人贫贱不能移,富贵不能淫,威武不能屈,获得一种人格守恒状态。通过哲学智慧而得到的"精神定力",让你在社会的风潮中尊严而自由地立定站稳。

能够思想着是美丽的

思想不像科学那样带来知识;思想不产生有用的实践智慧;思想不解决宇宙之谜;思想不直接给我们行动的力量。

这是汉娜·阿伦特《精神生活》中所引海德格尔给"思想"的四个定义。这四个定义不但与许多人对思想的理解不同,还让人泄气。人们几乎会马上诘问:"那还要思想干什么?"而我们之所以没思想却正因有此"急吼吼"的一问。

思维的过于功利化也是精神找不到北,无法安顿且容易成为碎片的主因。作家铁凝说:"能够思想着是美丽的,有力量思想的人也必是幸运的。"此话说得如同铁律。如果我们不仅能够认同这种超世俗的"思想着"的意义,并且能够自己也在这种超世俗、超功利的"思想着"中感受了"美丽",那将是又一种人生的自由境界的实现。

哲学有什么用?答:哲学没用。但哲学对那些有精神追求的人有用。哲学只对那些不在意是否有用的人才有用。此用是指功用,而哲学是无用之用。当人有了一种对于哲学之"道"的情不能自已的向往之情时,那人却正是最自由的,因为这是一种超功利的情感。不强迫哲学"有用",哲学就有用了。

在求道的生命历程中,人可以活得像宝石,其志趣、其行止都将具有宝石般的品质,所谓"圣人瑰意琦行,超然独处"(宋玉)。如果你对思想、对哲学感兴趣的话。能够思想着的幸运正在此。

笔者上大学第一周的一节课上,老师说:"水是万物的本源。"当然此话原创是古希腊的泰勒斯。当时的我毫无哲学意识,便开始从百姓的本能验证此言的正确性,不再听见老师的进一步解释。而是从眼前的课桌开始,一直到想到冥王星等等东西与水的关系,然后得出的结论是:"水是万物的本源"纯属胡话。

直到十多年后,发现了恩格斯的一段话,才知道"水是万物的本源"在哲学上的意思。那段话让我刻骨铭心,至今都能背:

> 古希腊哲学家十分自然地把自然现象的无限多样性的统一看作是不言而喻的,并且在某种特殊的东西中,在某种具有固定形体的东西中寻找这种统一。比如泰勒斯就从水里去寻找。(《自然辩证法》)

之所以对恩格斯所言刻骨铭心到二十多年后还能背下来,就是因为它让我一下子悟到哲学的思维是怎么回事,把我从百姓式本能看问题的层次大大提高了一步,这种感觉很美丽。恩格斯把"水是万物的本源"在哲学史上的意义很专业地点了出来,而傻笨的我当年却挨个寻找所能想到的事物和水的关系。

我喜欢这些提升思维能力、扩展思维方式的说法,它们带给我无法言说的过瘾与力量感。

能够思想着是自由的

"人与包围他的大千世界比起来——不过是一棵脆弱的芦苇;这不错,但是,这是一棵被赋予了思想能力的芦苇。"法国哲学家帕斯卡尔的这句名言为"人是什么"作了最好的阐释。

"要杀死一个人,简直不费吹灰之力。然而人毕竟高于任何草木,高于地球上其他的一切。因为,他在死去的时候,能够意识到他在死去。"这就是人的自由,以及人借助思想而来的力量。"我们的所有优越之处就在于我们思维的能

力。"(帕斯卡尔《思想录》)

人类越发展就要越出现理论与实践相分离的状态,理论与实践之间的关系就要由直接关系进入间接关系。甚至人类要在一种更高的新的层次上进入儿童式的游戏状态,它的表现形式就是"精神游戏"。因此,纯理论以及纯艺术就是个体的纯自由,同时也是人类的纯自由。

席勒说:"只有当人充分是人的时候,他才游戏,只有当人游戏的时候,他才完全是人。"美学精神是一种游戏精神,是美学家们的共识:"审美的游戏性可以淡化和消解实用功利态度和专业态度,让我们充满游戏精神和超然态度。"(周宪《美学是什么》)

作为一个整体的人类文化,可以被称作人类不断解放自身的历程。这种解放的一种含义就是人类能不断而自觉地站在某种界外视点来看待人生与世界:"一切高超的哲学和诗歌都是从一个超越时间、现象、世俗功利的'界外视点'去观看世界的。恰如同佛祖释迦牟尼在一棵菩提树下仰望星空,突然悟'道'。"(毛峰《神秘主义诗学》)

在我们重整精神的碎片时当懂得:能够思想着不仅是自由的、有力量的,而且还是美丽的。应有一部分人经常代表所有的人站在界外视点进行思想,以防止人类生活方向走偏。

纯理论的魅力

一提起"理论"二字,人们就会认为它总是为着指导实践而存在的,理论的价值似乎不是独立与自足的,"为理论而理论"的纯理论更是无用的存在,但这是庸人之见。

思维的功利化极大地阻遏了我们对纯理论的兴趣,只知理论的用途是指导实践。而如果一个民族缺少对理论本身的严密性、系统性、自足性的执着追求,那么这个民族的思维水平与精神状态便难以有所发展与提升。

面对人心的功利、民族精神的流弊,胸怀的扩大与人格的改塑乃是最为首要的问题。必须引导人们更多地去爱好那些较"纯粹"的无用而又有大用的事物,比如"纯理论""纯艺术"等等,让更多的人从这里体验到生活某种难以言传的神圣美好,以此扩展人生、提纯人生!这就是"为理论而理论""为艺术而艺术"的旨归。

纯理论、纯艺术的存在意义在于，显示人作为人的自由与独立性。人类发现创造纯理论、纯艺术的量与质的多少与高低，说明的是人类摆脱自然与社会束缚的程度的大小。因此，大师往往就是在纯理论、纯艺术方面贡献最多的人，他们也是最自由、独立的人。

把生命看作一个整体

"当你完全了解了太阳、大气层、地球之运转，你仍会错过了落日的霞辉。"哲学家怀特海有此担心。

"把生命看作一个整体的习惯，是智慧和真正的道德必不可少的部分，同时也是应当在教育中加以培养的东西。"（罗素《工作》）人类身心之完整，需要一个整体性的世界观。以纯世俗甚至有时是纯科学的视角观察世界，极易导致狭小的视角与胸怀看世界，从而不能感知生命与自然之整体有机性，并以整体的态度对待生命与自然。

庄子思想把人的生命安放到较广大的天地中去寻找意义，使人的精神与外界宇宙无限地、自由地相联系、相结合；将人的精神从现实世界中提升到一种高度的艺术境界。从这一角度来看，庄子思想之扩大人的思想视野、提升人的精神境界，是其他各家难以望其项背的。

大学的要义之一应是担当并培育这种"把生命看作一个整体"的精神氛围。"大学教育毕竟不应只是训练一技一能之士。一个大学生应该对人类知识文化有相当程度的了解，对自己民族的学术文化有一基本的欣赏与把握，同时，他应该养成一种独立思考、判断的能力；一种对真理、对善、对美等价值之执着的心态。"（金耀基《大学之理念》）

培养整体地看待世界的习惯，懂得生活相反相成、阴阳共存的道理，就会处变不惊，宠辱不惊。不仅可以平和而非激烈地面对生活中的变故与挫败，也更能因整体而有机的视界与胸襟感受宇宙人生这个大生命所蕴涵的大美。

君子不器

君子不器。

君子不像器皿一般，只具备某一种用途。孔子治学重在通贯，不以一技一艺为贵。有人批评他"博学而无所成名"，而孔子却说"君子不器"。

应试教育的结果使更多的学生知识面极端狭窄，本来就不宽阔的胸襟也随之变得更加狭隘。而许多大学的"职业培训学院化"又使学生失去了一个精神沉潜与涵泳的重要修养机会，正像学者所说：

> 我们的生命实在太"生理"了，实在缺乏更辽阔、遥远的生命理想和审美想象，视野唯有碗口大小，眼光也往往只有筷子长度。是的，我们必须仰望点什么。必须时刻提醒自己：让疲倦的视线从物面上挪开，从狭窄而琐碎的生存槽沟里昂起，向上，向着高远，看一看那巍峨与矗立，看一看那自由与辽阔、澄明与纯净……（王开岭《精神自治》）

不应忘记大学培养"君子"不是用来与社会其他阶层的人变得一样"有用"的，或者有毫无二致的"用途"。大学存在的必要正在于它代表整个社会创造在别处无法产生的精神产品、精神资源，代表整个社会坚守精神的自由与超越，而这正是大学"无用"之"大用"。

正是"不器"，即不成为具有固定、单一用途的人，方为"君子"。

以世界公民的眼光看待世界

大学生应自觉地成为世界公民，并用世界公民的眼光看待世界。

一位美国知名教育家认为，通识教育的功能是"让年轻人不是准备着去处理社会中那些各种职业人士所碰到的特定问题，如化学家、木匠、建筑师、会计师、商人、家庭主妇；而是准备好去处理社会所有人都共同面对的问题，比如我们的内政外交、政治领导，我们和自然界的关系和人生哲学"。

美国通识教育的启动，某种意义上是受了前苏联刺激的结果。莫斯科大学一位校长说过："我们努力扩大学生的知识面，其中包括把人文学科的知识列入自然科学系的教学大纲。我们认为狭窄的专业视野，不仅有害于学生文明的个性发展、人道主义的品质和为世界、为社会进步创造财富的志向，而且有害于培养学生创造性能力。人文学科的教育可以使学生的丰富的感性世界和艺术想象力得到发展，使他们用新的眼光去看待自己的专业和整个世界。"难怪卫星第一个上天的是他们。

这深深地刺激了美国，终于认定：杰出的科学家不应局限在个人的专业领域之内。通晓和熟悉艺术与人文学科，能促使优秀科学家变得更加敏锐，视野也将更加开阔。由此，推动了美国高校通识教育全面、深刻地展开。

我们都属于那个不可分割的整体

傅雷对儿子的教诲是：先做一个人，再做艺术家，再做音乐家，最后才是做专业的钢琴家。

人生在世，先做好一个人是首要之务！直接扑向狭隘的专业，以专业为一切，往往不大可能在专业上有较大的造诣。因为这样的人不懂生命，不懂生活，不懂自然，不懂宇宙永恒的整体性存在，当然也会不懂他的专业。

世界上所有的存在都互相耦合在一起，我们所做的只能是不断地去理解这种整体性存在，并努力与它在精神上合一。某种存在已经发生、正在发生并且将要发生，而它必然与我们全都有关——只因为我们都属于那个不可分割的整体。

我们首先是一个世界公民，然后才是某个国家、某个民族中的一员；因此就需要全局性地考虑问题、对待世界。美国前总统克林顿、布什都曾发布命令，禁止从非洲塞拉立昂及利比里亚进口钻石。因为那里的开采条件恶劣，收入所得用于战争的钻石背后是斑斑血迹，是臭名昭著的"血腥钻石"，任何有良知的国家与人民都不应享用它。为此联合国则通过决议支持建立金伯利钻石证书制度，禁止人们购买那些"血腥钻石"。任何有良知的世界公民，都不是可以无责任、无愧怍地消费此类产品的。

胡适说，其宗教教旨是："我这个现在的'小我'，对于那永远不朽的'大我'的无穷过去，须负重大的责任；对于那永远不朽的'大我'的无穷未来，也须负重大的责任。我须要时时想着，我应该如何努力利用现在的'小我'，方才可以不辜负了那'大我'的无穷过去，方才可以不遗害那'大我'的无穷未

来?"(《不朽——我的宗教》)

全球变暖与你有关

一只在北极冰架上迁徙的北极熊,每走几步就掉到冰窟窿里。

一个漫画上画着两只北极熊,坐在冰雪消融后的孤岛上,爸爸说:"儿子啊,我多想让你看见冰呀,这样你就可以成为一个真正的北极熊了。"儿子问:"爸爸,什么是冰呀?"

我们让地球太热了,才会让北极熊如此狼狈。

新华网华盛顿2008年3月25日电,南极一块面积相当于七个美国纽约曼哈顿区的巨大冰川从冰架上断裂入海。这一罕见现象是全球气候变暖的结果。这块冰川面积约415平方公里。

美国科学家达斯说,威尔金斯冰架的坍塌更像是环境系统中的一个触发器。有些东西是不可能重组的,"如果它们消失了,那就是永远消失了"。

也许你减少塑料袋的使用,也许你控制非必需电器的使用,也许你少开一次洗衣机,也许你不是十分的工作或生活需要,你没有仅仅为了炫富而买车,也许你还能做很多……你就是在表现为遏止全球变暖做你应该做的。

每个人都首先是一个世界公民,要把世界当自己的家呵护。

全于天者不求合于人

作家毕飞宇说得最多的三句话是:1. 谢谢;2. 对不起;3. 对此我有不同看法。他觉得这三句话可以提供生命的容量与质量。

"知识分子"是什么人?是"对于他们时代和环境所公认的观念和假设,经常详加审查","是精神太平生活中的捣乱分子"(科塞《理念人》)。"知识分子"就是一个经常对社会说"对此我有不同看法"的人。

并非任何有学历的"有知识的人"就必然、天然地是"知识分子"。萨伊德说:"一个知识分子如果不与现实世界中的苦难和危机发生任何关联,有智慧而无痛苦,势必蜕变为一般学者和文人。"

"知识分子"的精神标志是"孤往",王元化引熊十力《尊闻录》对"孤往"有极好的表述:"书中批赶时髦者说:'天下惟浮慕之人最无力量,决不肯求真知。'又,提倡一种'孤往'或'孤冷'的精神与毅力。他说:'凡有志根本学术者,当有孤往精神。''人谓我孤冷,吾以为不孤冷到极度,不堪与世和谐。'"(《九十年代日记》)

不孤冷到极度,不堪与世和谐。尊闻熊十力铮铮之语,岂止有被棒喝之感。知识分子的"精神力"最终表现在能坚守这种自由的"孤往精神"。精神的制高点往往是曲高和寡乃至高处不胜寒的,但那是自由灵魂的最佳居所,是社会良心唯一的住处。不如此,就不能清醒、超然地打量社会,不能看到社会的问题所在,也更不可能以清明的理性找到超越的解决对策。

但是"孤往"不是"孤傲"。公共知识分子不是一般的文化人,而是如陈寅恪所说的为文化"所化之人"。他们的精神气象不会是孤傲与愤激,而是清越与儒雅、达观与雍容。知识分子,决不应是热闹场中的热闹人。"曲高和寡,实为精神世界之常规。作为价值追求,曲本不应患寡,患不高也。"(夏中义《学人本色》)

明此,"曲高"者尽可无虑于"和寡",亦更可无惧于"孤往"!庄子不是说"翱翔于蓬蒿之间"的小鸟斥鴳总是会对着"抟扶摇羊角而上者九万里"的大鹏嘀咕:"彼且奚适也?"——它究竟要飞到哪里去呢?它飞那么远有什么用呢?

"全于天者,不求合于人;志于远者,不取效于迩。"(方孝孺《诮伯牙辞》)这些都是为知识分子拥有"孤往"精神提气垫底的话。全天、志远而孤往正是知识分子的专属骄傲。

当今之世,舍我其谁

往昔圣贤那"当今之世,舍我其谁"的精神气度今天已日渐式微,更遑论"天将降大任于斯人"的豪情与"万物皆备于我"的自信!而目光浅近、胸怀狭隘、萎靡猥琐的精神状态是不能在社会中有所担当的。

孟子精神的意义是什么呢?"孟子生活在王道既衰的晚周末世,游走于列国之间,传播仁义礼智,心系万民忧乐,文章吐浩然之气,人格配王者之师。他以

'舍我其谁'的气概,察己观物,知人论世,扶微辩理,横斥异端,竭毕生精力熔铸了博大精深、睿智圆通的圣哲之思。"(李振纲《智者的叮咛》)

孟子的"浩然之气"就是正义正直之气,是大勇大智之气。读《孟子》一书,我们往往会有一种强烈的感受,就是其中充溢着圣人所特有的超然、浩然的精神气场,你将不由自主地被这种精神所激励、振拔!

哲学家的存在价值就在于他们善于用超越的眼光审视人类的终极命运,并以理想主义批判现实的矛盾与荒谬。

圣人者,乃大君子也!

梁漱溟与熊十力的气象

也许孟子离我们太远了一些,在新儒家梁漱溟先生身上可让我辈"就近"领略一下"浩然之气"。

1941年梁先生在香港创办《光明报》(《光明日报》前身)。太平洋战争爆发,香港沦陷,他乘小船返回大陆,极其危险,但他却不以为意,居然说:"我相信我的安危自有天命。""我不能死,我若死,天地将为之变色,历史将为之改辙。""孔孟之学的意蕴,中国文化在人类的地位,只有我能阐发,我还有三本书要写,我怎么能死呢?天怎么会让我死呢?"梁先生生于1893年,卒于1988年,高寿95岁,天意否?!大言滔滔后,他又傲然活了近半个世纪。

抗战时,梁先生曾两度赴延安与毛泽东晤谈,并同榻而眠。1949年后,他也多次成为毛的座上宾,但却不仅拒绝在政府中任职,还多次对政府直言进谏,甚至为刘少奇、彭德怀辩护。面对由此而来的政治压力,他的回答是中国士人的经典话语:"三军可夺帅也,匹夫不可夺志也!"

新儒家另一大儒熊十力先生亦具浩然之气:"有依人者,始有宰制此依者;有奴于人者,始有鞭笞此奴者。至治恶可得乎?吾国人今日所急需要者,思想独立,学术独立,精神独立,一切依自不依他,高视阔步,而游乎广天博地之间,空诸倚傍,自诚自明。以此自树,将为世界文化开发新生命,岂惟自救而已哉?"其言如黄钟大吕。

熊先生之语气势如瀑、壮怀如虹,融贯儒释道三家精神境界,发蒙解惑,振萎起靡,完全是孟子那种"舍我其谁"的圣贤口吻!

我仿佛看见，孟子与梁公、熊公正相视而笑。

梁启超对清华学子的期许

梁启超1914年11月5日在清华做关于"君子"的演讲时，对清华学子的殷殷期望也饱含着圣贤般的雄浑气势：

> 清华学子，荟中西之鸿儒，集四方之俊秀，为师为友，相磋相磨，他年遨游海外，吸收新文明，改良我社会，促进我政治，所谓君子人者，非清华学子，行将焉属？虽然，君子之德风，小人之德草，今日之清华学子，将来即为社会之表率，语、默、作、止，皆为国民所仿效，设或不慎坏习惯之传行，急如暴雨，则大事贲矣。深愿及此时机，崇德修学，勉为真君子，异日出膺大任，足以挽既倒之狂澜，作中流之砥柱，则民国幸甚矣！

如此典雅铿锵的语句，几乎都已被历史尘埋，今天埋头玩手机的青年们甚至不再有机会耳闻。然而，有志趣的青年应经常念诵这类充溢着浩然之气的期许之语，它不仅可以振拔灵魂的萎靡与精神的颓堕，从而提醒自己不忘完善自我、服务社会的责任，还能让青年人的眉宇间散发出磊磊英气，具有无可替代的"美容"功效。显然的是，不少年轻人的容貌不能进步，反倒气质越来越獐头鼠目的根本原因之一就是迷醉于小人之恶趣，偏离了君子之大道。

陈寅恪先生对王国维的评价是："此文化精神所凝聚之人"，"为此文化所化之人"。熊十力致徐复观书中指出："知识之败，慕浮名而不务潜修也。品节之败，慕虚荣而不甘枯淡也。" 这些话也应该是社会对青年君子及文化人的永恒期许与警示，当常记之以自警，则吾国吾民族幸甚矣。

大学生应是"公共知识分子"

大学生应该是拥有大智慧的知识分子，除了完善自我，提升精神境界外，他们对于社会的最大的功用应该是批判社会、建树文化。让更多的大学生成为一个公共知识分子是大学教育的根本目标之一。

按波斯纳《公共知识分子：衰落研究》中的理解，公共知识分子应该是社会的牛虻，要像苏格拉底一样对现实现状发问，能挑战常规常情，冲击麻木麻痹的思想，提升生活与生命的境界。

童大焕《严格区分三类知识分子》一文认为："公共知识分子"是知识分子的最高境界！还有两类"知识分子"，一是为政府出谋划策做智囊的"政府知识分子"，一是受雇于企业的"企业知识分子"。严格来讲，作为"知识分子"，这两者皆非纯粹意义上的"知识分子"。因为"公共知识分子表现出一种对社会核心的价值的强烈关怀。公共知识分子的存在，体现着知识分子对自身使命的定位，也体现着一个时代的'民主与自由'的程度。与政府知识分子的直接影响决策和企业知识分子直接进入博弈空间不同，他们主要通过社会舆论引导批判的精神，擦亮警惕的眼睛，发挥干预的作用。"

公共知识分子主要从两个方面影响生活，对现实的批判与引导、对历史的批判与继承。所以在面向传统时，他们的角色是将传统与经典的东西，不停地从尘封的历史角落里搬到现实的阳光下，拭掉尘土，擦去锈迹，让它们重新熠熠生辉。

或者说，"公共知识分子"的职责之一应该是有效地接通传统精神与现实民众的血脉，让传统精神的血液进入现实人们苍白的生命。

超验纽带

在不朽经典面前，"现在世界所说所想的东西几乎没有什么是新鲜的"，经典作家"探测了人性必须提供的几乎每个问题的深度，并以令人吃惊的深度和洞察力解释了人类的思想和态度"。这是美国通识教育的先驱哈钦斯借用巴特勒的话对"经典"到位的定位。

作家冯骥才说："文化似乎不直接关系国计民生，但却直接关联民族的性格、精神、意识、思想、言语和气质。抽出文化这根神经，一个民族将成为植物人。"我们已快彻底成为这样一个植物人了。战后的阿富汗国家博物馆门楣上写着："当一个国家的历史文化活着，这个国家才活着。"

古典与传统是作为"超验纽带"而对我们的生活起维系作用的。没有这种"超验纽带"，其后果不堪设想："一旦社会失去了超验纽带的维系，或者说当它不能继续为它的品格的构造、工作和文化提供某种'终极意义'时，这个制度就会发生动荡。"（霍顿·库利《人类本性与社会秩序》）

传统的、古典的艺术作为为社会提供"终极意义"的维系精神的纽带作用永远不会过时。古典而经典的文化可以帮助我们有效地用宁静而华丽的精神抗拒喧嚣而粗糙的现实。要改造"机械的人生""自利的人生"，也就是改造无趣的人生，必须从生命情调入手，必须从古典精神的源头里找那令我们精神重新接近清明的活水。古典仿佛纯净幽深的泉水，或是沉静宽广的湖水，人类永恒地需要在其中涵泳澄清自己。

即是说，人需要在古典中触摸生活的激情，把握存在的真正方向，体味生命的意蕴，提升生命的境界。"荷马能够让我们清楚自己的位置，明白当今何以如是，最重要的一点是要懂得，时过境迁三千年我们并不比荷马时代的野蛮人更道德，我们所取得的进步不过是与时俱退的'悲剧性发展'。"（程志敏《谁杀死了荷马？》）

而这种悲剧性中还有一点是现代人的盲目自高自大，不明白谦卑、敬畏的价值。我们所神往的和谐的乡间景致是以神赐的黄金比例为基础的，然而，现代城市中有同样的比例吗？一位西方学者说："人们如果想要看到自己的渺小，并不需要仰视繁星密布的无垠苍穹，只要看一看在我们之前几千年间存在过、繁荣过、又已经灭亡了的世界古文明就够了。"

"依然是那些看上去保守的东西在拯救、平衡着我们的内心！"（彭长城）

经典是当下生活的一个维度

"经典——犹如上帝必须要选择福音的传播者一样，选择了他并让他告诉我们经典的一些秘密和属性。"（《为什么要重读经典》）被誉为"后现代主义大师"的卡尔维诺如此说。

经典的意义在于，它很容易将时下的兴趣所在降为背景噪音，经典是伴随着背景噪音而存在的，即使我们无法离开这种背景噪音，经典也以截然对立的趣味控制着局面。

重读经典的意义在于，当我们面对作品时，经典会将我们暂时从时下的背景噪音中拯救出来，隐藏在记忆深处的无意识会暂时撇清误读的尘埃，触动我们的怀旧情结，从而帮助我们确认自我体验的归属感，给予心灵一种深切的抚慰和补偿。

经典的确是可以让人类眼睛清亮、心灵清澈。经典与传统永远是人们当下生活的一个维度，缺失了这个维度，人将会活得轻飘无根、浮躁迷乱，更会去纠缠那些世俗的表面有用的廉价而俗丽的东西，并恶性循环地陷于其中不能自拔。

在人类的古典艺术中，最古典而又经典的心灵与精神状态就是宁静安详。当我们回到这些古典而经典时，我们就是在接近这样的"宁静安详"——而这对现代人来讲，如今已是十分不易达到的心灵与精神状态了。不过，还是让我们尽力去接近，至少可以做到让过于物质化的浮躁生活减速吧。

大勇不忮

经典的一大作用在于它能提供永恒的价值标准，我们在现实情境中所遭遇的问题，以及对待态度与处理方式在经典中一般都可以找到良好的答案或价值坐标。

当美国世贸大厦遭袭后，一些人在网上盛赞制造惨案的恐怖分子是"勇敢的英雄"时，"什么是真正的勇敢"就需要我们来回答。

对经典的记忆告诉我们："大勇不忮。"(《庄子》)——真正的勇敢、最大的勇敢是不带来伤害的。让近三千名平民无辜丧生的"勇敢"永远不是人类需要的。

解构主义与传承传统

解构主义并不是旨在把传统大卸八块的主义。

当社会全面浮躁时，人们看问题就容易眼花，看不真切就罢了，很可能看歪。比如自开放以来，我们对许多外国思想流派的误判就是典型例子。

特别是对德里达的解构主义的解读更是走偏。我们一直以为解构主义的出现就是来革传统文化之命的，几乎是从字面上误以为解构主义就是用暴力拆散、破坏传统，以达到彻底抛弃传统的目的，然而这正是解构主义所反对的对传统的粗暴态度。再加上红卫兵精神的惯性还远未有效消除，痛快地鞭挞传统、断传统的头更是容易让人过瘾、亢奋，也就更乐得"误解"解构主义了。

学者邱景华撰文《"九叶"三智者》说，如果没有学者郑敏（著名的九叶派诗人），解构主义在中国只是一种晦涩而艰深的外国哲学，不但于世无补，而且还因为引进者的误读，已成为随意破坏和颠覆传统的新式武器。郑敏看到解构主义的产生，是为了解决二战以来因一个中心的权威主义和二元对立的思维模式而造成的人类社会的各种大问题。

后现代的世界正是一个非中心化、非总体性的世界。因此法国哲学家利奥塔《后现代状况》所确立的后现代主义正是对异质共存、多元共生这个"后现代状况"在理论上的概括，是希望世界人民能尊重这个后现代状况。德里达的解构主义也叫"后结构主义"，解构主义不是彻底抛弃结构主义，而恰是对结构主义建设性的发展与深化。解构主义所解构的也只是由一个中心形成的权威主义，而不是否定一切传统的价值。所以我们该做的是，借助后现代主义、解构主义以重新认识定位中国传统文化的现代价值，而不是打着解构的旗号否定抛弃中国的传统文化。

邱景华认为郑敏不同于一般学者之处在于她讲解构主义，就是为了解决中国因一个中心和二元对立而导致的种种生存困境和思维谬误。她明确指出，后现代主义提倡的是多中心，其方法论是多元并置。她认为，解构主义是主张继承传统的，希望通过解构，使传统成为未来而不是过去，一切经典都应该重新阐释而不是毁灭。

可以说，所谓解构主义，就是以更辩证的态度、重新建构传统，让传统有永续的生命，而不是让传统现在就归天。传统对我们今天的生活究竟有什么必要的价值呢？

龙应台对传统的意义有一个诗意比喻："欧洲的现代与传统之间也有一种紧张的拉锯，但是他们至少认识到，传统的'气质氛围'，并不是一种肤浅的怀旧情怀。当人的成就像氢气球一样向不可知的无限的高空飞展，传统就是绑着氢气球的那根粗绳，紧连着土地。它使你仍旧朴实地面对生老病死，它使你仍旧与春花秋月冬雪共同呼吸，使你的脚仍旧踩得到泥土，你的手摸得到树干，你的眼睛可以为一首古诗流泪，你的心灵可以和两千年前的作者对话。传统不是怀旧的情绪，传统是生存的必要。"（《在紫藤庐和星巴克之间——对"国际化"的思索》）

因失去传统而失去了传统的气质氛围，断了那根紧连大地的粗绳，是不是人类最重大的损失？

龙应台还指出："越先进的国家，就越有能力保护自己的传统；传统保护得越好，对自己越有信心。越落后的国家，传统的流失或支离破碎就越厉害，对自己的定位与前景就越是手足无措，进退失据。"

对自己有信心，而不是手足无措、进退失据，一定需要对传统有温情和敬意。

不可失去文化国籍

一个有知识教养的现代人，对自己民族的历史文化应抱有深深的温情与敬意，否则他将失去文化意义上的"国籍"而无所归属，也会被那些崇尚一切人类伟大文化的民族所看不起。

2005年底，韩国同仁女子大学教授赵骏河先生来我校做讲座。其间以儒家精义垂示全校师生，妙理迭现，振聋发聩。

可就是他的开场白让所有在场的中国人十分难堪："传统儒学的东西在中国大陆什么地方有？什么地方也没有！"一个外邦之人怎么有资格、不顾礼仪而如此断言？

且不说传统文化精神在我们这里如何堪忧，赵骏河本人却是很有资格说此番话的。他已三十余次往来中国，几乎不为逛山玩水，只是出资为儒家先贤们修墓立碑；并从韩国空运完整的儒家祭礼所用器具物品，亲自在中国大陆演示几近绝迹的儒家仪礼。这一切当然使他痛斥一些中国人对自己民族文化的无知与冷漠时底气十足。

当很多韩国人、日本人将中国文化典籍置于案头或床头日日摩挲、天天玩味时，许多中国人却已经失去了自己的文化国籍。

笔者课堂上津津讲述"魏晋风度"的风流洒脱时，竟有学生质疑："哪有这样的事？"听说某学者在上海某店用餐，一位服务员"天真"地反复问，真有"唐朝"和"宋朝"吗？我们只祈祷这两件没脸的事别让韩国人、日本人知道。

你有资格当陈寅恪的粉丝吗？

留学欧美十八年的史学大师陈寅恪的学问，让吾辈羡慕得无语。

学者余英时说："六十多年来，中国浮慕他的人不胜其数，但是说来说去，无非是佩服他博闻强记、语言工具充足、见解新颖、观察力敏锐而深刻之类。这些当然都是令人为之神往的。但是仅仅浮慕他的才、学、识，而看不到贯注其间的整体精神，那便和艳羡某一人物拥有权势或财富仅有程度上的差别了。"（《论士衡史》）

余英时指出吾辈一直对陈寅恪的学问修养抱持一种极俗的态度：浮慕。这让我惊出一身汗：原来素质不高时，连羡慕人、佩服人搞不好也都会走火入魔、俗不可耐。

凡俗之人给歌星们当粉丝不会存在资格问题，看来给文化大师当粉丝自己一定要好好掂量一下分量，否则就会又陷入另一种庸俗——"仅仅浮慕他的才、学、识"，仿佛"艳羡某一人物拥有权势或财富"。

歌德说："每逢看到一位大师，你总可以看到他吸取了前人的精华，就是这种精华培育出他的伟大。"陈寅恪最值得我们羡慕、佩服的是什么呢？不是他通晓几国语言（尤其是那些古奥难识的梵文、吐火罗文等等），不是他如何博闻强记，而是他生命中所融合的前人文化的伟大，更重要的是他身体力行、坚持一生的"独立之精神，自由之思想"。

天下唯浮慕之人最无力量，最不肯求真知。除了"浮慕"，吾辈还"浮"一些什么？该乘此盘点一下了。同时还更应思索拿什么来镇浮？

《易》与天地准

"《易》与天地准"（《周易·系辞》），意思是《周易》讲的是"天之道""天之理"，违此，就是违天而行，其行必败。

《周易》"升卦"的象辞是："地中生木，升。君子以顺德，积小以高大。""升卦"象征幼木从大地中渐渐长大、长高，君子则应由此领悟生命是一个柔顺升进的过程。耐心于成长，就是藏器以待时。当小树苗要求承担参天大树的工作，甚至奢望参天大树的待遇，就是不合天道的，其道自然无光明可言。

2003年"非典"的流行，也是典型的悖天违道的结果。据专家说，人类几千年来筛选出的几种安全肉食是：鸡鸭鱼、牛羊猪。当人们贪婪地乱吃野味时，悖天而行的行为必然导致疾病的流行。

至如反季节也反天道的瓜果蔬菜的大量跃上餐桌，并非标志着生活质量提高，相反，它们很可能是一种冒失，应是尊重天道的理性君子慎吃的食品。北方冬天合乎天道的、安全的蔬菜只有三样：土豆、萝卜与大白菜。乖乖地一般只吃这三样吧，一来可让心境平和、二来能使身体康泰。

同理，疯牛病根本不是牛疯了，而是人疯了的结果。从天道看，牛的食物是草，而得疯牛病的牛则是因为吃了同伴的尸骨所加工的食物，才疯掉的。

经典智慧帮助我们判断生活，选择生活。

向死而生

"死亡是人生的目的地,是我们必须瞄准的目标。"法国作家蒙田不是让大家现在就赴死神的约会,而是想让人明白:"谁教会人死亡,就是教会人生活。"

向死而生,是为了生得明白。死亡仿佛一套完整的度量衡器具,凡人生一切存在的长宽高、斤两克,当人们掂量不来时,拿出"人终有一死"一量,就毫厘不爽地全明白了:知道什么该干,什么不该干;什么现在就得干,什么永远都不能干。

向死而生,可以确保生得聚精会神,虽不能忘记那个"目的地",但也不要总惦记它,因为"重在过程"嘛。

为了"教会我们死亡",蒙田老师曾发挥卢克莱修老师的话说:"你若已充分享受了人生,也就心满意足,那就高高兴兴地离开吧,'为何不像酒足饭饱的宾客,开开心心地离去。'(卢克莱修)假如你没有好好利用人生,让生命白白溜走,那么失去生命又有什么要紧?你还要它干什么?'延长生命你也会白白浪费,何苦还想延长?'(卢克莱修)"

经两位老师一说,本来怕死的笔者也稍稍淡定一些了,是啊!好好活过的人,怕什么死呢?向死而生,可以免于生时只是假装活着,却并无生命的活色生香。

"但愿死亡降临时,我正在菜园里劳作,对死满不在乎,对我未竟的园子更不在乎。"瞧蒙老师这份潇洒!

别怕一个人独行,卢老师向你保证:"你死后,万物将与你同行。"

"人必须是能够自觉到、觉解到,人是面向死亡的一种存在,才能够燃烧起熊熊的生命之火。"(孙正聿《哲学修养十五讲》)

向死而生,让人自由地死,死得自由,免于生时为奴,能做自己生命的主人。

做个悟"空"智者

佛教的核心思想是"空",它的意思不是"什么也没有",而是"无常","无我"。这与道家的"无""吾忘我"(大我超越小我)有英雄所见略同之处。

"空"就是认为包括自己在内的一切现象性的存在都是短暂无常、非永恒的，不要太执着于这些，烦恼便无由产生。这就是佛教的破执智慧，由破执便可得到精神的解脱，从而能够追求真实的自我；这是佛教普度众生的大乘精义。

明代董其昌对"空"之"无我"的义涵是这样领悟的："多少伶俐汉，只被那卑琐局曲情态耽搁一生。若要做个出头人，直须放开此心，令之至虚，若天空，若海阔。又令之极乐，若曾点游春，若茂叔观莲，洒洒落落，一切过去相、现在相、未来相，绝不挂念，到大有入处，便是担当宇宙的人，何论雕虫末技。"（《画禅室随笔》）

多少聪明人被自己鄙陋狭隘的心胸耽误了一辈子，要想出头，必须舒心，让心虚灵起来，空阔起来，便是担当宇宙的人。

以"空"的角度看世界，可以大大缩小与无谓的烦恼、没价值的痛苦接触的界面，从而把精神腾出来面向真实的存在。

越慈悲越智慧

因问：老师，您信佛吗？

果答：阿弥陀佛！为师在信与不信间信佛。

大概是本人常常提到佛教的人文智慧，导致弟子常有此问。信与不信间信佛，缘于我还信一切具有普世性的思想，当然包括佛教中具有普世精神的智慧，比如悲悯、慈悲之心。

烦恼多多者，定是慈悲和智慧少少者。台湾圣严法师说："慈悲没有敌人，智慧不起烦恼。"不慈悲，处处树起敌人；少智慧，时时惹来烦恼。越慈悲越智慧，越智慧越慈悲。

如何发慈悲之心呢？不知佛祖是怎么想的，我私意以为操作以下动作就能达慈悲之妙严境界：视一切皆生命！把一切当生命呵护、当生命敬畏，哪怕是一张纸，一片落叶，一钵水，一缕云烟。无缘无故满怀爱意，无求无报深情眷顾。而这也是慧心，因为慈悲原本就是大智慧者富有人性温度的神性表现而已。

有智慧无慈悲，其智至多是狡智，带着滑滑的质感，所以它的"学名"是狡猾。而有慈悲无智慧者，世上还不曾存在过；因为智慧而看清世界的伤疤，因为慈悲而爱有伤疤的世界。

果然，智慧与慈悲成正比。

慈悲不是佛祖菩萨的专享，凡人若一念慈悲便可获佛祖菩萨以大清明大观人世的智慧，从而解脱自己，和乐人生。这和信不信教没有关系，因为这是人类共享的普世精神。

看破红尘才能热爱生活

"要有出世的襟怀，方有入世的本领。"（郭沫若）

冷静地看懂了生活才有能力以持久的激情热爱生活！以为自己"看破了"而表现出冷漠、颓废乃至堕落的精神状态，那是还没有看破。看破红尘的标志只能是热爱生活。

所谓"看破"意味着站在较高角度、较全面地理解生活中的一切，从而对生活抱有一种既不是彻底悲观，亦非盲目乐观的认识。并且能用一种守恒的精神力比较从容地应对一切进退、得失、荣辱、生死等变化，也就是可以做到处变不惊、宠辱不惊，不那么患得患失。

从佛教"华严世界"的角度可以较全面地理解世界："所有的佛经，乃至所有的宗教，看人生都是悲观的，认为人生是痛苦的，要求解脱；都认为这个世界是缺陷的、悲惨的。唯有《华严经》所讲的，认为这个世界无所谓缺陷，即使是缺陷，也是美的；这个世界是至真、至善、至美；是一真法界，万法自如，处处成佛，时时成道。这也就是所谓的华严世界。"（南怀瑾《圆觉经略说》）

世事本来幸福和乐，只要善用佛心本性，天地便呈现一片光辉。芭蕉和尚说："顺乎造化，与四时为友，所见者，不会没有花，所想者，不会不是月。"亦即此意。道元禅师也说过："山峰的颜色，溪水的声音，都是释迦的雄姿和声音。"

王安石有首《梦》诗："知世如梦无所求，无所求心普空寂。还似梦中随梦境，成就河沙梦功德。"人生如梦，一无可求，他什么都不追求，心如止水。可是，就在一个梦到另一个梦里，他为人间，留下数不清的功德。这是深通佛法的境界。那些先出世再入世的智者，都是"死去活来"的人。人到了这种火候，就是佛，就是菩萨。

佛门精神是先把自己变成虚妄，虚妄过后，一无可恋、一无可惜。然后再回过头来，把妄成真，让此梦成真、此身不妄。从出世再回到入世，就是从看破红尘以后，再回到红尘。他努力救世，可是不在乎得失，从容自在。

世间的大仁而大智者皆选择：直向那边会了，却来这里行履。

佛说：如如不动

为人师有一大妙，就是常有弟子以各种方式来开示你。

某日课后，一颇有慧根的弟子来还南怀瑾《金刚经说什么》（如今那些聪明娃娃谁还读《金刚经》？），顺便问几个没看明白的问题。《金刚经》本就是让为师头大的奥书，这弟子没眼色还来问。

十多年前我在福建石狮逛那超级服装市场时，在一小店请来《金刚经》，一奉阅，发现每一个字都清晰地认识，但当每一个字看过后，就彻底进入雾乡了。后来上思想史课，再拜读，那雾虽小了些，但还是没有完全散去。

可弟子来问，为师还得端着大头装明白："哪句不清楚？"

"第三十二品中的'如如不动'。"

"如如不动？在哪儿？"

弟子翻至此句所在书页，为师一边支应着，一边伏案在书中迅速查找答案。谢佛祖保佑，谢怀瑾大师！总算让头止住大了。

原句是："云何为人演说。不取于相。如如不动。何以故。"怀瑾先生解说："不要著相，尽管在说佛法，始终没有一点佛味，不像那些佛油子，而是很平凡，很平静；尽管在讲《金刚经》，没有一点金刚钻的味道，如如不动。"

什么是如如不动呢？"不生法相，善护念，无所住。"

阅至此，头顶一亮，坐正身子，找回为师的感觉，开始给弟子"讲法"："著相"就是偏执于某一状态境况，或被某一身份地位所困不能超脱出来。比如为钱所困、为情所困等一切舍本逐末的行为。"不生法相"也指讲法的大师不拿捏身段故作高深，因为是真佛只说家常。

"善护念"意即修行就是好好管护自己的心念，不起妄念、邪念。因为一念清明即往净土，一念恶浊即下地狱。修行就是修心。一呼一吸之间叫做一念，佛学认为人的一念有八万四千烦恼。烦恼些什么？不过是"无故寻愁觅恨"。"善护念"乃一切修行第一步，也是一切修行的成功与圆满。能管理好日常念想者就是佛。

总之，法门只有一个，就是"善护念"。护什么念？"无所住"——不要迷恋执着在各种"相"（现象）上。怎么才能"无所住"？就是"不生法相。"之所以"生法相"，是因为不懂《金刚经》中那句名言："一切有为法。如梦幻泡影。如露亦如电。"心乱焦虑、肉身沉重、活得颠倒等等皆缘于"著了相"（或曰"着了相"）。

讲到此，弟子辞去，看着他的背影，为师嘀咕：这家伙定是佛派来的，为了此刻让我明白什么是"如如不动"。可"如如"到底是个什么东西呢？

查字典，"如如"，佛家语，犹"真如"。谓永恒常在的实体、实性，引申为常在。例句是贾岛之诗："落涧水声来远远，当空月色自如如。"（《寄无得头陀诗》）

如如自在，自在如如。雾似乎渐渐散去……

"人生是没有任何意义的"的意义

作家毕淑敏应邀在某所大学演讲，学生递上一纸条：毕老师，请您务必说实话，人生到底有没有意义？

毕淑敏说自己也曾在西藏阿里的雪山之上，面对着浩瀚的苍穹与壁立的冰川，反复思索过这个问题："我将非常负责地对你们说，我思索的结果是：人生是没有任何意义的！但是我们每一个人要为自己确立一个意义！"

应该说，人生无意义是"上帝"的智慧。无意义的人生恰如同一张白纸，使我们每个人有了无限的画最新、最美图画的可能性。

人如果不在精神上深刻地死上几回，那他的精神也不会升华、再生。直面了死的问题，才能有效地生。死去的人不一定都活过，而对正活着的人来讲，他最大的问题也不是他有一天终会死去，而是他可能还从未开始生活；如果他还未确立一个生命的意义的话。

人类如何面对一个事实上本无意义的世界呢？这首先需要看到，"无意义"是和世界与生俱来的，不是现代或当代才"新"成为问题的。无意义是世界的本质，也是上天预设的智慧。上天将世界造成一种充分开放性、未定性的"本身无意义"状态，就是让人类有充分的选择创造意义的可能。

"生命的价值就在于你能够镇静而又激动地欣赏这过程的美丽和悲壮。……从不屈获得骄傲，从苦难提取幸福，从虚无创造意义。"（史铁生《好运设计》）这就是史铁生拯救理想主义，以回应虚无主义的挑战的策略。

"世界既不是有意义的，也不是荒诞的。它存在着，如此而已。"（罗伯-格里耶《未来小说的道路》）这不过提醒人们要有足够的理性与勇气，以面对荒诞的存在，并赋予荒诞的存在以意义。

现实世界没有能力独自"真实"，它需要与人合作才能产生"真实"。既然世界连真实都不能"现成"存在，我们要求世界有现成的"意义"岂非过分？明此，我们生存的智慧与勇气似乎应该有理由更大了一些，我们的神经也应更弹性、更坚强一些。

世界并无所谓意义的丧失，只是不像以前那样"单纯"，而是将它更复杂的样态展示给我们而已。"上帝"没死，还是与我们同在。

上帝在不在，人生有无意义，由我们的神性之光是否闪耀决定。

直面惨淡的人生

"直面惨淡的人生"就是用坚强的神经接受现实人生的真实存在状况，从而才能真正超越亢奋与低迷的两极摇摆，用持久的理性与激情、永远怀着信心面对人生。

"徐麟曾经仔细分析过鲁迅的'虚妄哲学'，它就像一支双刃剑，既劈散了鲁迅的希望，也劈散了他的绝望。而鲁迅所以能做到这一点，就因为他内心虽然布满绝望，但那想要冲破绝望的心火并没有熄灭。"（王晓明《思想与文学之间》）

只要"冲破绝望的心火并没有熄灭"，在矛盾冲突中寻找新的精神平衡点，也是将人类的和谐理念提升到新的境界的伟大机遇。这正是美学上审丑、审荒诞对人类的真正价值。

爱尔兰诗人叶芝《疯女简和主教的谈话》诗中说：

> 美好和丑陋是近亲
> 美好需要丑陋……
> 因为没有被分裂过的东西
> 都不会是完整或唯一

我们有能力审丑，我们会更真、更善、更美、更完整地存在。

审美在现代并非只是审"美"，还包括审"丑"。特别是后者的存在价值也已超越了美学的专业领域，可以开明开放我们的胸怀，锻炼有弹性的坚强神经。

能审丑本身就是"精神力"中不可或缺的一种能力，在包容现实中超越现实。我们不仅需要学着把悲观打进包袱，还应该进一步拥有辩证地审丑的胸怀，在赏观现实中锻造升华自己。

坚信这世界上有某种精神的价值，坚信世界是精神的，世界的意义就在于它的人文性。有尊严的、自由而美的人类生活，应是"人文界面"上的生活。

行入蔚蓝

春末夏初时，一友告诉我他在这个春风里特别得意。

以前逛大商场，对那些华美之物总有个奢求贪恋之念，常常为不能拥有而心中七零八落。现在也不知觉悟提高了，还是长大了，再看那些东西已淡然了许多。这份淡然让他的心一下子被腾出来了，走路也仿佛泠然御风，连身子都轻快了许多。

总算明白了那些浮华之物有了也好不到哪儿去，因为它们的好终究是有限的好。"浮华"是个什么概念，原来那些华美之物只是个"浮美"，并无分量、并不真实。

心静心定之后，视物亦只是一团精神的气，唯见那物中的"非物质性"的构成即它精神性的美升扬在眼前。

见豪车也只赏其流线之美、色彩之艳，再不看见它值钱几币；见华服也只观其设计之巧，搭配之妙，不再为不能件件上身而心中火炎冰竞。豪车华服虽美，吾不必一定亲驾之、亲穿之而后美，观之赏之亦足美矣，足以养眼，亦足以慰心。

蓝夜里，一树春花下，上选是白玉兰花，一瓶干白，一人独饮，酿一句诗总结一下此时豪华的心情，此乐何极？生命的奢侈尽在于是。

勘不破物质的迷雾，怎能到那澄澈无滓的空明淡远之境？平常淡素是我本来事，热闹纷华是我傥来事。以素心淡意面对热闹纷华应该就是面对本来淡素的自己，那个本来本真的我。

拨开世上迷雾，人即在湛蓝澄澈中，眼前便时有月到风来，因一念清明而得人生大自在。

会有那么一天，那些浮华之物连其光泽也都淡去了，不再打动你的心，遑论打扰灵魂了。它们都淡成了风景，你只是悠然远观，而不必携景还家。估计解脱就是这么回事吧。

空明淡远，行入蔚蓝。

我愿意以美国哲学家詹姆斯的一段话作为本书的结束："掌握真理，本身绝不是一个目的，而不过是导向其他重要的满足的一个初步手段而已。譬如：我在森林里因迷路而挨饥受饿，忽然发现了有一条牛蹄脚印的小路，这时最重要的是我应当想到这条小路的尽头一定有住家，所以如果我是这样想而且顺着它走去，我就会得救。"（《实用主义》）